太极拳与散手

冯振旗 著

中国水利水电出版社
www.waterpub.com.cn

内 容 提 要

太极拳与散手都是中华传统文化的重要内容，有着悠久的历史和独特的魅力，深受世界人们的欢迎和喜爱。本书对太极拳与散手的内容进行分析研究，包括太极拳篇和散手技术篇，对太极拳的源流与发展、特点、要求、功夫层次、关节放松活动操、培元养生功法、基本功、套路、应用和散手的基本知识、基本技术及训练、体能训练等内容进行了详细的阐述，对人们的太极拳与散手实践具有重要的指导意义。

图书在版编目（CIP）数据

太极拳与散手 / 冯振旗著. -- 北京：中国水利水电出版社，2014.9（2022.9重印）

ISBN 978-7-5170-2456-9

Ⅰ. ①太… Ⅱ. ①冯… Ⅲ. ①太极拳－基本知识②散打（武术）－基本知识－中国 Ⅳ. ① G852.11 ② G852.4

中国版本图书馆 CIP 数据核字 (2014) 第 207507 号

策划编辑：杨庆川　责任编辑：杨元泓　封面设计：马静静

书　　名	太极拳与散手
作　　者	冯振旗　著
出版发行	中国水利水电出版社 （北京市海淀区玉渊潭南路 1 号 D 座　100038） 网址：www.waterpub.com.cn E-mail：mchannel@263.net（万水） sales@mwr.gov.cn 电话：（010）68545888（营销中心）、82562819（万水）
经　　售	北京科水图书销售有限公司 电话：(010)63202643、68545874 全国各地新华书店和相关出版物销售网点
排　　版	北京鑫海胜蓝数码科技有限公司
印　　刷	天津光之彩印刷有限公司
规　　格	170mm×240mm　16 开本　14 印张　251 千字
版　　次	2015年7月第1版　2022年9月第2次印刷
印　　数	3001-4001册
定　　价	42.00 元

前言

太极拳是中华民族的传统文化精粹，国之瑰宝，发展到今天已经有四百多年的历史。随着太极拳的广泛传播和发展，它的技击价值和健身功效逐步为人们所认知。陈式太极拳是各流派太极拳中比较古老的一个流派，其螺旋缠绕、刚柔相济、快慢相间、弹抖发力和窜蹦跳跃等独特的运动风格，深受人们的喜爱。散手运动是我国武术对抗形式的搏击项目，经过几十年的研究和实践，形成了完整的打、踢、摔技术体系，动作简单实用；已经发展为较有影响力的体育运动项目，比较适合青壮年或体力较好的群体练习。

如何将太极拳的功法体系与散手的功法体系糅合在一起，形成一种新型的养练合一训练模式，是本书研究的重点。因此，为了使读者对太极拳与散手有更为深刻的了解，作者参阅了大量的太极拳和散手书籍，并依据几十年的练功体悟、教学经验，对陈式太极拳和中国散手技术进行了深入的研究。

《太极拳篇》，在阐述了陈式太极拳的特点、对身体各部位的要求与功夫层次论的基础上；为了能使读者领悟陈式太极拳以丹田为核心的精髓，编排了松柔舒缓的关节放松活动操、培元养气功法和陈式太极拳基本功法练习；最后将综合了陈式太极拳踢、打、拿、靠，窜蹦跳跃，腾挪闪战的陈式太极拳段位制四段单练、拆招与对练套路图文并茂的呈献给广大武术爱好者。

通过陈式太极拳的系统练习，可以使练习者较为系统地掌握用意不用力、引进落空和松活弹抖的自然发力方式，在此基础上运用太极拳养练合一运动理念进行散手技术训练，多年的教学实践活动证实不仅可以提高练习者的瞬间爆发力和心理素质，还能够有效地减少运动损伤。是更加科学合理的散手技术运动训练模式。《散手技术篇》首先概述了我国的散手发展历程、特点、作用和基本常识，然后重点讲解散手基本技术，最后介绍散打进攻与防守技术训练和体能训练。本书是尝试性的将太极拳与散手相结合进行练习，供大家教学、训练和自学时参考。本书在编写中难免存在一些不足之处，敬请广大武术爱好者批评指正！

本书是华北水利水电大学太极拳文化研究所系列科研著作成果。是在华北水利水电大学党委朱海风书记的关心指导和鼓励下完成的。在编写过程中陈鑫太极拳研修院院长、陈沛菊太极拳国际研修中心总指导、陈氏太极拳第十二代嫡宗传人陈沛菊大师给予了很多宝贵的建议，国际太极拳名家、东武太极研习院院长、“太极十杰”之一、焦作市陈氏太极拳协会副主席、陈氏太极拳第十二代传人张东武大师提出了很多非常有价值的观点；许昌市太极拳健身委员会李马德主任给予了很多支持和帮助；河南警察学院原警体部主任冯官秀、散打教练丁峰给予了很多技术指导。在此表示衷心的感谢！

冯振旗

2014 年 4 月 6 号于郑州

目 录

太极拳篇

散手技术篇

目录

太极拳篇

第一章　太极拳起源与发展

太极拳是一种柔和缓慢，轻灵的拳术；以捧、捋、挤、按、采、列、肘、靠和进、退、顾、盼、定为八法十三式。动作轻柔圆活，处处带有弧形，动作绵绵不断，势势相承，刚柔相济。太极拳是我国民族形式的体育项目之一，是中华武术宝库中的一块瑰丽的宝石。我们尊敬的邓小平同志曾在1978年11月16日亲笔为太极拳题词“太极拳好”正是由于国家各级政府部门的高度重视和支持，由于广大武术工作者的不懈努力，加上太极拳本身固有的深刻的健身机理和实用性，才使太极拳如此普及。目前太极拳已超越了仅仅是锻炼身体的范畴，而成为联结世界各国人民的纽带，深受国内外广大人民群众的喜爱。目前广为流传的传统太极拳有陈式、杨式、和式、吴式、武式、孙式六大流派。

太极拳这个名称是由于拳法变化无穷，遂用中国古代的“阴阳”、“太极”这一哲学理论来解释拳理而被命名的。在汉语中“太”是最高、最大的意思。而“极”是最后、最终的界限。那么，太极一词是怎么来得呢？它最早出现在三千年前的古书《周易》上，《周易》这本书的内容分“经”和“传”二部分，“经”的部分主要是“占卜”、“说卦”，以八卦符号组成六十四卦，每卦包括卦形、卦名、卦辞，用以判断吉、凶、祸、福。而“传”则是对“经”的解释，包括多篇文章，作者也不是一人，他们在解说中讲述自己的哲学观点，表达了以阴阳学说为基础的世界观。“太极”一词出自于“传”部分的“西辞”上篇，其中写道：“易有太极，是生两仪，两仪生四象，四象生八卦，八卦定吉凶，吉凶生大业。”这里的“太极”是指变化的源头，派生万物的原体含至高、至极、绝对、唯一之意。太极拳的取意也是这个意思。从北宋周敦颐的《太极图》来看，“太极图”是呈圆形，内含阳和阴两个半弧类似鱼形的图案，太极拳采用太极这个名称，就象征着太极拳是圆转的、弧形的、一阴一阳的、刚柔相济的拳术。同时也表明：这种拳术理通天地，无比高尚，充满变化，虚实莫测，无比奇妙。

关于太极拳的创始人，历来说法不一，其中不乏带有神秘色彩的传说。看过武打书、武打电影的同学一定对张三丰不会陌生，都传太极拳是他所创。据说：有一次在皇帝召见途中，他受到了强盗的拦阻，躲进了一座破庙，夜梦武当山神授以一套绵绵的、以四两拨千斤的拳法，第二天，他就大打出手，杀退百贼人，大获全胜。由此而创编了太极拳。

另一种说法是张三丰为元末明初人，曾在武当山修道炼丹，如今在甘肃、云南等地还有他的足迹和美传，然而可惜的是现有史料却查不出他与太极拳有什么关系。因此，张三丰创编太极拳之说尽管流传广泛，但终究因史料不足而难以确证。

还有一种说法是太极拳为唐朝的许宣平所创，或说是明初的陈卜所创。但都找不到佐证，难以确立。

那么，太极拳究竟是谁所创呢？根据可靠的考证资料考证，是明末清初时期河南温县的陈王廷（1600—1680）所创，这是由陈氏家谱、拳谱，陈王廷遗诗考证后所下的判断。陈王廷又名陈奏庭，系明末文庠生、清初武痒生，文武双全，出身地主家庭，据《温县志》的记载，他曾任温县的“乡兵守备”，明亡后，隐居家乡，晚年造拳自娱，教授弟子儿孙，如《长短句》：“叹当年，披坚执锐，扫荡群氛，几次颠险，蒙恩赐，枉徒然；到如今，年老残喘，只落得《黄庭》一卷随身伴，闷来时造拳，忙来时耕田，趁余间，教下些弟子儿孙，成龙成虎任方便。欠官粮早完，要私债即还，骄谄勿用，忍让为先。人人道我憨，人人道我颠，常洗耳不弹冠。笑杀那万户诸侯，兢兢业业，不如俺心中常舒泰，名利总不贪。参透机关，识彼邯郸，陶情于渔水，盘桓乎山川，兴也无干，废也无干。若得个世境安康，恬淡如常，不悔不求，哪管他世态炎凉，成也无关，败也无关。谁是神仙？我是神仙！”。他参阅了明代戚继光（1528—1587）军事专著《纪效新书》中《拳经》以及民间拳术的精华，研究了道家的《黄庭经》等养生专著，以中国传统哲学《易经》的太极阴阳学说为拳理依据，而创编了这一独具特色的太极拳。陈王廷继承和发展了明代名将戚继光的《拳经三十二势》，其拳架吸取了《拳经》32式中的29个拳式，以及民间流行的若干拳式。其内功结合了《黄庭经》中道家的“嘘吸庐外，出入丹田”的导引，吐纳方法，推陈出新，创造了一种新的拳术，这就是陈式太极拳。拳理则处处讲阴阳相济、阴阳互包、阴阳互根、阴阳平衡等等哲理，其运动过程，又处处强调阴阳变化的螺旋（缠丝）形式。故拳以哲学名词“太极”二字为名。拳者，武术也。太极拳者即以传统哲理为统帅的武术也。由于其中含有道家的吐纳、导引、丹田带动等养生真诀，故它又是养生、护身、修性合而为一体的高级功法。陈氏太极拳发展至今，已有400多年历史。

自陈王廷在16世纪创造一至五路太极拳、一路炮捶后，又创造了刀、枪、剑、锏等器械套路。刺枪术和八杆四杆术对练套路中运用太极拳术的缠丝劲，开辟了长兵器阴阳变换、刚柔相济的先河。太极双人推手的创建，成为一种综合性的技击实践方法，既不会伤人，又可实际检验武功。

分门别类的太极拳自成体系后，陈家沟太极拳之风顿开，当地歌谣："喝喝陈沟水，都会跷跷腿"，"会不会，金刚大捣碓"。尚武之风甚盛，世代传习，名手辈出，积累了系统而丰富的习练方法和要领。

陈氏十四世陈长兴（1771—1853），字云亭，在祖传太极拳的基础上进行创新，将陈王廷编的一至五路太极拳由博归约，精炼归纳，创造性地形成完整套路，成为陈氏太极拳一路74势和二路41势（又称炮捶），后人称其为太极拳老架（大架），即"老架一路"和"老架二路"。陈长兴著《太极拳十大要论》、《太极拳用武要言》、《太极拳战斗篇》等。他打破门规局限，将陈家沟的独得之秘——太极拳传于河北永年县的杨福魁（露禅），在太极拳史上开始了第一次大发展大普及时期。

陈氏第十四世陈有本（1780—1858），字道生，受业其父，太极拳炉火纯青。十四世陈有本在原有套路的基础上，又有些改动，逐渐舍弃了某些难度和发劲动作。架式与老架一样宽大，称为新架（现在称小架）。

陈氏第十五世陈清萍（1795—1868），入赘温县陈家25公里处赵堡镇，他在祖传太极拳（小架）套路基础上进行修改，形成了一套小巧紧凑，逐步加圈，由简到繁，不断提高拳艺技巧的练习套路。后人称其所传太极拳为赵堡架。传和兆元（和式太极拳），李景延（忽雷架），武禹襄（武式太极拳）。

陈氏第十六世陈鑫（1849—1929），字品三，具文采。他感到陈氏太极拳虽经历代口传亲授，然文字著作较少，不利广泛传播。为阐发祖传太极拳学说，闭门著述，费时十二年，完成《陈氏太极拳图画讲义》四卷、《陈氏太极拳易象数》六卷，全面整理陈氏世代积累的练拳经验。著述以易理说拳理，引证阴阳、经络学说，以缠丝劲为核心，以内气为统帅，为陈氏太极拳理论宝库中一座引人瞩目的丰碑。他还著有《陈氏家乘》、《三三六拳谱》等拳术著作。

陈氏第十七世陈发科（1887—1957），字福生，是近代陈氏太极拳的代表人物，对发展和传播陈氏太极拳做出了杰出贡献。自1929年至1957年一直在北京授拳，以其刚柔相济，采、挒、肘、靠、拿、跌、掷、打兼施并用，技击精妙著称。他以与人为善、武德高尚而受到世人敬仰。他教授徒弟很多，有顾留馨、洪均生、田秀臣、雷慕尼、冯志强、李经梧、肖庆林等。其子照旭、照奎、女豫霞，拳艺很好。陈照奎曾在北京、上海、郑州、焦作等地教拳（主要传授其父晚年所定83势拳架，现称新架），徒众很多，为普及陈氏太极拳做出了很大贡献。

陈氏第十八世陈照丕（1893—1972），字绩甫。1928年秋，应北平同仁堂东家乐佑申和乐善同兄弟二人之邀，在北平授拳。有同乡李敬庄（字庆林）为其在《北平晚报》（1928年10月）刊发文章宣扬拳艺名扬北平武界，曾立擂台7天，大获全胜。后被中华民国南京市市长请往授拳，拳踪广远。著有《陈氏太极拳汇宗》、《太极拳入门》、《陈氏太极拳图解》、《陈氏太极拳理论十三篇》等。所授弟子中陈小旺、陈正雷、王西安、朱天才被誉为陈式太极拳“四大金刚”。陈照丕先生武德高尚，诲人不倦，是陈氏太极承前启后、继往开来的一代宗师。

陈式太极拳为各派中传播历史最悠久的太极拳，仍保留有古老的发力、跳跃、震脚动作，运动量较大，速度快慢相间，动作多做螺旋缠绕，有刚有柔。

杨式太极拳：杨露禅回家后，经亲友推荐到北京教拳，打败了许多名手，名声大震。后到清宫王府教拳，因习拳的都是些贵族子弟，为了适）应他们娇嫩体质的需要，便将陈氏太极拳套路中的缠丝劲及窜蹦跳跃发劲等难度较大的动作做了些改动，使其姿势较为简化，动作柔和，不纵不跳，后经其三子健侯修改成中架子后再经其孙杨澄甫（1883—1936）的不断修改，遂定型为大架子，成为目前流行最广的杨式太极拳。其特点是：舒展简洁，动作和顺，速度均匀，绵绵不断，姿势柔软，要求绵里藏针；整个架式结构严谨，中正圆满，轻灵沉着，浑厚庄重，能自然地表现出气派大、形象美的独特风格。

和式太极拳：和式太极拳，中国传统太极拳流派之一。始创于清末河南温县赵堡镇太极拳名家和兆元（1810—1890）。和兆元出生于中医世家，自幼习文学医。1825年，师从本镇太极拳拳师陈清平习武。后在北京供职，官授武信郎。在理学大家李棠阶影响下，对太极拳进行了重大改革。尤使太极拳理论有了长足发展。以理学、儒家、道家并结合医学理论来指导规范拳架，使理论与实践完美结合。创编了一套体用一致，技理相合的代理架，即和式太极拳。因地域亦被称为赵堡太极拳。和式太极拳除具有一般太极拳的要点外，在理论、技术技法、强身养生方面都有其独特之处。和式太极拳以《周易》理论为基础，像其形取其义用其理，移动周身处处走圆，无不是圈，行成周身无处受力，自然圆活。

吴式太极拳：满族人，全佑，清末河北大兴人，初拜杨露禅学太极拳大架子，后又拜杨露禅次子杨班侯学小架子，以善柔化而著名。全佑传其子鉴泉，后来鉴泉从汉姓为吴，其子吴鉴泉（1870—1942）在继承父传杨式小架太极拳的基础上不断修改，形成了架式大小适中，柔和紧凑，拳式连绵不断，不纵不跳，推手守静而不妄动，适应性较广泛。后人就称之为吴式小架子。其特点是：以柔化著称，动作轻松自然，连绵不断，拳式小巧灵活，拳架由开展而紧凑，紧凑中自具舒展，不显拘谨。吴鉴泉曾在上海开办办拳社，培养了很多学生，成为现在流行的以柔化见长的吴式太极拳。

武式太极拳：武禹襄（1812—1880），河北永年人，初学于同乡杨露禅，学习陈式老架太极拳，得其大概，为求得深造，后慕名至陈家沟，求陈长兴教拳。陈长兴年事已高，遂介绍他向十五世陈清萍学拳，陈清萍的架小而紧凑合，加圈缠丝，是陈式太极拳小架套路的支流。武禹襄在杨式大架、陈式小架的基础上，经多年演练，自成一家，成为现代的武式太极拳。后传其甥李亦畬（1832—1892），李再传郝为真（1849—1920），郝为真传其子月如、少如。月如以教拳为业，武式太极拳开始外传。其特点是：姿势紧凑而缠绵，动作舒展而轻灵、步法严格而敏捷，虚实分明，胸部、腹部在进退旋转中始终保持中心，出手不过足尖，左右手各管半个身体。

孙式太极拳：孙禄堂（1860—1930），清末河北完县人。早年拜于形意拳名家郭云深门下。郭云深曾以“半步崩拳打遍天下”而闻名全国。孙禄堂向郭云深学得形意精华，又从八卦掌名家程廷华学得八卦掌精华，功入化境。他著有《形意拳学》、《八卦拳学》、《拳意述真》等书，有“活猴子”之称，是形意、八卦名家。当时郝为真在北京忽然染病，孙禄堂慷慨相助，照顾周到，郝为真病体得以痊愈。孙禄堂提出学习太极拳的要求后，郝为真应允，以表谢意。后来，孙禄堂将形意，八卦、太极之精华，融为一体，创编了孙式太极拳。其特点与武式相近，开合鼓荡，架高步活，进退相随，动作舒展圆活，敏捷自然，转变方向时多以开合相接，故又称“开合活步太极拳”，独具风格。

从五十年代开始，国家体委组织专家陆续编写出版了24式、88式、48式太极拳。又将传统的陈、杨、吴、武、孙式太极拳整理出版。1989年中国武术研究院编写了适应竞赛的陈、杨、吴、孙式太极拳和综合太极拳的竞赛套路。2009年为增强人民体质，推动武术运动的发展，提高武术技术和理论水平，建立规范的全民武术体系，而特别制定了中国武术段位制各流派太极拳1—6段套路，为太极拳进一步向世界推广，迈出了可喜的一步，使太极拳运动得到蓬勃发展。

太极拳的流派众多，内容丰富，本书主要以陈式太极拳为例，对太极拳的相关内容进行阐述。

第二章　陈式太极拳的特点

太极拳是我们祖先在长期生活实践中创造和逐渐发展起来的一种优秀拳种。经过几百年的反复实践和不断总结经验，人们才逐步认识它的内在联系和运动规律。前人留下的太极拳拳谱，就是这种实践的总结。它给我们研究太极拳提供了宝贵的线索，可以帮助我们更好地学习太极拳。但前人因受时代限制，理论中糟粕也不少，因此我们在实践中应该结合我们新的认识来加以检验，剔除其糟粕，吸取其精华，进一步掌握其正确的理论，使这种拳种能更好地为人类保健事业服务。因此，学太极拳时，一开始就必须紧紧掌握这些太极拳拳谱中的正确理论，并熟悉它的关键所在，融会贯通，然后再从这个基础上逐步深入，向前发展。

太极拳在整个运动过程中自始至终都贯串着‘阴阳”和“虚实”，这在太极拳动作上表现为每个拳式都具有“开与合”、“圆与方”、“卷与放”、“虚与实”、“轻与沉”、“柔与刚”和“慢与快”，并在动作中有左右、上下、里外、大小和进退等对立统一的独特形式。这是构成太极拳的基本原则。

太极拳不仅在外形上是独特的，而且在内功上也有其特殊的要求。练太极拳时，首先要用意不用拙力，所以太极拳在内是意气运动，在外则是神气鼓荡运动，也就是说既要练意，又要练气，这种意气运动的特点是太极拳的精华所在，并统领着太极拳的其他各种特点。此外，练太极拳时在全身放长和顺逆缠丝相互变换之下，动作要求表现出能柔能刚，且富有弹性。它的动态，要求一动全动，节节贯穿，相连不断，一气呵成。它的速度，要求有慢有快，快慢相间。它的力量要求有柔有刚，刚柔和济。它的立身与动作，要求中正不偏，虚中有实、实中有虚和开中寓合、合中寓开。具备了这些条件，太极拳才能充分发挥它的特殊作用。在体育保健上，不仅能增强运动器官与内脏器官，并能锻炼和增强意识的指挥能力，亦即“用意不用力”的能力，可以顺利地指挥着气活跃于全身。这样就既练了气，也练了意，意气相互增长与强旺，身体自然强壮。同样，在技击上也有其独特的作用：可以以轻制重，以慢制快，克制自然并掌握自然，动作起来可以一动全动，“周身一家”，达到知己知彼和知机知势的懂劲功夫（知机是知道时间，掌握时间；知势是知道空间，掌握空间）。

陈式太极拳的理论同其他各派太极拳理论有相同之处，也有不同之处。

现将陈式太极拳的特点分述如下。

一、大脑支配下的意气运动

拳谱规定："以心行气，务令沉着，乃能收敛入骨"；"以气运身，务令顺遂，乃能便利从心"；"心为令，气为旗"，"气以直养而无害"；"全身意在神，不在气，在气则滞"。

从上列四项规定可以看出，太极拳是用意练意的拳，也是行气练气的拳。但练拳时，要"以心行气"：心为发令者，气为奉令而行的"传旗"；一举一动均要用意不用力，先意动而后形动，这样才能做到"意到气到"，气到劲到，动作才能沉着，久练之后才能收敛入骨，达到"行气"最深入的功夫。因此，可以说太极拳是一种意气运动。"以心行气"、"以气运身"和用意不用拙力，是太极拳的第一个特点。

（一）内气和用意

正如上述，气受意的指挥，而这气并非一般所说的那种肺呼吸的空气，而是一种"内气"。这种气在祖国医学理论中叫作"元气"、"正气"、经络中通行的气、"先天气"等，认为是从母胎中秉承下来的；在针灸和气功疗法中，至今尚沿用此说。武术家们则把这种气叫作"中气"、"内气"、"内劲"等，认为练到有了此气出现并掌握此气，功夫才算"到家"等。

总之，自古以来，无论祖国医学理论，或武术界、宗教界都认为有这种气存在，各种实践经验也证明确有这样一种气存在。但近代科学尚未最后查明这种气的实质是什么，研究祖国医学经络学说的国内外学者对此气的说法也不一致，无所适从。例如，有人说此气就是神经，有人说是生物电，有人说是人体内的一种特殊分泌物，有人说是人体内的一种特殊功能系统等，众说纷纭，尚待进一步探索。但是人体的生理现象是整体性的，不能说意动了，而神经、生物电等不动；因此，我们在阐明拳论中所说的气时，暂假定为神经、生物电、血液中的氧等组成的一种综合物，假定为人体尚待查明的一种功能，目的是先继承前辈的理论，以便我们进一步发掘。

练太极拳时，好像在做"意识体操"，要始终着重用意，肢体动作只不过是意的外部表现。这种"意识体操"隐于内的是内气的活动过程，显于外的则是神态和外气的动荡表现，因此内气可以由内发之于外，也可由外敛之入内。

虽然，练太极拳要“以气运身”，但练拳时不可只顾想气在体内如何运行，而要把意注于动作中，否则就会神态呆滞，气不仅不能畅通，而且会造成气势散漫的病象，使意气两者俱蒙其害。所以拳潜上说“意在神，不在气，在气则滞”。正因为如此，练拳时对外部神态的表现要特别重视，因为外部神态也就是内在心意显露于外的表现。内意和外神不可须臾分离，内意稍一松懈，则外神就会散漫。此点在练拳时不可不知。

陈式太极拳主张动作要有柔有刚，有圆有方，有慢有快，有开有合。我们认为这是合乎人体生理规律的。大家知道，人体动，则生物电位升高，人体静，则电位降低。而太极拳动作的刚柔、开台和快慢等，正好促使电位随之升降。电位升高，则血液循环加速，分压降低，氧与血红蛋白也就迅速离解，人就会感到有气。在正常情况下，神经是不能长时间同样地保持兴奋的，因此生物电一般都呈起伏状，而太极拳动作的刚柔、快慢、方圆等滔滔不绝的起伏，也正好合乎这个规律。

从意气来讲，也是合乎上述规律的。上面说过，外部形态和外气的活动是意气显于外的表现，代表着内在的意气。这种神气外显的中心环节，主要是将内在的意识贯注于外部动作之中，并促使在动作中表现出注意力的专一、坚强和活泼无滞。但注意力的强度，与内部神经活动一样，同样具有提高和降低这种动荡性的特点因此，练拳必须适应这种特点，才能使注意力稳定。同时，也只有稳定了注意力，才不致使思想开小差。但要在练拳当中长时间维持同等强度的注意力，这是不易做到的。实际上，即使在片刻之间，注意力的动荡度也是有高低之分的。因此。在运动过程，如果采取风平浪静式的无动荡的运动，不但违背上述生理规律，同时也会破坏注意力的稳定性。所从，太极拳为了稳定注意力，采取了一系列规定（例如快慢相间、开合相寓、方圆相生和刚柔相济等），并使它们统一于一个运动之中。

这些规定促使意气运动很自然地产生动荡，并使外部的神气鼓荡和内部的意气动荡得到协调，从而提高内在的意气运动，反过来促进外部的动作。

由于太极拳是意气运动，所以久练太极拳的人，只要思想上想到某一部位，就可以产生气的活动。因此，有不少人不惜岁月地早晚走架子，并时时校正架子，正是为了做到这点。太极拳动作练成定型以后，大脑皮层中兴奋和抑制过程就能准确地按一定程序交替活动；同时，肌肉也能协调地收缩与放松，即或偶然受到突然的刺激，也不会使这种协调的动作受到损害。做到这点，表明肌肉的活动与内脏器官之间已建认了极巩固的协调关系，只要意到气就到，气到劲也到。

（二）意气运动的实现

还应该指出，在用意气方面，太极拳和静功（坐功、站功和卧功）是相通的，都着重于练意和练气。但太极拳是在行动中练（动中求静），所以名之为意气运动；而静功则无行动，单独求静，因此两者不能混淆。

正因为太极拳是内外俱练，动中求静，所以要做好内在的意气运动，就必须很好地显出外部的神气鼓荡来。正如《行功心解》中说："形如搏兔之鹰，神似捕鼠之猫"。而要做到这种内外相合和交相锻炼的功夫，则必须做到下述七个特点的要求，也就是说只有实现下述七个特点，太极拳的特点一（意气运动）才能实现。换言之，特点虽分为八个，但实际上同处于一个统一体中，有着内在联系，分开讲只是为了方便理解而已。

在详述其余七个特点前，先简要阐明一下这七个特点对贯彻意气运动这个特点的作用。

特点二：弹性运动，就是身肢放长，也可以说因放长而生弹性的结果。绵软的弹性是促进身肢鼓荡的内在因素。如没有弹性，就会使动作僵硬，也就不能再形成外显的神气鼓荡，当然也就不能与内在的意气动荡协调起来。

特点三：螺旋运动，可增强动作的起伏动荡性。若动作直来直去，没有高下、里外的翻转，就不能导致精神、意气与身法的起伏动荡。为此，必须结合顺逆螺旋运动的旋腕转膀、旋踝转腿和旋腰转脊，以做到螺旋连贯如一的太极劲贯注于所有动作中。这样，不动则已，动则自然形成鼓荡之势，成为做好意气运动的动作核心。

特点四：调整虚实，是意气互换、使人产生圆活如珠感觉之本，也就是鼓荡的动力根源。上随下和下随上地虚实变换，能促使神气与身法活泼无滞，神气鼓荡也由此而生。如果上下不能相随，虚实不会调整，就不能达到内劲的中正无偏。内劲偏，则使内劲与身法倾于一边、失去支撑八面的要求。要想在内劲倾向一边的姿势下，使神气得到鼓荡是不易达到的。

特点五（节节贯串）和特点六（一气呵成），实质上是一个特点的两个阶段：前者是指一个拳式内要求全身主要关节形成一条龙似地贯串起来，使一节一节地依次通过；后者是在练全趟架子时要拳架式式相连不断地一气呵成，以扩大运动量，达到节节鼓荡的具体要求。若不能节节贯串，就会产生断劲，劲断则无鼓荡可言。若不能一气呵成，则断而不连，不连则各个拳式形成孤立而不能一气鼓荡。为此，这两个特点做不好，就不能做好神气鼓荡，所以它们是密切相关的。

特点七（刚柔相济）和特点八（快慢相间）是两个对立面矛盾统一的特点，也是为了做到神气鼓荡，在技术上必须具备的特点。没有这种快慢和刚柔交织一体，就不易使前几个特点密切配合，起伏动荡。由于这两个特点要求做到“柔而慢”、“刚而速”，要求刚速起来犹如推进的浪头，柔慢起来犹如退回的浪尾，所以这样相互交织就会形成滔滔不绝的推动作用。这种刚柔相济和快慢相间的作用，在运动上可以做到行气柔慢和动作落点刚快，使气行遍身躯，不产生丝毫痴呆之态；在技击上能“动急则急应，动缓则缓随”，可以做到人刚我柔的走和人柔我刚的粘。这两个特点可以促使内部的意气运动和外显的神气鼓荡推向动荡高峰。

由此可知，特点一是统领其他七个特点的特点，但同时它又必须依赖其他七个特点的帮助才能实现。它们之间的关系，犹如牡丹与绿叶，相辅相成，又相互制约，相互促进。这是初学拳时必须知道的。

为了便于掌握第一个特点，把要领概括为下述几点。

（1）练拳时，意识要贯注在动作上，以意行气，不可只顾默想内气如何运行。

（2）练拳时动作要顺遂、沉着，劲运到终点时要表现出劲别来，这是使意气得到鼓荡的三个措施。

（3）紧紧掌握外显的神气鼓荡，以便做到不痴不呆，并反过来促进内在的意气运动。

（4）善于运用其他七个特点，以便配合着来提高意气运动。

二、身肢放长的弹性运动

拳谱规定：“虚领顶劲，气沉丹田”；“含胸拔背，沉肩坠肘”；“松腰圆裆，开胯屈膝”；“神聚气敛，身手放长”。

从上列四项规定可以看出，虚领顶劲和气沉丹田是身躯放长，含胸拔背是以前胸作支柱把后背放长；沉肩坠肘是手臂放长；松腰圆裆和开胯屈膝，并使腿部得到圆活旋转，是腿部在这种特定的姿势下放长的结果。所以太极拳的步法必须在圆裆松腰和开胯屈膝的姿势下用旋踝转腿来倒换虚实。外表看，是腿的缠丝劲的表现，其实内部促进了腿的放长。这一系列的放长，又促进了全身的放长；使身肢不特产生了弹性，形成掤劲，而且因全身放长，促使精神也能自然提起。因此，只要具备了放长的姿势，就不容易发生努责鼓劲（拙力）的毛病，为自然的松开和身手放长提供了条件。所以身肢放长的弹性运动，就成了太极拳第二个特点。

（一）身肢放长

上面说过，练太极拳身肢必须放长，以加强全身的弹性；有了弹性，才可以进一步成为掤劲。这就是说，掤劲生于弹性，弹性生于身肢的放长。至于身体各部如何放长，现按拳谱分述如下：

（1）虚领顶劲和气沉丹田：所谓顶劲虚领，是把顶劲向上虚虚领起，气沉丹田是把气向下沉入丹田；两者综合起来，在意识上就有向着相反方向拉开的意图，这就使身躯有了放长的感觉。

（2）含胸拔背：含胸要求胸部既不腆出，也不凹进，使胸成为脊背拔长的支柱，因为力学上的压杆是不允许有弯曲的。脊背就依靠这个支柱加以拔长，这就是脊背的拔长。关于这点，初学时不可误认驼背为拔背，因为背驼就会前胸凹进，这样就会使前胸失去支柱作用，不但使背失去拔长的弹性，同时也有害健康。

（3）沉肩坠肘：沉肩的主要作用是将臂部与肩部因下塌而接牢。臂与肩接牢，才能使臂生根。同时，由于坠肘，使肘与肩部之间达到放长。当手臂进行螺旋式缠丝运动时，就是以坠肘作中心的。同时，坠肘和坐腕又可以使肘与腕之间放长。因此，沉肩坠肘和坐腕是整个手臂放长的关键。

（4）开胯屈膝的旋转：这是腿部的放长。腿是站立在地面上的，要想放长就比较困难。因此，对腿部提出了开胯屈膝的要求，要求在这种特定姿势下（圆档）用螺旋式的运动来变换虚实，这主要表现在膝盖的旋转上。这样，当腿部向外旋转时，使外侧处于放长而内侧则为收缩。这种腿的旋转配合着手、臂、身的旋转，成为全身的旋转，逐步上升，就可以达到其根在脚，发于腿，主宰于腰而形于手指的完整一体的劲力。

综观上列四项规定，可见太极拳对身躯、手、足都有放长的要求。这样，不但因放长而产生弹性，成为太极拳基本的掤劲，而且可使人们的精神自然提起，不致发生鼓劲而成为拙力的病象。（放长是使身手内具有细而长的感觉，而拙力的产生，是由于鼓劲使身手内具有粗而短的感觉。所以身肢放长自不致发生鼓劲而成为拙力的病象。）

（二）身肢放长的生理作用

肌肉在受力时。可以有一定程度的伸长，但当引起伸长的外因去掉后，它就立刻恢复原状，这是肌肉本身因有的弹性。一般常见的运动，就是锻炼和提高这种弹性。根据人体生理学来看，肌肉的这种弹性收缩和放长能起下列四种作用：

（1）可使肌肉本身的收放能力得到良好的锻炼，可使肌肉内密集的微血管管网通畅。

（2）可增强组织细胞的新陈代谢，刺激身体内一切生命过程。

（3）可增强肌肉及其它所有组织器官的气体交换作用。

（4）可使身体内得到更多的氧，同时还能提高各组织器官对氧的利用率。

太极拳不是一种单纯的肢体运动，它表现在外部的是神态鼓荡，姿势极其复杂多变，隐于内的则是神聚气敛，“以心行气”，这已在第一特点中详细说明了。此外，太极拳不仅内外俱练，而且在整个身肢放长情况下进行着绞来绞去的螺旋形顺逆缠丝的运动。这样就不但使肌肉本身的弹性得到良好的锻炼，并提高了血液循环的速度，因而就能消除因血行受滞而引起的病症。这是太极拳因放长身肢和提起精神所起的重要作用之一。

此外，太极拳弹性运动对于降低血压也有显著的影响，因为在肌肉的收缩放长过程中能产生二磷酸和腺苷酸等有扩张血管作用的产物。同时，在进行节节贯串的活动中，肌肉内开放的微血管的数量增加了许多倍，这样也就扩大了血管沟通的横截面，因此可使血压降低。另外，在练拳时由于肌肉反复放长与恢复，所以血管不易硬化。尤其是在绞来绞去的螺旋运动的配合下，更能防止血管硬化。多年久练太极拳的人在练拳时会觉得背上和四肢内的血管好像扩大了，运动起来使人感到轻松舒适，如果隔些时间不练，就会有一种闭塞的感觉。这种现象的产生，就是由于开放的微血管数目增减所致。

（三）八门劲别与弹性的掤劲

太极拳要求用意不用拙力，但不是说用意不用劲，因为太极拳就是由八门劲构成的。八门劲都具有放长的弹性，所以称为“劲”，而不称为“力”。八门劲的名称虽有不同，但实质上只是一个掤劲，其余七个劲只不过因方位与作用不同而另有所称而已。所以太极拳也可以称为掤劲拳。现将八门劲的内容分析如下，以便更好地掌握第二特点。

（1）在全动之下掌心由内向外缠丝，称为掤劲；

（2）在全动之下掌心由外向内缠丝，称为捋劲；

（3）双手同时将掤劲交叉向外掤出，称为挤劲；

（4）掌心向下圈沾着一点而不离开的下掤劲，称为按劲；

（5）两手交叉向左右、前后双分的掤劲，称为采劲；

（6）将掤劲卷蓄起来，在短距离内猛然一抖而弹出的劲，称为挒劲；

（7）手腕出了方圆圈，用二道防线肘的掤劲挑出去，称为肘劲；

（8）肘出了方圆圈外，用三道防线身躯的掤劲掤出去，称为靠劲。

综合上列所说，归根结底，内中主要练的是掤劲。掤劲是一种绵软不断的“弹簧劲”。这是首先须要弄清楚的问题。

（四）弹性运动（掤劲）的掌握

1. 要练掤劲，首先要化掉人身上原有的僵硬

凡是动作，例如拿起一种重物，都要用力，日久天长就使人从幼年时起就养成了鼓劲拿重和举重的习惯。鼓劲就是努责，又叫做拙劲，而太极拳所需要的却是全身放长的弹簧劲。因此，练太极拳应分为两个阶段：首先是消除鼓劲的阶段，然后是生长新的弹簧劲的阶段。旧劲不去，新劲不生，所以拳论说：“运劲如百炼钢，何坚不摧。”（《行功新解》是一篇指导走架子的理论性文件，不是指导推手的准则）。这就是说须经过毫不用拙力的千锤百炼，并在各种不同的放长和松开的姿势下进行绞来绞去的揉动，才能达到极其柔软的地步，才能摧去人身旧有的僵劲，也就是说，只要运劲如百炼钢，则什么僵劲皆可化掉。这是前辈拳师的经验总结。所以这种化硬为柔是必不可少的阶段，初学时切勿忽视。这个阶段的时间越长越好，因为只有一这样，才可以柔软得更透彻。否则，柔软得不透，将来就难免使练习者停留在柔少刚多不易达到平衡的缺点内。

2. 掤劲不是人身固有的劲

前面已经说过，在八门劲中掤劲是最基本的。掤劲生于弹性，这种弹性劲，不仅是肌肉本身的弹性，而是在肌肉弹性的基础上将骨骼韧带等与肌肉联合放长中锻炼出来的。所以说它不是人身固有的劲，而是必须经过久练才能产生的劲。它的发展是由无到有，由有到强。要练习这种弹性的掤劲，应该按照拳谱的上述四项规定尽量去做。其关键要领还是先从用意着手，使思想上有放长的意思。这样运用既久，再配以身肢上具体的放长，就不致发生偏差。

3. 神聚气敛是加强弹性和提高掤劲的基础

在身肢放长情况下，使人精神提起而集中，气沉而内敛，这是一种自然产生的现象。反过来，也就是说，只要神聚气敛，就可引导意识上具有放长的神态，促使身肢放长，从而提高弹性和增强掤劲。在神聚气敛的一瞬间，肌肉群就会更加充分地收缩，同时反抗肌群则更加充分的放松，因此久经放松与收缩的锻炼，也就自然地加强了身肢各部分的弹性，同时也提高了身体的素质。

为了便于掌握第二个特点，把要领概括为下述五点：

（1）太极拳主要是练习掤劲，掤劲生于弹性，弹性则生于身肢的放长，因此要注意身肢的放长。

（2）身躯及上部的放长，必须是虚领顶劲、气沉丹田和含胸拔背。

（3）手足的放长，必须是沉肩坠肘、松腰圆裆和开胯屈膝的旋转。

（4）练习掤劲时，先求绵软以去掉旧力（拙力），同时放长以生长弹性的新劲。

（5）只有神聚气敛地练拳，才是加强掤劲的内在因素。

三、顺逆缠丝的螺旋缠绕运动

拳谱规定："运劲如抽丝"；"运劲如缠丝"；"任君开展与收敛，千万不可离太极"；"妙手一运一太极，迹象化完归乌有"。

从上列四项规定中可以看出，太极拳运动必须如抽丝的形状。抽丝是旋转着抽出来的，因为直抽于旋转之中，自然就形成一种螺旋的形状，这是曲直对立面的统一。至于缠丝劲或抽丝劲都是指这个意思。因为在缠的过程中伸缩其四肢同样会产生一种螺旋的形象，所以拳论说，不论开展的大动作或紧凑的小动作，千万不可离开这种对立统一的太极劲。练纯熟之后，这种缠丝圈就越练越小，达到有圈不见圈的境界，到那时就纯以意知了（杨少侯先生在晚年独创的小架子，只见发劲，不见运劲。此乃运劲圈儿小到看不见，仅将发劲显露出来的具体表现，是紧凑不见圈的纯熟功夫），所以顺逆缠丝对立统一的螺旋运动就成为太极拳的第三个特点。

（一）运动如缠丝的实质

太极拳必须运劲如缠丝，或者说运劲如抽丝。这两种形象的比方都是说，运劲的形象如螺旋。同时，这种螺旋又必须走弧线，犹如子弹通过枪膛中的来福线后，当它运动于空间时，既有螺旋形的自身旋转，又有抛物线型的运动路线。太极拳的缠丝劲就要具有这种形象。

前面已经说明了运劲必须如缠丝的意义，那么在实际运劲中，应如何运行呢？说来极平凡而简单，就是在一动全动的要求下，动作时掌心由内往外翻或由外往内翻（所谓由内往外翻或由外往内翻。皆以食指的翻转为标准，如图所示，手从点 1 到点 2，此时食指的运动系由内往外翻，故为顺缠；手从点 2 到点 3，食指的运动则为由外往内翻，故为逆缠），使之形成太极图的形象（图 2-3-1）。同时，由于掌心内外翻转，表现在上肢是旋腕转膀，表现在下肢则是旋踝转腿（腿部顺逆缠丝的划分，是以膝盖的旋转方向为标准。即当膝盖由裆内侧往前转外向下斜缠，或由裆外侧往后转内向上斜缠，皆为顺缠。当膝盖由裆外侧往前转内向上斜缠，或由裆内侧往后转外向下斜缠。皆为逆缠），表现在身躯则是旋腰转脊。三者结合起来，形成一条根在脚、主在于腰而形于手指的空间旋转曲线。这是太极拳必须做到的要求。因此拳谱中特别提出练拳时不论是开展的放开或紧凑的收敛，都不可须臾离“翻转掌心”和“旋腕转膀”的太极劲，这犹如地球环绕太阳运转走弧线，同时地球本身还自转着旋转一样。所以，太极劲不是平面的一个圈，而是立体的螺旋上升。

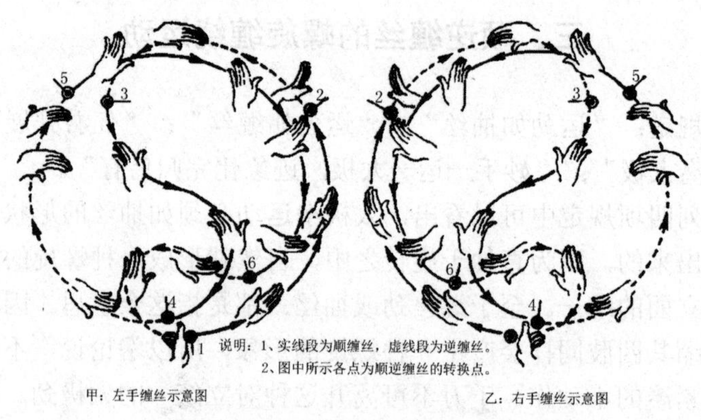

图 2–3–1

（二）缠丝式螺旋运动的作用

练拳时，如果手直伸直缩而不翻转掌心，腿是前弓后坐而没有左右旋转配合，就会发生“顶抗”比力的缺点（图 2-3-2，单向弧线运动示意图）。为了纠正这个缺点，就必须用螺旋劲。因为螺旋的曲率半径是变化的；任何压力压在这根螺旋杆上，都可很自然地将压力因旋转落空而被化去。这是科学的化劲法（图 2-3-3，螺旋缠丝运动示意图）。

太极拳螺旋式的缠丝是“太极”拳名称的由来。这种螺旋式的运动是独特的中国式的运动方式，为世界所罕有。在运动锻炼方面，它能促使全身节节贯串地推动，并由此进到内外相合的一动无有不动的境界。这对内脏器官能起一种按摩的作用。同时，使显于外的神气发生鼓荡，因而强健了大脑皮层，从而能进一步增强全身一切组织器官。

其次，在技击方面缠丝劲的作用也是非常重要的。太极拳技击的核心是“知己知彼”和“知机知势”的懂劲功夫。懂劲可分两个方面：一为自己懂劲，即懂得自己动作的劲，须要从走架子中得来；一为于人懂劲，即懂得别人的劲，须从推手中得来。欲求知人，必先知己，这是认识事物的过程。欲使走架子的“知己”达到高度纯熟境界，则必须练成周身一家的功夫。周身一家的功夫是由内外相合和节节贯串中练成的，而这两者都产生于螺旋式的缠丝动作。因此在技击方面，缠丝劲也是极其重要的。

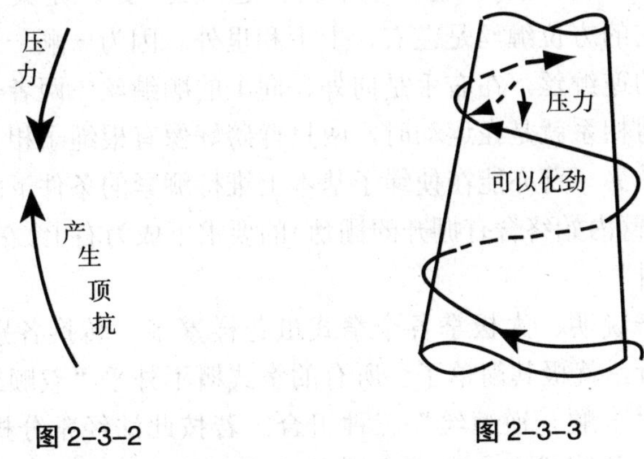

图 2-3-2　　图 2-3-3

（三）缠丝劲的种类及其要点

太极拳缠丝劲按其性能可以分为两种基本的缠丝：一种是掌心由内往外翻的顺缠丝，顺缠丝内绝大多数是挪劲（图 2-3-1 中的实线段）另一种是掌心由外往内翻的逆缠丝，逆缠丝内绝大多数是捋劲（图 2-3-1 中的虚线段）。这两类缠丝存在于太极拳运动的一切过程，并并贯串始终。因此，在一切动作中亦皆包含着挪捋二劲的相互变化；它们是运动中的基本矛盾，同时又相互转化于一元之中。在这两个基本缠丝之下，因方位不同和变换各异，又分出五对不同的方位缠丝（图 2-3-4，十二缠丝劲别示意图）。左右和上下的方位缠丝合成为一个整圈，同时结合里外，使平面圈变成立体圈，这正是太极式螺旋运动所必具的特色。其次，为了在练拳时有左右逢源、连随于人和节节贯串如周身一家起见，又有大小、进退两对方位缠丝的配合，以满足健身和技击上的特殊需要。因此，太极拳每一个拳式，在顺逆基本缠丝的基础上，至少要有二对方位缠丝结合一起进行运动。只要掌握了这个规律，就可使动作在划弧线进行运动时有了一定的依据，不论是学习或纠正拳式，也就容易多了。在练拳时如果感到某一动作有不得势和不得劲处，就可依据缠丝的不顺遂处挪动一下腰腿，以求得顺遂，就可使姿势得到纠正。所以掌握了缠丝，就是掌握了自我纠正的工具，现举例来说明它的作用。

（1）“云手”：这一拳式，在十三势内是唯一包含双顺转双逆左右大缠丝的拳式。在运动时，两手的基本缠丝是掌心由内往外的顺缠丝，转由外往内的逆缠丝，它的方位缠丝是左右、上下和微向里外。左右、上下是一个平面圈，若再使划圈微向里外、就可成为一条空间曲线的立体圈，可以达到气贴脊背的功用。

（2）“白鹤亮翅”：它的基本缠丝是一顺一逆，是架子内比较多的一种缠丝，它的方位缠丝是左右、上下和里外。因为一顺一逆，在左手是向里、向下的逆缠丝，在右手是向外、向上的顺缠丝，两者合起来，在两膊相系（两膊相系就是在运动时，两只臂磅好像有根绳子相互系住一样，当一臂动时，另一臂亦能在使绳子基本上维持绷紧的条件下跟着运动，就是说，要使两臂内始终含有掤开的掤劲）的要求下成为右上、左下的一个“右顺左逆分掤圈”。

上述例子说明，太极拳各个拳式虽花样繁多，转换各别，但从它基本缠丝来分析，就极其简单了。所有的拳式概不外乎“双顺缠丝”、“双逆缠丝”及“一顺一逆缠丝”三种组合。若按此法经常分析和捉摸自己常走的架子，并列成表，就可成为自己练习的依据。有了这种依据，则可分清劲别，做到内外相合和节节串贯。在提高弹性的基础上达到正确姿势的要求。

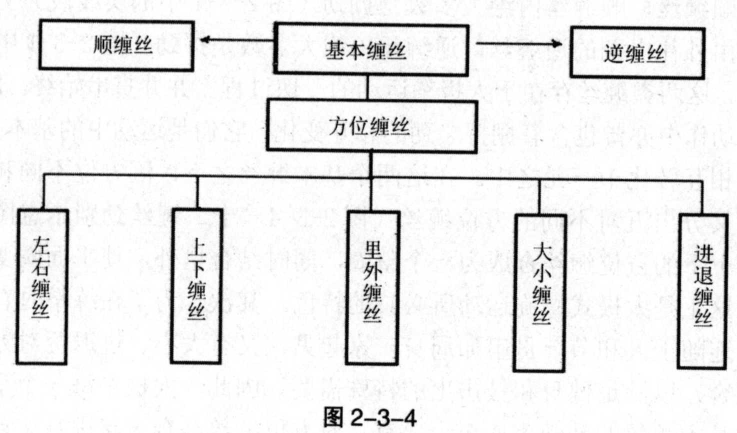

图 2-3-4

（四）螺旋运动的掌握

特点三是拳名太极的由来，其作用如上所述。所以前人为了使后学者做好运劲如缠丝，在《太极拳论》中作了专论，这是一篇太极拳运劲的实践总结。其中，第一部分论述了缠丝劲。要掌握特点三，只要按照这部分对照着去练，并作为平时检查自己走架子的依据，就可得到正确的姿势和动作。现把这部分概括讲解如下。

1. 由精神实质上掌握特点三

（1）“一举一动，周身俱要轻灵”：精神若能提起，就可无迟重的顾虑，这是求轻的方法；意气若能灵换，则意气就不致呆滞在某一点上，这是求灵的方法。掌握缠丝劲的第一点，就是在运劲的过程中周身必须要轻要灵，这样才能为做好缠丝动作提供有利条件。

（2）“动作须节节贯串”：在运劲如缠丝之中，要轻灵，尤须贯串，这也是运劲中的一个重要环节，学习时不可忽视。其详细内容，可参见本章第五特点。

（3）“神宜鼓荡，气宜内敛”（神与气可鼓荡，亦可内敛。所以拳论说：“欲要神飞鼓荡。先要提起精神、神不外散。”）：如果心意不能贯彻于动作之中而别有所思，表现了意痴神呆，则神就不易鼓荡，同时气亦不能内敛以从心，结果造成气势散漫，劲无含蓄身法散乱。因此，首先须将心意贯穿于滔滔不绝和起伏不已的动作之中，则神自鼓荡。其次，须使呼吸配合运动。由于神的鼓荡，气自收敛而不致散漫；气不散漫，就可由神带领而同时动荡起来。

综观上列一二项要求，可以说“运劲轻灵与贯串，神气鼓荡与内敛”乃是掌握缠丝劲时所必须掌握的精神实质。

2. 由劲别上掌握特点三

（1）“毋使有缺陷处”：运用缠丝劲时，不论是顺或逆，务使八门劲别运到螺旋的弓背上，也就是螺旋的接触面上，切不可有时在弓背，有时又陷在弓里面，这是缠丝最易碰到的缺点。若一经陷在里面，不但削弱了掤劲，同时也会失去缠丝中的摩擦特性。因此，若一有缺陷，劲就不能达到螺旋的接触面上，也就失去了缠丝劲的牵动作用（图 2-3-5，缠丝缺陷示意图）。

图 2-3-5

（2）“毋使有凹凸处”：缠丝劲的运用线路，在所有过程中都要做到曲线缓和，形成顺遂的姿势；同时，又要求绵软而富于弹性，这是消灭凹凸的一种方法。即使在发劲时。亦要如软皮鞭一样的甩出去。这样，由于身手放长，身肢又像打了气的轮胎，与物接触就具有随高逐低的粘走作用。若运劲一有凹凸，就产生棱角，发生顶抗的毛病，从而使运劲失去螺旋转动的作用（图 2-3-6，缠丝凹凸示意图）。

图 2-3-6 缠丝凹凸示意图

（3）“毋使有断续处”：缠丝的一切过程，无论是顺缠或是逆缠，务须一缠到底。所谓“底”，乃是到达了这一拳式表现劲别的落点处，也就是接做下一式的转关处。到了此处，由折迭转换接做下一缠丝，将劲接到下一拳式中。劲既不断，也就无须续。如缠至半途将劲断了，然后又将它接续七去，这是要不得的。因为缠丝有了断续，就是一个空隙，这一空隙不但失去应有的牵动作用，且为对方造成得机的机势。因此，在运劲缠丝上说是不允许的（图 2-3-7，缠丝不可断续示意图）。其次，即使在发劲时，虽然可以有断续，但仍须有“劲断意不断，意断神可接”的要求，即所谓断而复连。

综观上列三项，说明在缠丝过程中，也就是在运劲过程中，万不可发生缺陷、凹凸或断续的缺点。在三个缺点中即使犯了一个，就不能再发挥

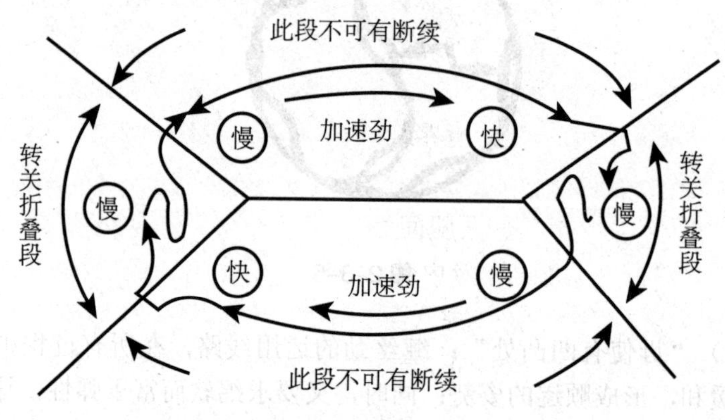

图 2-3-7

缠丝劲应有的作用。这是学习时不可忽视的问题。

为了便于掌握，现把要领概括如下：

（1）缠丝劲为太极拳命名的由来，没有缠丝劲就不能使劲环绕着身肢节节上升，达到完整一气。

（2）须知“贯串”的要求，不仅是运动须通过关节部分，而且还须使它通过整个关节上下的肌肉部分，这是螺旋缠丝的作用。

（3）太极拳有一对基本缠丝和五对方位缠丝是教和学太极拳的最好的工具。

（4）运劲如缠丝，只有在轻灵贯串条件下才能实现；同时，神气方面必须鼓荡和内敛。

（5）缠丝劲的运用不可产生缺陷、凹凸和断续等三个缺点。

四、立身中正、上下相随的虚实运动

拳谱规定：“意气须换得灵，乃有圆活之趣，所谓变转虚实须留意也”；“虚实宜分清楚，一处有一处虚实，处处总有此一虚一实”；“立身须中正安舒，支撑八面”；“上下相随人难侵”；“尾闾正中神贯顶”；“上下一条线”。

上列四项规定可以说明，太极拳的所有动作都必须分清虚实。动作能分清虚实地转换，就可耐久不疲，这是最经济的一种动力活动。因此，练太极拳时双手要有虚实，双足也要有虚实，尤其重要的是左手和左足、右手和右足要上下相随地分清虚实，也就是说，左手实则左足应虚，右手虚则右足应实。这是调节内劲使之保持中正的中心环节。此外，形成落点的虚中要有实，实中要有虚，从而处处总有此一虚一实，使内劲处处达到中正不偏。初学时，动作可以大虚大实，以后逐步练成小虚小实，最后达到内有虚实而外面不见有虚实的境界，这是调整虚实的最深功夫。

虚实灵换的核心，在于意气的灵换，同时要在“中土不离位”（中土不离位，指人体重心不离开两腿间距离的中间三分之一的意思，详见图2-4-2，即半轻半重示意图）及内劲中正的情况下来完成。为此，练拳时必须“尾闾正中”，“安舒支撑八面”、“虚领顶劲”、“上下一条线”地随时调整虚实。所以立身中正，一上一下相随地调整虚实就成为太极拳的第四个特点。

（一）虚实比例

根据太极拳理论，在一切动作内都必须分清虚实，所以练拳时要注意使动作处处有此一虚一实。为了做好虚实的调整，首先必须认清虚实的正确含义。所谓虚。不是全无力量；所谓实，亦非全部占煞。以双脚来说，虚不是在这一只脚上全无荷重，实亦非全部荷重都放在这一只脚上（提腿、独立和解脱擒拿等拳式例外），而不过是使虚比实的荷重轻些。这一虚实名词的产生，在力学上来说，是由于人体总荷重的重心常有偏移。当重心偏移到右边时，则成为右足实而左足虚，偏左时，则又成为左足实而右足虚（图 2-4-1，重心偏移示意图）。上面说过，太极拳动力本身就产生于重心偏差的倒换中，如果没有偏差，就是说重心正摆在中心线上，那就会形成双重（双重是双足不分虚实，成为双实；双手也不分虚实，亦成为双实。因此成为双重，以致等于填实滞住，变换不灵，所以为病），失去动力而形成滞重的毛病。此时如果将双手虚虚掤起，就可成为双沉（双沉是双足虽未分虚实，或是微末虚实，成为双实，但是双手却是全虚，或是微末虚实。这样就成了腾虚，如十字手，为上下相随的双实双虚，是为双沉。此时两手两足虽然为双虚和双实，但内中仍有主次之分，所以不为病）的功手，可使运动重新获得转换的动力。

虚实不是固定的，它随着拳式变化而变换。在开始学拳时，宜采取大虚大实的姿势，如二八之比（二八之比是指两脚负重的分配比例，如以全身重一百斤为例，则一脚负担 20 斤，另一脚负担 80 斤）。随着功夫的熟练，就要转为小虚小实的姿势，如两脚的负重分配比例为四六等。经过这种紧凑功夫以后，由于动度变小，即可使虚实变换得更加灵活。变换灵活的内在根由，在于意气转换的灵活，因而，可以做到不滞住于某一方面，不专注于某一点：例如某式应生意左手，则能毫不费力地立即转到左手上（这是指人的习惯多用右手，但有时应注意左手时，仍旧注意到右手上）。这样就可使人在练拳时有左右逢源的感觉，产生圆活如珠滚在盘上的趣味。从姿势上说，在任何变换下，皆不能使“中土离位”；不离位才能前后左右变换而不受阻。若身体偏于一边来进行变换。就须经过调整才能变换过来。这是一个失势的空隙，并且因为多了一道手续，使行动转慢，坐失良机。这用太极拳术语来说，称为失机。失机、失势是太极拳的大病，所以变换虚实只有在中正立身的情况下，才可以达到灵活转换的要求，这是必须掌握的关键之一。

图 2-4-1

图 2-4-2

图 2-4-3

（二）三种基本虚实

1. 脚的虚实

脚的虚实划分，就是一只脚负担重些，另一只脚负担轻些。按照力学原理，身体重量的重心若位于两腿间距离的中间三分之一的地方，就可使两脚均有着落。称为半轻半重（半者就是人身重量的重心在两腿间距离的中间三分之一以内，这时两脚均有有踏劲在地面上，只不过轻重下同而已，所以称为半有着落，或称半轻半重，这是正确的姿势）（图 2-4-2，半轻半重示意图）。如果重心位置超出了中间三分之一的范围，则那只虚脚就会因过虚而产生浮摆的现象，成了偏轻偏重（偏者指重心位置已经超出了三分之一的范围，使一脚特别重，使另 脚则浮摆在地上，形成偏重于一边，因此另一边当然是偏轻，这就是偏无着落，或称偏轻偏重，是一种病）的病象（图 2-4-3，偏轻偏重示意图）。

另外，在运劲或发劲时，动作要做到曲蓄有余。即使在发劲后，四肢亦仍不应十分伸直。因为一经伸直，在变换虚实时，就要先将直变弯，然后才能倒换伸缩。而如果是手足处于曲蓄有余的姿势下，则触之就可旋转自如，不必分心于倒换之中，这是使动作能自动化的基础。

总之，太极拳对于双脚的虚实要求，无论在何时何地，都须有此一虚一实的倒换。尤须逐步收小比例，使虚实的转变加快。如果双脚虚实换得不快，就不能适应手的变化，使上下不能相随，就要分成两歧，破坏了动作要周身一家的要求。

2. 手的虚实

凡是劲运到手上掤时，此手为虚，运到手下沉时，则此手为实。太极拳两手的动作，和两腿动作一样，也要划分虚实，即或双手双按时，如六封四闭这一拳式，亦是按四六比例来划分的。不过手的虚实比例比腿稍有不同：功夫精进后，它的比例除个别拳式外，都在三七至四六之间，比例是大的。这是为了做到沉着松静，专主一方，使以一方为主，另一方为宾而规定的。尤其重要的是，不但肢体要换得灵，而且意气更要换得灵，使意气不滞于一手，特别是右手。

3. 手与足的虚实

划分虚实最费功夫的，要算是一手一足上下的虚实划分。而保健和技击上最有作用的，也是这种手与足上下的虚实划分。这是使步法做到连随的核心。其要求和做法是：如右手下沉为实，则右足必虚；等到右手转到上掤为虚时，则右足就随上面的手转为实；这样做，称为“上下相随的分虚实”。所以在太极拳《打手歌》内说：“掤捋挤按须认真，上下相随人难侵”，其重要性可想而知。因此，练拳时要充分检查每一个动作是否达到了这种上下相随的要求。以练一趟架子来说，内中姿势是多种多样的，变换姿势又是那样的频繁，要做到上下相随，当然得费一番功夫，才能掌握得熟练。这种变换，除了迈步时手随足来变换虚实外，大多数皆是足随手来变换虚实。总之，能做到一手一足的上下虚实，则重心位置可不出两腿间距离的中间三分之一的范围，使左右腿均有着落，故内劲可得到中正；内劲中正了，才能支撑八面。这种虚实归纳到地面上的足部落点来说，是虚中有实和实中有虚。只有具备了这种上下相随的虚实，步法才能轻灵不滞，进退自如，才可以连随于人而不致发生丢顶的病象。同时，在熟练后推手时，只要注意与对方接触的一只手，则另一手、两足均可由此养成上下相随的习惯，而不必再予以分心，能得到自动配合的效果，也是动中求静而得静的关键。

（三）虚实的掌握

上面说过，太极拳是以分清虚实和由重心偏移而产生的偏心力矩作为动力源泉的。这是最省力的机械作用，可使人历久不疲。练拳时只要挪动一下重心，就可以动作起来。这种虚实锻炼的程序，首先是双足的虚实，其次是双手的虚实，最后，也是最主要的，是一手一足上下的虚实。

太极拳在练一趟架子时，双手为了能够弧行圈走，须忽虚忽实地不断变换，从而促使双足必须随着手的虚实而调整虚实。同样，双足在进退时都是虚迈而出，迈到其点再落实而变为实的。这是太极拳一般的迈步要求，因此手就要随着足的虚实而变换虚实。这些都属于上随下和下随上的上下相随的要求，练太极拳必须遵循这个要求，并养成这种习惯。久习久练，一旦形成习惯，则人来时自然能产生自动的“连”，人走时又可自然地产生自动的“随”，再也用不着多费心意来指挥动作了。

(四)轻重浮沉与虚实

划分虚实，粗看起来，并不是一件复杂的事，但实际上是一个非常细致和多式多样的学习过程。因此，为了更好地学习虚实，就必须进一步了解轻重浮沉四者与虚实的关系。拳论说:“若不穷研轻重浮沉之手，有掘井徒劳不及泉之叹”，这说明了其重要性。

为了细致地掌握这种虚实，应该在各个拳式中细心捉摸，找出缺点一一加以纠正。这时有六个关键必须掌握，掌握了这六个关键，就基本上可以做到功手，而不是病手。

1. 要“半”，不要“偏”

所谓“半”，是指人身重心的偏心距未超出两腿间距离的中间三分之一的范围而言的，这是一种位于为方圆圈内的偏心，是正确划分虚实的标准。所谓“偏”，则指人身重心的偏心距已超出上述范围，致使偏心出了方圆圈，是虚实分得太过的缘故。所以“半”就是有着落，不为病，而“偏”则已无着落，是病。因此分虚实时要“半”，不要“偏”(图 2-4-4，方圆示意图)。

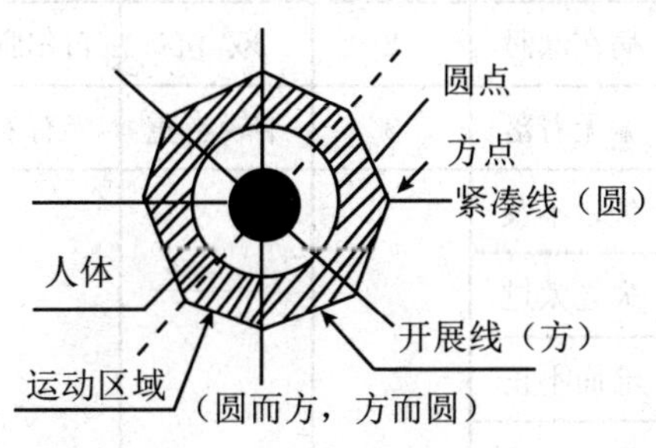

图 2-4-4

2. 要“沉”，不要“重”

所谓“重”，是指过于填实而产生滞的现象。所谓“沉”，是指虽为下沉，但仍能“自尔腾虚”，也就是说，沉是在上下相随之中产生的:如足下沉为实，而手上掤为虚，就可使实中有虚，因此“沉”不为病，而“重”为病(但半轻半重除外)。所以分虚实时，要“沉”，不要“重”。

3. 要“轻”，不要“浮”

“轻”是在方圆之内使动作表现出轻灵而有着落，而“浮”是出了方圆，使足跟浮起缥缈无着落，也就是虚得太过，因此浮是一种病象。所以，分虚实时，要“轻”，不要“浮”。

4. 三个无病的虚实

练拳时应该学习并做到“双轻”（在心意虚灵不昧和清明在躬的行气之下虚领顶劲，上则两膊相系，下则两腿相随，虚实仅有微末之分，但却能自然轻灵地转换。是为双轻，所以不为病）“双沉”和“半轻半重”三个无病的虚实。在这三个虚实中，又以“双轻”、“双沉”功夫比较细致难做，做不好，就有流入“双浮”（双浮是双手虚，双足由于过分大虚大实，致使在运动过程中不但那只虚足浮起连那只过实的足在变换时也被牵动得站立不稳而浮起，以致全身缥缈无着落，成为双浮，所以为病）（手虚足也虚）和“双重”（手实足也实）的可能，这是要充分加以注意的。特别是“双轻”、“双沉”的功手和“双浮”、“双重”的病手，在手足转移中仅有毫厘之差，因此更应防止这种差之分毫、谬之千里的可能发生。

表 2-4-1　虚实划分中的病手和功手

编 号	病手名称	病 象	编 号	功手名称	功 能	附 记
1	双 重	病在填实	1	双 轻	自然轻灵	本表按照拳论《太极轻重浮沉解》分析所得。全部虚实划分共有 12 项，其中功手只有 3 项，而病手却有 9 项，占四分之三。因此，练习时稍有不慎、就易出病手，应加注意。
2	双 浮	病在漂渺	2	双 沉	自尔腾虚	
3	偏轻偏重	偏无着落	3	半轻半重	半有着落	
4	半浮半沉	失之不及				
5	偏浮偏沉	失之太过				
6	半重偏重	滞而不正				
7	半轻偏轻	灵而不圆				
8	半沉偏沉	虚而不正				
9	半浮偏浮	茫而不圆				

5. 隅手是补救偏重、偏浮的重要措施

在个人单独练习时，是可以做到变换虚实而不出隅的要求的，也就是不致出方圆而发生偏重、偏浮的虚实（所谓偏重偏浮，乃是由于同一边的手和足上下皆虚，或上下皆实，使劲偏于一边所形成。因此上下相随的分虚实，正是为了不致发生偏重偏浮而提出的）。但是，与人推手时，已关系到两方面的事情，决不能凭主观愿望片面地想不出隅就可以不出隅。如果对方采用採、挒的隅手来硬拿、硬击则自己有时也难免要出隅。因此，就不得不用隅手来补救这种出隅的虚实，使之重新恢复到方圆内来，达到半轻半重的虚实。例如，右手出隅、左手出击；人迎左手，则右手又可回归到方圆四正之内。这是补救自己虚实出隅的手法（图 2-4-5）。

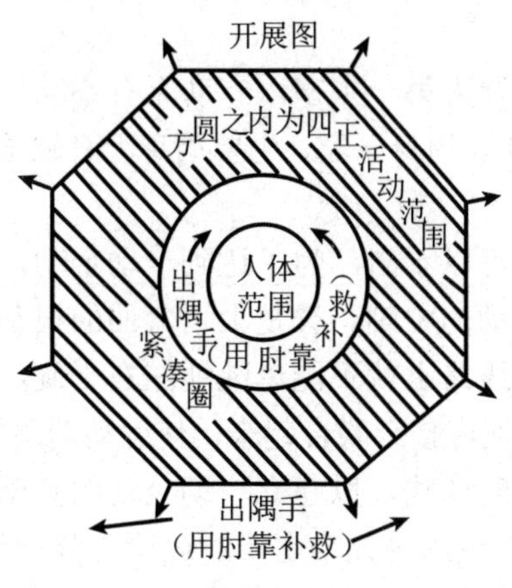

图 2-4-5

6. 要做好虚实，不要忘却隅手

例如在推手时，如果对方是一个大开大展的俯仰倾斜者，常想用出隅的手法来制人，那么这时如果不敢采用或不习惯于采用隅手来对待他的隅手，而还是想用四正来对待他的四隅，与之沾粘划圈地推动不已，则这样的动作就违背了隅手对隅手的规定，会使自己不自觉地产生偏重、偏浮的虚实，可以说这是惯于使用四正的一种缺点。所以，拳论说："采例肘靠更出奇，行之不用费心机"，这恰好地说明了隅手的重要性。若忘却隅手的握，就会使虚实的偏重、偏孚得不到纠正，并且还会导致自己进一步出隅。这是惯于四正忘却四隅成为"一条腿"所产生的缺点。

为了便于掌握第四个特点，将其要点概括如下：

（1）分清主要的三个虚实，即脚的虚实、手的虚实和一手一脚的虚实。

（2）注意调整左手左足和右手右足手与脚的虚实，这是"上下相随人难侵"的主要关键。

（3）要根据轻重浮沉的原则，经常检查自己划分虚实中的缺点。

（4）要做到双轻、双沉和半轻半重这三个无病的虚实，这要刻刻留心，久练才能养成。

（5）推手时不要忘却"隅手对待隅手"的原则。四正手与四隅手要相互转换，两者俱练。

五、腰脊带头、内外相合的节节贯串运动

拳谱规定："腰脊为第一主宰，一动无有不动"；"周身节节贯串，毋使丝毫间断"；"欲要周身一家，先要周身无有缺陷"；"行气如九曲珠，无微不到"。

从以上四项规定可以看出，为了达到一动全动，必须以腰脊为中心，因为腰是左右平行转动的中轴，脊是上下弯曲的根基。太极拳动作既要一动全动，那么在运动线路上就不能单纯地左右平旋，也不能专在上下、前后做弯曲动作，而必须将腰脊联合起来，使运动的路线形成一条既是左右，又是上下、前后的空间曲线，以建立一动全动的基础。这就是说，只有通过腰脊为中心，才可以使周身九个主要的运动关节（颈、脊、腰、胯、膝、踝、肩、肘和腕）依次贯串起来。此外，还要做到周身无缺陷，贯串如九曲圆珠，这样功夫才可以进展到周身一家的地步。所以腰脊带头，内外相合的节节贯串运动，就成了太极拳的第五个特点。

（一）节节贯串的实质

为了明确节节贯串的实质，试举下半身为例加以说明。当劲起于脚跟，通过踝关节，环绕着小腿上升到膝关节，再由膝关节旋转上升，环绕大腿到胯关节，能够做到没有丝毫间断，是谓下半身的节节贯串。这说明所谓贯串，不仅在关节上动。而且应使整个腿环绕上升而动。若不经过大小腿而单由踝、膝、胯等关节动，则属于由一节飞跃到另一节的动，这是一种"零断劲"。因此，只有经过大小腿而上升的劲，才是真正的"贯串劲"（"零断劲"仅关节运动，而"贯串劲"则肌肉与关节齐动）。

明确了贯串劲，就可以找到着力之点。若使腿前弓后塌而没有左右旋转，则无论怎样也不可能将关节与肌肉贯串起来，这时就只能表现出关节的一收一放，与肌肉的放长无直接关系。手臂若是直伸直缩，情况也是如此。因此，这种贯串的要求除运用缠丝螺旋式的上升外是无法达到的。

（二）一动全动和腰脊的关系

太极拳动作首先要求外部九个主要关节能先后贯串地运动起来，这样才能引起内脏产生"按摩"作用。练拳时切不可几个关节动，另几个关节不动。为了做到全身关节依次全动，就必须在人身上找出它的中心环节，并用它来领导各个关节依次运动，这样才会使动作变得比较简单。否则，

要运用脑力来照顾九个关节依次节节俱动，这会造成顾此失彼，忙个不休，不但不能达到贯串全动的目的，并且会失去动中求静的要求。

我们知道，腰与脊这两个器官居于人身的中部，它们天然具有中轴的功能。因此，如果能使腰脊配合特点二的螺旋运动，就可达到节节贯串的要求，所以在太极拳中称腰脊为第一主宰。因有这个中轴，双手才能运用离心力和向心力的统一性，做到“动之则分，静之则合”（图 2-5-1，动分静合示意图）。

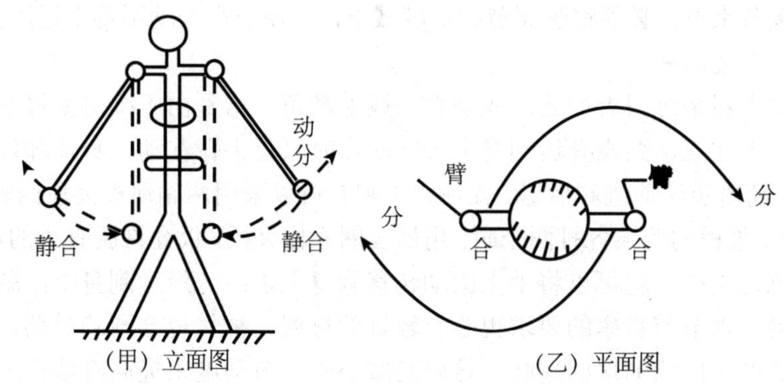

图 2-5-1

（三）节节贯串与增强关节

太极拳练到节节贯串以后，就可达到周身一家的功夫。练成这种功夫，只要简单地微微一动，就能使全身内外各部配合着动起来。这种贯串各关节的运动，可以增强关节，阻止关节发生退化现象。根据人体生理学规律，关节常活动有助于保全关节面上软骨组织的正常结构；如不常活动，则软骨组织就会发生纤维性病变的退化作用。假使长时间不活动，它的附属器官还会进一步硬化，这样就形成了关节不灵的强硬状态。这些病变产生的原因，皆因润滑关节面的骨液分泌衰退的缘故。

由此可见，太极拳节节贯串的要求，对于增强关节机能起着重要的作用。一般练太极拳都先求开展，动作开展也就扩大了人体骨骼活动的幅度。所以练太极拳时关节上常会发出一连串的响声，使人感到轻松，这说明关节得到了锻炼；这样不仅可以保持关节正常的功能，而且还可以使骨骼的机能不断增强，加速关节及其周围血液的供应，因此至老也可健步如飞。

（四）关节动度的调节

太极拳虽然要求节节贯串，一动全动，但其动作的动度是大小不一的。人的日常动作对关节的影响是不平均的：九个关节中，转动最易且多的是腕关节，转动最小且少的是脊柱（图 2-5-2，脊柱动度示意图）。而太极拳节节贯串的要求，却与此恰恰相反：要求腕关节动得愈小愈好，而脊柱却要求放长并动得要大些，亦即一直一弯的动度要做得大些。腕关节的动度减小了，就使人不得不扩大身法来帮助达到节节贯串的要求，不得不以腰脊作主宰，否则就无法婉转自如地转过来。如果腕关节的动度不减小，则手腕一转一个动作可以与脊无关地轻易转过去、滑过去。腰当然动得小了。所以太极拳名家们常常说："练太极拳要练在身上，不要练在手上。"就腕关节来说，必须将腕关节的动度减小，迫使一举一动不得不运用身法，从腰脊上运出来。

如太极拳练习者如云，成功者如凤毛麟角。这是由于练习太极拳时只在手法上注意，劲没有运到身上去，动作时只见手臂在动，身体却像一根木棍，随着步法前进和后退。如何纠正呢？可以采用两副薄板夹住两腕（共四块），夹板的两端各打两个眼，用橡皮圈系住夹板，仅允许腕有小的弯度。这样练习不久，就可以将手上的动转移到身上去；一经运到身上，就能动则俱动，那节节贯串的要求也会有较好的进展，神气也会渐趋鼓荡，身肢也能够产生圆活如珠的趣味。这就是减小腕关节动度来提高身法在太极拳运动中的重要性。

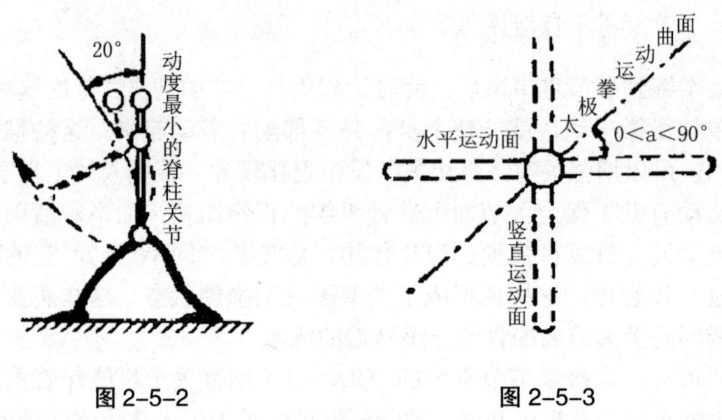

图 2-5-2　　图 2-5-3

（五）节节贯串的掌握

在运劲时必须由腰脊作发动机，以腰脊为中心，这样才可以练好节节贯串的功夫。而为了做到主宰于腰脊，不顾此失彼和不分散思想，则只有运用具有倾斜度的离心力来发动动作（图 2-5-3，曲面倾斜度示意图），才可以自然地把劲运到腰脊上去。所以练架子时，务须养成这种动作的习惯，这样才可使运动时不分散心思，不但可以做到腰脊带头的劲，而且还可做到动中得静。“运之则分，静之则合”是描写离心力“动分”和“静合”的作用。虽然由于离心力使两膊同时螺旋地分开，但因为两膊相系，在开中还寓有收合的内劲；这是属于全身的开中寓合。其次，由于不是直开直收，使手臂也就具有螺旋式的开；这是肘合碗开和腕合肘开的开中离合和合中寓开。前者是全身的开合相寓，后者是手臂的开合相寓。这种全身与手臂的开中寓合和合中寓开。乃是“太极”图（阴阳）的具体表现。练成这种功夫，才能纵横前后，左右逢源，触之则旋转自如。变化万千，为内外俱练提供了有利条件，也是解除技击上“顶匾丢抗”四种毛病的基础（图 2-5-1，动分静合示意图）。

陈式太极拳第一路拳以运劲为主。在运劲过程中，同时产生了化劲，化后就要发劲，这是运劲发展的规律。现代为保健目的而修改的太极拳，几乎全是运劲，对于发劲大有删去不用的趋势。但是太极拳原是运发并用的拳，因此才构成了八门五步［八门指八种内劲，即挪、捋、挤、按（又称四正）和采、例、肘、靠（又称四隅），五步指五种步法，即前进、后退、左顾、右盼、中定］。所以有人将发劲的明劲改为暗劲，以达有发劲之易，而无发劲之形，也就是将发劲改为放劲，以降低发劲的刚度，来适合运动健身锻炼的要求。所谓发劲，是在沉肩坠肘之下，将各种曲蓄有余的内劲引导着由脊背传递到手臂上再发出去的意思。所以拳谱中规定：“劲由脊发”，即由脊脱扣而发出。只有这种发劲才是中正劲，它是由全身汇合了各个关节而发出来的。所以节节贯串的原则，不论是运劲、发劲和放劲均须贯彻，因为节节贯串的运劲正是节节贯串的发劲的基础。发劲除对年老者和体弱者有些不适应外，青壮年人若能练到运发俱能的地步，不仅可练成四正、四偶的八门功能，且对增强体力大有好处。

由此可知，节节贯串的运动，不仅可为周身一家的功夫打下基础，并且可为节节贯串的发劲提供条件。发劲要节节贯串，是为了能加强其劲，将劲集中于脊背，然后发出去。同时，反过来又促进了运劲，所以它们两者相互为用又相互增长，因此对保健与技击都有着极为良好的作用。

为了便于掌握特点五，现把要领概括如下：

（1）腰脊联合作中轴，手臂动作要有倾斜度（45° 左右）。

（2）由中轴而产生的“动分”和“静合”，是运用离心力达到贯串的中心关键。

（3）开中寓合、合中寓开是节节贯串和旋转自如的具体表现。

（4）发劲的节节贯串是加强运劲贯串的手段。

（5）减小腕关节的动度，为提高身法作用的必要手段。

六、相连不断、滔滔不绝的一气呵成运动

拳谱规定："往复须有折迭，进退须有转换"；"收即是放，放即是收"；"劲断意不断，意断神可接"；"如长江大河，滔滔不绝，一气呵成"。

从上列四项规定可以看出，太极拳不以一动全动为满足，还要求在练全趟架子时能够进一步做到一气呵成，内劲不断。这是加大运动量的又一方法。其具体方法是：在手法上遇到往复时，要嵌进折迭；在步法上遇到进退时，要嵌以转换；在开合、收放时，要有收即是放和放即是收的意和劲。当然，这个特点同特点五一样，是在螺旋式缠丝运动的辅助下来实现的。如果在发劲之后出现了断劲现象，就要将这种发劲的余意接续下去。万一意也断了（所谓意断，是指意与动作脱节，内外不一，意外驰，动作无主），就要运用意、劲的余神接续下去。为了做到这点，劲要有折迭转换，动作要用意不用力，借使收放统一的身法如同长江水滔滔不绝，中间无卸劲的余地，亦无意驰的时候，这样就自然可以达到一气呵成的要求。因此，相连不断、滔滔不绝的一气呵成运动就可作为太极拳的第六个特点。

（一）一气呵成的实现

这个特点是继特点五之后在一动无有不动的基础上再进一步加大运动量的具体措施。特点五着重于要求九个主要关节要一动全动，促使运动器官和内脏器官内外相合，以提高每一个拳式的运动量。而特点六则主要是要求在一动全动的基础上，从一趟架子第一个动作开始，一直到一趟架子练完止，中间没有卸劲的地方和断劲的时候，也没有神气呆滞别有所思的情况发生，更没有松口气、离开用意的表现，而是做到自始至终相连不断，波浪式地滔滔起伏不已，也就是说，要把一趟架子一气呵成。运动量经过这一提高，对一趟架子练完后的动度的计算，应该是九个关节的动乘以一趟架子的动作：假定架子的拳式为七十二式，那么练完一趟架子就要一气完成六百四十八个动量。这是我们祖先在体育运动上的一种出色的特殊创造。但是要将这种复杂多变的运动做得自始至终相连不断，从大的方面来说就要做到下述两个方面。

1. 手法上

运劲时凡是遇到一往一复的动作，在往复之间要运用折迭弥补其间，使前后两个动作能呈曲线缓和地连接起来。这种折迭的做法是，在运劲到尽头，将要做下一动作之前，如下一动作是要向下和向前行，那么就要先

向上一折，再往后一迭，然后再接做下一拳式，这样就与下一动作的劲很自然且呈曲线缓和地连接上了。这就是拳论所规定的“意欲向上必先寓下，意欲向前必先寓后”的说法。这样做，不但前一拳式与后一拳式的劲接上了，并使下一拳式由于前一拳式的加速力关系，使它更加沉着和加强了，正如用毛笔写大字的回锋笔法一样。因此，太极拳运动除了一个动作在一个圈内可以完成外，如果动作中有一往一复（两个拳式连接处），就必须加以折迭，才可使上一动作的劲毫无间断地贯串到下一动作中去。这是在手法上因有折迭而达到相连不断的方法。

2. 步法上

凡遇到移动步法进退时，在它们之间用一个“转换”来弥补其间，使前后的步法也能呈曲线缓和地连接起来。这种转换的故法是。迈步向前或是退后均不可直线地直进直退，而必须在前一步到后一步之中嵌进一个转换。这种转换，就是太极拳五步中的顾盼二步（顾盼步法所以用目光顾盼二字来形容，是因为太极拳是以步随身转和身随眼动的原则来进行运动的，故名。左为顾，右为盼）。有了顾盼二步的转换步法，不但可使腿部的劲强有力地连接起来，并且可使腿部不离开缠丝，能与两臂的缠丝上下一致地联合起来，起到劲起于脚跟，形于手指的贯串功用。

太极拳整个套路内是不断有往复的，因此也是不断有折迭的。有了折迭嵌进在动作之内，练起拳来就显得有一种留恋缱绻的感觉，产生似松非松、将展未展的神态，并表现出波浪淘滔的起伏状，好像一浪过去，又是一浪地动荡不已。

太极拳一趟架子内是不断有进退的，也是不断有转换的。有了转换嵌进在进退之间，就使进退不再是直进直退，而是可以显出婉转的回旋和生生不已。我们在泥地上练拳时，练完一趟架子之后，在泥土上可以留下许多足跟的圈儿，这就是这种转换的顾盼二步所留下的正确痕迹。

总之，在往复之间手臂了折迭，在进退之间腿部有了转换，就不但可使前后的内劲连接上，并可使往复进退过程用的劲都是圆劲，不致发生顶抗与丢匾的毛病，也可使往复与进退两者对立面统一起来。

（二）名家行拳实例

1914 年前后，在前北京体育研究社的年会终了时，全城各派武术家们，如纪子修、张策、尚云祥、王茂斋、许禹生等参加余兴表演。当时太极拳方面，有杨澄甫和吴鉴泉双演太极拳。他们采用的都是大架子，两位在表演时，使观众只觉得是在左右逢源之中前进和后退，滔滔不绝地起伏不已，好像站在小划船上横渡长江一样，他们的动作表面上极其绵软，内里却显出含有坚强；慢到方时快，快到圆时慢，极其匀清地配合着开合，如玉环无端，看不清衔接在何处。他们进退时并不显出在进退，仅觉得逐步在变换姿势；表演完毕的时间，约八分多钟，在场的人都叹为观止。

名家们在走架子时所以能够达到这种精深正确的要求，当然主要是因为他们勤学苦练、功夫到家的结果。但是内中如缺少往复的折迭和进退的转换，要想达到这样动荡无已和一气呵成是有困难的。

（三）神气动荡和一气呵成

从姿势方面如何做到相连不断，已如上所述。本节着重叙述在神气方面应如何达到相连不断，并使内外一致，真正达到相连不断（本项所指“神气动荡”，与第一特点的“神气鼓荡”稍有不同。“神气鼓荡是说明在运劲时要鼓荡其神气于八门劲别的运用之中，反过来又促使内在意气运动加强。“神气动荡”是指在一般运动时养成神气动荡的习惯；不运则已，运则神气随着动作而动荡，说明内在意识没有离开动作，没有外驰）。

要检查神气方面是不是断了，只要看练拳人的神气是呆滞，还是动荡，换句话说，只要练拳人的神气是随着动作而表现出动荡的神态，就证明此时此人已经将意贯注于动作之了，证明他正在用意练拳；即或表面看到好像劲断了，如果意识还存在于动作之中，就只能说，他的内劲在运动中减弱了，而不能说劲已断了。因此，练习走架子时，应该注意掌握神气的动荡特性，因为这是表示内劲不断的唯一标志。所以，练太极拳一开始就应注意将内意和外神寓于动作之中，毫不间断；久之可以养成习惯，做到不走架子则已，一走架子神气必动荡无已，思想无暇开小差。这样做，即使万一思想开了小差，仍能尽量保持神的存在，可以很快消除劲断意驰的现象。

（四）劲别和一气呵成

太极拳《正功解》上说：“太极者圆也，无论上下左右，不离此圆也。太极者方也，无论上下左右，不离此方也。圆之出入，方之进退，随圆就方之往来。方为开展，圆为紧凑（这里所说的“方为开展，圆为紧凑”中的开展与紧凑，与《行功心解》内所说得“先求开展，后求紧凑”中的开展与紧凑不同，后者指练习太极拳先要扩大其圆，然后随功夫的精深而紧凑其圆而言。而前者所指乃是：“呼气时，使身肢膨胀，形成开展，达到方形的放劲”；“吸气时，使身肢收缩，形成紧凑，达到圆形的卷劲”），方圆规矩之至，孰能出此以外哉”这是太极拳要求方圆相生的由来。在初学太极拳时，一切动作都要求圆，即或极小的转关，也都要求它圆行圈走。

关于圆，前面已经说得很多，但仍应指出下述一点：当功失练到相当纯熟之后，在运劲到达终点时，应把这一拳式规定的劲别表现出来；而要表现出劲别来，就必须在圆行中现出方来，换句话说，要想在运劲过程中表现出劲别来，就必须有方。所以拳论说：“只圆无方是滑拳，只方无圆是硬拳。”

拳论又说：“卷放得其时中，文体之本；蓄发适当其可，武事之根”；又说：“呼为开、为发，吸为合、为蓄。盖吸则自然提得起，亦拿得人起；呼则自然沉得下，亦放得人出。此是以意运气，非以力使气也。”这是说功夫达到高深时可不再运用大开大合姿势来进行蓄发，而仅运用肌肉皮肤的涨缩即可进行拿放。用太极拳术语来说，这是“寸劲”的功用，也是气功的基础。至此功夫就可以不必顾虑有断劲的发生。因为这时已经达方圆相生的高度境界了。

为便于掌握这个特点，特把其要领概括如下。

（1）遇到动作有往复时，必须嵌有折迭——这是在手法上做到相连不断的必要措施。

（2）遇到身体有进退时，必须嵌有转换——这是在步法上做到相连不断的必要措施。

（3）劲断了，要有意在，意不到时，要有神在，这是补救断劲的方法。

（4）能神气鼓荡地走架子，就可证明已将意贯注于动作中了。意在，为内劲不断的标志。

（5）太极劲的方圆相生，是从“呼为开展、为方”和“吸为紧凑、为圆”中产生出来的。

七、从柔到刚、从刚到柔的刚柔相济运动

拳谱规定：“运劲如百炼钢，何坚不摧”，“极柔软，然后极坚刚”；“外操柔软，内含坚刚，常求柔软之于外，久之自可得内之坚刚；非有心之坚刚，实有心之柔软也”；“太极拳决不可失之绵软。周身往复，以精神意气为本，用久自然贯通焉”；“运劲之功夫，先化硬为柔，然后练柔成刚。极其至也，亦柔亦刚。刚柔得中，方见阴阳。故此拳不可以刚名，亦不可以柔名，直以太极之无名名之”。

从上列四项规定可以看出，太极拳的学习，首先要摧毁人们动作中原有的坚硬劲，使它化为柔软，这是化柔的时期，这个时期愈长，则愈可把僵硬摧毁得彻底。此时的要点是仍须不失绵软，在柔软之下，向着更有弹

性的坚刚上迈进。这个刚，不是从努责和鼓劲而产生的“生铁”的刚，而是由松开和放长而产生的弹性的刚。因为身肢放长，并不断螺旋式地绞来绞去，就可产生这种弹性。因此，又可名为“掤劲刚”。这样绷紧中能搓揉得愈柔软，则内在的质量也就可愈坚刚（如钟表的发条，是最柔软的弹性刚，也是质量最坚的刚）。只有这种具有弹性的刚，才能达到“外操柔软，内含坚刚”的要求。这种刚柔的变换是由精神意气的隐显来掌握的。所谓“隐则柔”、“显则刚”，就是这个道理。功夫精进后，劲可内隐得极深，使外形显得极柔，使人感到好像又回复到柔上去了，其实内在的质量却更加刚了。因此，从柔到刚、从刚到柔的刚柔相济运动就成为太极拳的第七个特点。

（一）刚柔相济拳

关于太极拳刚柔的观点，什么是正确的？这是太极拳练习者都希望知道的问题。为了解答这个问题，还须从太极拳发展的环境说起。黄河流域的人民大多喜习硬功拳，因此在该地区流传的陈式拳也有向坚刚上发展的趋势。但陈氏家传者，却仍能保持太极阴阳的原则，表现出刚柔相济的特色。在长江流域，为保健而学习太极拳的知识分子占了很大的比重。他们为了适锻炼体质的需要，逐渐地向着柔软上发展。但杨氏家传者也仍保持着太极拳“柔中寓刚，绵里藏针”的风格。现在流行的各式太极拳，从架子的编组上来看，大体上是相同的，但是从刚柔快慢上来看，则各具特色。因此，一般学习太极拳者可各按其需要而学其所爱。至于纯柔无刚或纯刚无柔的说法，则任何武术都是没有的。即使是一般所称的硬功拳，内中亦仍有刚有柔。何况太极拳是由阴阳相济产生的一系列相济而又对立的特色的一种拳术。因此，所谓“柔功太极拳”或“刚功太极拳”的说法是不存在的。

（二）求软摧僵时期

一个人不论他是否练过武术或其他运动，但他在日常生活中必定经常拿过重物，用过气力。这样，就使每个人在动作中都不免带有硬僵的鼓劲。若想学好太极拳的运动，对这些原有的鼓劲就必须以“百炼成刚，何坚不摧”的劲头把它去掉，这是练太极拳的初期要求。

在此时期，应力求柔软，务须在走架子的“千锤百炼”过程中使人们动作中所固有的僵硬劲化为柔软劲。并养成这种柔软的习惯。这是摧去原有硬僵和建立新的柔软的时期。这一时期的特色是尽力求柔，在毫不用力的原则下慢慢地动作。这时愈不用力。就愈易使人发现动作中的缺点，也就能愈快地摧去动作中的硬僵劲。因此，可以说这是一个最好的“炼钢转炉”。能把运劲练到节节柔软地贯串起来。

（三）练柔成刚时期

上述求软摧僵期的要求是化硬转柔的初期要求。本期则是转柔成刚的时期。这一时期，首先必须明确刚是哪一种性质的刚和怎样才能运柔成刚。拳谱上说，练拳要“有心求柔，无意成刚”，所以动作不准用力，要求全身松开。这种“松”是有意识的松，但不是静寂而没有意图的松，同时它和努责鼓劲也是毫无共同之处的。所谓“松”，意为由放长身肢来达到松开，由松开的放长来使身肢产生弹性。弹性加强，则成为掤劲，掤劲正是太极拳要求的弹簧劲。这种弹簧劲的加强，就是太极拳所要求的刚。

明确了刚的性质，现在再谈一谈怎样才能运柔成刚。刚性的加强，是靠内气的贯串而实现的。刚性质量的提高，则是靠缠丝劲绞来绞去以加强弹性的韧度而实现的。因此，运劲如缠丝和身肢放长便成为做到最柔而又最刚的关键。这就是拳谱中所说的“常求柔软之于外，久之自得坚刚之于内”，“非有心之坚刚，实有心之柔软”。太极拳就是这样由柔软变成坚刚的，也只有这种由柔软变成的坚刚，才可以达到忽柔忽刚、亦柔亦刚的熟练境界。

（四）刚柔的变换

变换刚柔，在神气上说，是通过隐与显表现出来的，隐则柔，显则刚；在姿势上说，是通过开与合，在运劲过程中表现为柔，在运劲到达落点时，则表现为刚。因有神气的隐显与劲势开合的配合，刚柔就得以充分地表现出来。落点是运劲到达尽头之点，乃是神显气聚之处，所以此时此处运用刚法，可谓恰到好处。除此以外，在一切开合转换过程中，因都是神气鼓荡和圆活转换变化的过程，此时均宜用柔法。概括起来说，每个拳式动作都有开合，每个开合过程中都有运劲的落点，落点要用刚劲，其他都用柔劲，以做到刚柔相济。这就是运用刚柔相济的正确地点，是一项必须遵守的原则，也是练出八门劲别的基础。在这方面，可以根据苌乃周周氏拳谱内《刚柔相济论》的说法，把刚柔转换归纳为五点，供作参考。

（1）若纯用刚法，则气铺全身，牵制不利，到达落点必不能表现坚刚。

（2）若纯用柔法，则气散不聚，没有归着，到达落点也不能表现坚刚。

（3）刚而用柔，则气应聚而不聚；柔而用刚，则气散而不散，皆不得刚柔相济的妙用。

（4）所以善用刚柔者，到达落点时用刚，如蜻蜓点水，一沾即起；这是表现刚点的正确形象。在一切运劲转换时用柔，如车轮旋转滚走不停；

这是表现柔点的正确形象。

（5）必如是，乃得刚柔相济的妙用，方能去淖气歉不实和濡滞不利的缺点。

（五）刚柔相济的掌握

1. 力求柔软

初学走架子时，主要是学习各种姿势。通过学习这些不同的姿势。先化去身上原有的僵硬劲，这种僵硬劲是人人都有的。所以，在这一阶段应不遗余力地尽量求柔软，这对先前学过硬功拳而后转学太极拳的人来说，则尤为重要。

2. 力求身肢放长，以生弹性刚

在这样很柔、很慢地练习一两年之后，如果动作中已经去净僵硬，达到绵软的程度，且已养成这种习惯，就可以转入下一步的练习。这时，首先在心意上应有全身处处放长的意念，并在姿势动作中按照拳论规定大力进行放长的专门练习（如虚领顶劲、气沉丹田、含胸拔背等），促使心意与身肢在紧密配合下专习全身的放长，以求得弹性刚。初练拳时，对各种放长的规定，如含胸拔背等，只用意念就可以了，而至此阶段，刚应在用意和身肢上共同进行了，因到比时已不致因放长再出现相反的鼓劲病象了。

3. 做好“柔行气，刚落点”

在全身放长达到要求后，就可以进一步在每个开合的落点结合着神气外显形成方点，表现出四正和四隅的劲别来，这是太极拳“方圆相生”中方的练习。在方点要表现出极其坚刚的刚(也就是要使身肢绷得极紧且长)，而刚过后则要求在整个运动过程中表现出极其柔软的行气。整趟架子就应在这样的刚柔相济情况下进行。因此，练拳时应该牢牢记住六字要领：“柔行气、刚落点”（图 2-7-1，刚柔相济示意图）。

4. 运用与“意气风发”

刚柔的运用，必须结合着心意、神气和呼吸的运用：也就是在“意气风发”的基础上配合运用深强的呼气来使身肢下沉而放长，借以加强弹性，成为弹性刚（如发劲等）；在意静气敛的基础下，来使肢体肌肉连带松开，从而形成活泼无滞的柔软，由柔软变化万端。这两者在生理上都是一种自然现象。

总之，太极拳的刚，不是鼓劲的刚，太极拳的柔，不是无弹性的柔，而是“意气风发”外显以成刚，意静气敛内隐以成柔。心意一动，神气随之，神气隐显，则柔刚变换。所以在一趟架子的练习中，神气应忽隐忽显，心意应不断地指挥，神气还要不断地隐显和鼓荡，这样肌肉才能不断地变换刚柔。这是掌握和练习刚柔变换的一条要道。

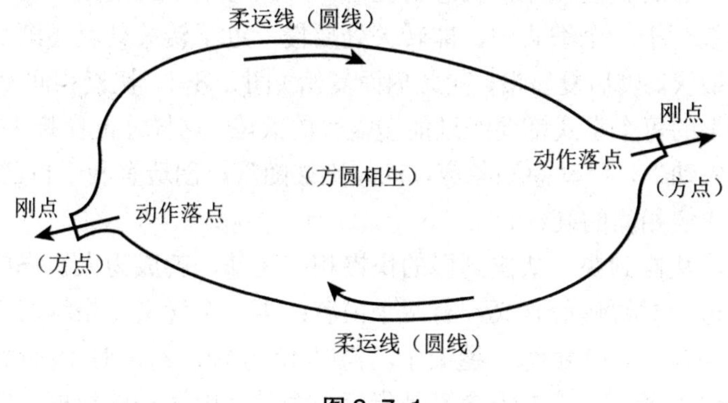

图 2-7-1

为便于掌握特点七，把其要领概括如下：

（1）初期要化去原有的僵硬劲，越柔软越好；这段时间也是愈长愈好，一般要一、二年的时间。

（2）全身练到绵软后，即可进而具体地练习全身的放长，以练习刚劲。

（3）行气用柔，落点用刚，是太极拳划分刚柔的界限。

（4）心意结合神气的忽隐忽显和呼吸，是太极拳对于刚柔变换的法则。

（5）刚柔同样达到高级水平，是太极拳妙手称号的标准（陈鑫《总论阴阳》说："纯阴无阳是软手，纯阳无阴是硬手；一阴九阳根头棍，二阴八阳是散手；三阴七阳犹觉硬，四阴六阳类好手；惟有五阴并五阳，阴阳无偏称妙手；妙手一运一太极，迹象化完归乌有。"这是陈式对于太极拳刚柔度的标准）。

八、从慢到快、从快到慢的快慢相间运动

拳谱规定："动急则急应，动缓则缓随"；"彼不动，己不动；彼微动，己先动"；"初学宜慢，慢不可痴呆；习而后快，快不可错乱"；"形抗五岳，势压三峰，由徐入疾，由浅入深"。

从上列四项规定可以看出，在初练太极拳套路（一趟架子）时，动作应该越慢越好，可将时间放长。动作慢了，才有修改的机会，才能检查出不顺遂的地方。但是，慢不可慢到面部表现痴呆，这是慢的限度。以后，随着熟练程度的提高，可渐渐加快，缩短走一趟架子所需的时间。但由慢转快，同样也要有一个限度，即要做到虽快，但动作仍能沉着，仍能表现

出劲别来，并不发生浮飘与错乱现象。这是指练习一趟架子所需时间的长短而言的。在这种能慢能快的总前提下，用到每个拳式时则须将这种快慢的对立面统一于一个拳式中，即转关处要慢，过了转关处就逐渐加快，运到落点时最快，以后复转慢，如此周而复始（图 2-8-1，快慢相间示意图）。所以太极拳的每个拳式都要经过能慢能快的锻炼，这样才能在推手时，“彼微动，己先动”，“动急则急应，动缓则缓随”，创造有利于自己的条件，并能达到快慢相间的统一。

所以，从慢到快、从快到慢的快慢相间运动，就成为太极拳的第八个特点（拳谱中对快慢的含义，有两个内容：第一个含义是指练习一趟架子所需对间的长短。如甲练一趟架子，需时 12 分钟，乙需时 15 分钟，则我们说“甲快乙慢”。第二个含义是指每一个拳式中运动的速度。它是转关处慢，过了转关后逐渐加快，运到落点时最快，发后复转慢。上述所引用的四句原则中，头两句指第二个含义、后两句指第一个含义。这是学习时必须分清的问题）。

（一）快慢的发展程序

太极拳初学阶段，万不可快，必须尽力求慢，愈慢愈好。因为慢可以细心揣摩姿势的正确性，可由粗到精，对每一个动作的来龙去脉都有充分的时间加以审查；这样，姿势就易于纠正，并可在转关处检查出是否顺遂，不过慢，也不是慢无期限，一般经过一两年的学习、模仿、检查和纠正，就可以了。这一点在初学时要有一个正确的概念。这是只求姿势正确，不求劲别分明的时期。

这个时期的慢还要有个条件，就是说慢要在提起精神和神不外散的前提下求慢。如果动作慢得神气上表现出迟钝和呆板，行动上表现得滞重和不灵，就与太极拳意气运动的要求相反了。因此，慢必须在神气鼓荡和意气灵换下求慢，这是太极拳对于慢的标准。为此，在初学时万不可染上这种意滞、神呆的习惯，给以后的提高造成困难。

以后随着熟练程度的提高，可渐渐加快速度，但快不可错乱，这是锻炼劲别的时期。最后，到功夫精进后，拳式可由开展发展为紧凑，使运劲的线速度又逐渐变缓，而转关处的角速度却更快了。这是先慢、后快、复缓的二层功夫，也是快慢发展的三个程序。

（二）由慢转快的时间和条件

在什么时候和什么条件下由慢转快最合适？为了回答这个问题，先要弄清由慢转快的两个标准。

1. 动作沉着

在全趟架子内，即或动得比原来快一些，但仍能不改变原来运动的沉着性，这是正确的加快。如若不能，并显出浮飘，则说明动作加得太快了，应立刻放慢些。在这个标准指导下，可以随着熟练程度的提高逐渐加快。

2. 能表现出劲别

太极拳是由八门五步编成的。在运劲时应该充分表现出八劲之一（如四正的掤捋挤按或四隅的采挒肘靠）。若动作太快时，一转就滑过去了，就不易表现出要求的劲别。因此，如感到自己很难再表现出劲别，就说明动作已加得太快了，应该放慢些。这也是由慢转快的标准（无论如何加快，为了表现沉着和劲别，第一趟十三势架子最快不过八九分钟。这是杨澄甫老师 1914 年在前北京体育研究社的年会上公开表演太极拳时的度）。

上述两点，乃是由慢转快的两个标准。有了这两个标准，就可以指导我们正确掌握由慢转快的时间和条件，使运动的速度恰到好处地由慢转变为快。这里所指的快，并不是将太极拳全部动作均改为快动作，而是在每一个拳式的开合中，转关折迭处都要似松非松、将展未展地表现出留恋缱绻和绵软的慢动作来。因此，所谓快，仅是在由圆转向方的过程中表现出来（图 2-8-1）。这种加速运动是八门劲别产生的基础，若没有这种角加速力，就无法表现出四正和四隅的劲别，也无法适合“动急则急应”的要求。太极拳的发劲，就是利用这种加速过程而实现的：在开中寓合和内劲曲蓄条件下，当达到目的物附近时，突然如弓弦脱扣似地一振而发，把内劲从短距离内发出去。武术家把这称作“寸劲”（“寸劲”：凡在一尺以内距离的蓄发劲，均称为寸劲）。

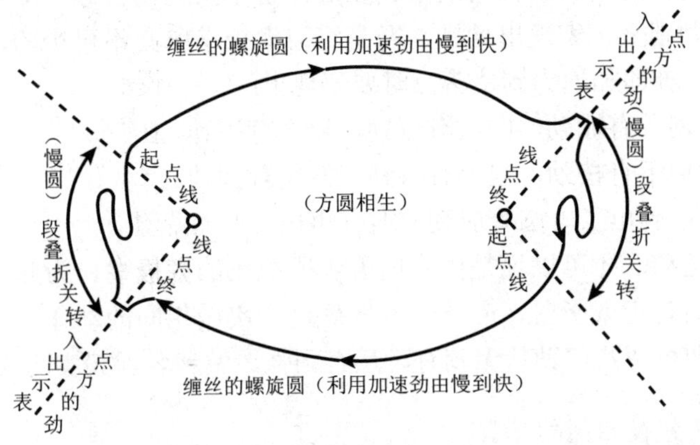

图 2-8-1

（三）快慢相间和匀清、劲别

根据上述理论可以知道，凡是单独的慢动作或是单独的快动作都是不合太极阴阳相济的要求的。其次对人类注意力的稳定性来说，从心理的生理基础可以看出要使注意力作长期的同等强度的注意而不破坏其稳定性是不可能的。要使注意力稳定和意神不涣散，就必须使注意力的强度有高有低。而太极拳为意气运动，它要求把意识贯注于动作之中，因此为了不使意神涣散，则动作就要快慢相间，这样才能配合意气的起伏特性，促使注意力得到稳定和神气鼓荡。其实，动作的快慢相间也是人类的一种天然本能，它既是保健所必需的，也是技击所不可少的。因此，以一个拳式而言，要求达到快慢相间。然而从一趟架子来说，这种每个拳式的快慢相间，还要求具有均匀的变化幅度。这也就是说，从运动开始到结束，需要慢时都是同样的慢，需要快时，都是同样的快，用太极拳术语来说，就是要做到“匀清”。假使能达到这个要求，则他的呼吸必定能调节得很“匀清”，不会有渐趋急促的现象。这种使动作与呼吸两者均达到“匀清”的功夫，是太极拳修养有素的一种具体表现，是久练得来的真功夫。因此，开始由慢转快时，切不可怕呼吸急促而不敢行加快的动作，那是因噎废食。总之，太极拳要如长江大河的波浪一样，既滔滔不绝又匀清地起伏运动。

太极拳是由八门五步所组成的。初学时，为了化去身肢原有僵硬的拙力。所以暂时可不表现出劲别，可以只圆不方。这一时期所以允许不表现出劲别来，是因为练习不够，功夫不深和习惯尚未养成，是因为这时若要求表现出劲别，就容易产生努责鼓劲的毛病，不再能产生身肢放长的弹性劲来。

在练过一两年求软摧僵的功夫以后，自觉僵劲已去净，即可在走架子时表现出劲别来。表现出劲别，乃是练习太极拳所必不可少的，也是八劲所要求的，亦即加速力到达落点时要表现出：

（1）向外有掤劲，向内有捋劲，双合有挤劲。

（2）向下有按劲，双手有捋劲，发出有挒劲。

（3）手腕出了方圆有肘劲。肘臂再出方圆有靠劲。

这样运动，才可以说是由八门五步所组成的太极拳。为此，练拳到一定时期以后在走架子时，应该充分做好这个快慢相间的动作。快慢相间久练久习，即可使八门劲从无到有，从有到强，做到名副其实的八门五步。

（四）快慢相间的掌握

1. 初学时尽力求慢

初学时，为了便于检查与纠正每个动作、必须要慢，要循序渐进地练过这一个求慢的时期，切不可性急，以免给进一步提高造成困难。

2. 须在精神提起与意气灵换情况下求慢

初学时为了检查与纠正姿势而不得不慢。但是正如上述，慢要有个限度，也就是说不可慢得似动似停，目定神呆，好像在那里想什么心思。这种慢，近于站架子的站功，不是行功所需要的。因此，慢必须在精神提起和意气灵换的前提下求慢，这样才不致产生痴呆和精神涣散的缺点。

3. 须在动作沉着和能表现出劲别情况下求快

求快同求慢一样，也不是漫无限制的往快上走，同样要有一个限度：虽快，但动作仍要沉着。沉着的快，是太极拳要求的快，不沉着就是病象。同时，还必须在能够表现出劲别情况下求快，因为表现了劲，就限制了快。这样的快，是有利无害的快，它不致浮飘不沉和劲别不分，不致失去方圆相生的功能。

4. 转关处慢，转向方点时加快

上述三点说明走一趟架子时对快慢应掌握的分寸，现在再谈一谈每一个拳式的快慢原则。太极拳规定，凡在转关折迭处应慢，过了转关后运用加速劲向快上运劲，如此周而复始地进行。同时，在一趟架子中，这种快慢相间的变换，还要求达到“匀清”。这是锻炼八门劲别，使它由无到有、由有到强的基础。

为便于掌握特点，将其要领概括如下：

（1）初学时要慢，为的是有一个检查纠正的机会。

（2）求慢必须以精神提起和意气灵换为前提。

（3）随着熟练程度的提高，应逐渐缩短走一趟架子所需的时间。但求快，必须以动作沉着和能表现出劲别为前提。

（4）快慢相间的原则是转关折迭处慢，过了转关后，渐渐加快，过方点后再转慢。同时，转关时行气要慢，尽头的落点要快。

（5）在整趟架子中，快慢相间的变化幅度要求做到匀清。

结语

太极拳的八个特点是从太极拳拳谱中一再经过提炼而精选出来的。前人留下的宝贵的练拳经验，早已成为现时练习太极拳的原则，也是人们练太极拳所一致遵循的准则。

另外应该指出，特点虽分八个，但其实质是一个，因此在练习走架子或推手时，不可孤立地对待这些特点，务须在每一个动作中都逐渐做到符合这些特点。因为任何一个拳式或是动作，都必须运用集中的意识来指挥整个动作过程（特点一），使身肢在精神提起的前提下具有弹性（特点二），并在虚实灵活变换（特点四）与顺逆螺旋缠丝中（特点三），促成内外相合，达到一动无有不动的节节贯串（特点五）和相连不断的一气呵成（特点六），表现出刚柔相济的质量（特点七）和有慢有快的速度（特点八），这是太极拳应具备的特色。

从上面的分析可以看出，这些特点是相互依赖、相互制约、相互促进和相互转化的。因此，如果孤立对待，企图贯彻一个特点而放弃另外的特点，则不但损害了后者，同时也影响了前者。所以这些特点不是为一个特定动作所特有，更不是某一个动作仅有某一个特点，而是构成整个太极拳套路的每一个拳式皆应具有的特点。

现在流行的太极拳，不论是哪一式，也不问姿势是开展还是紧凑，更不管这趟架子内多几个拳式还是少几个拳式，只要细心观察，这些外表随有差异的太极拳架子，内中或多或少都具有这些共同特点。所不同的，仅是有的是明显的表现于外，而有的则以暗劲方式隐藏于内。这也说明了太极拳流行数百年不为其他武术所同化，而仍能独具一格，皆是这些共同的特点作了中流砥柱。因此，学习太极拳时，不可把它当作等闲视之。

但在初学时想要一下子就掌握这八个特点，这是不可能的。初学时只要认识了这些特点，知道它是前人留下的经验总结。明了它是构成太极拳的基本因素，就不难根据前人的经验，遵循前人已经指出的方向稳步前进，就不难收到太极拳应有的功效。

第三章　陈式太极拳对身体各部位的要求

谚云："不以规矩，不能成方圆。"陈氏太极拳对周身各个部位均有严格要求。

一、头颈部

练习太极拳对头部的要求十分严格。拳论中说："头顶悬，虚领顶劲，头顶之竖"或称为"提顶、吊顶"等。这些说法都是指头要上顶，又避免颈部用力的意思。陈鑫在《太极拳图说》中说："头为六阳之首，周身之主，五官百骸莫不体此为向背。"《拳论》规定："百会穴领其全身，自始至终顶劲决不可失。"还有"虚灵顶劲"。"提顶"、"吊顶"、"头顶悬"等说法。所以用领、提、虚、灵等字来描绘头颈部位，主要是怕中气过于上冲，从而引起颈部肌肉僵直，失掉头部的灵活性，导致全身的僵滞。

从力学来讲，头处在人体上下垂直线上；从生理学来讲，头部的大脑是神经系统的中枢。如果练拳时头部东倒西歪，势必影响身体的平衡和协调，不但失去动作姿势的优美，也影响精神的集中。《拳论》说："腰脊为第一主宰，喉头为第二主宰。"练拳时，头颈部要领掌握得好，才能使精神集中，一招一式，举手投足，受着意识的指导，动作起来，才能使周身灵活。否则就显得精神涣散，动作失去完整和协调。正如陈鑫所讲："一失顶劲，四肢若无所附，且无精神。故必领起，以为周身纲领。"

具体要求是：头部要保持正直，颈部肌肉要保持松弛状态，使头部有悬起的感觉。注意不要勉强和呆板，避免前俯后仰东倒西歪。身体移动和旋转时，头颈部与身躯四肢要上下一致，两目要平视延远。运行中，某手为主，眼神注于该手的中指端。下颚要微向内收，牙齿和口唇要微合。舌尖抵住上腭，以加强唾液分泌。耳听身后，兼顾左右，精神集中，头颈保持自然正直，并能随着身体位置和方向的变换与躯体的旋转而上下连贯一致，使任、督二脉相通，内气通达百会穴。总之，处处要自然轻松，不可有丝毫急躁的情绪。

二、上肢部

（一）肩肘

“松肩沉肘”是各派太极拳的共同要求。有的也叫“沉肩垂肘”或“沉肩坠肘”，就是两肩关节要向下向外松开，两肘关节要向下沉坠。松肩和沉肘是相互联系的，只有做到沉肘松肩，两臂才能圆满松活，运动自然。拳论讲：“转关在肩，折叠在腕。”也就是说，解脱擒拿，内劲运动在胸腰。通过肩肘，力达手腕，方能解脱。肩肘关节通顺，内劲才能达到掌指。如果肩肘受到障碍，便会影响内劲运用，从而也影响了周身协调。在练习时，经常要注意两肩关节的松弛，有意识地向外引伸，使劲逐渐拉开下沉；两肘则要有下垂之意，以起到“护肋”的作用。同时，还要注意使腋下留有大约一个拳头的空隙，以利于手臂的旋转自如。肩臂的上下左右旋转，虽然要求轻灵，但不可漂浮和软化。处处要力争圆满，做到轻而不浮和软化，处处要力争圆满，做到轻而不浮沉而不僵。但是这种功夫必须日久才能达到。陈鑫说：“肩膊头骨缝要开。始则不开，不可使之强开。功夫未到自开时，心说已开，究竟未开。必功苦日久，自然能开，方算得开。此处一开，则全胳膊之往来屈伸，如风吹杨柳，天机动荡，活泼泼地毫无滞机，皆系于此。此肱之枢纽，灵动所关，不可不知。”

（二）腕

陈氏太极拳有竖腕、坐腕、折腕、旋转腕等多种变化；是随着动作的需要，身法的协调而变化的。如搂膝、懒扎衣、单鞭等势，手掌都应竖腕；掩手肱拳、云手、当头炮等势应直腕；抱头推出、六封四闭等势应坐腕；懒扎衣转六封四闭和高探马下边的过度动作，三换掌等势，应折叠腕；六封四闭前边的过度动作，倒卷肱转换动作等势，应旋转腕。但是，不论千变万化，必须结合身法，以中气运行而变化之。既要使腕部灵活多变，又要使腕部具有一定的柔韧性。决不可为了花样好看而变为浮漂软化，失去腕部的掤劲，这样在推手时就容易被对方拿住手腕而受制。

（三）手

陈氏太极拳很重视手的作用。拳论说：“此艺全是以心运手，以手领肘，以肘领身”、“每一举一动，其运化在身，表现在手”，又有“梢节领（手为梢节），中节随，根节催”之说。从手型讲，主要有掌、拳、勾三种。下面分别论之。

掌：陈氏太极拳对掌的要求是瓦拢掌。就是拇指与小指有相合之意，中指、食指、无名指微向后仰。五指均轻微合拢，但不可用力，掌心要虚。有的拳家主张“三空”，即掌心、脚心空、心空。但这不是绝对的，在拳式的运动中也会有变化。如在运劲与合劲时，掌心要虚；在开劲与发劲时，掌心就要实。

陈氏太极拳的缠丝劲有顺有逆，在手上的表现也有所不同。如在做逆缠丝时，拇指领劲向外按（如：六封四闭为左右双逆缠），内劲由拇指细食指，到中指，依次贯足指梢；在做顺缠丝时，小指领劲向里合（如：云手一势往里合劲时，皆为顺缠，往外开时皆为逆缠），由小指到无名指到中指，一直合于拇指，都是随着手臂的旋转依次贯注指肚，也就是力达指梢。只是陈氏太极拳在运行中除随着身法与手臂的旋转依次贯注指肚外，思想意识与眼神都是贯注于中指。陈鑫说：“中指劲到，余指劲也到。”

拳：陈氏太极拳的握拳形式是以四指并拢卷曲，指尖贴于掌心，然后拇指卷曲，贴于食指与中指中节上，提成拳形，但又不能握得太紧。如握太紧会使整个手臂与半侧身体肌肉的紧张度增加，呈现僵硬，内劲不能顺利达到拳顶。所以拳论有“蓄势散手，着人成拳”之说。也就是说：在蓄劲时要虚握拳，在发劲着人的一瞬间成拳，力贯拳顶。使劲由足而生，行于腿、主宰于腰；通过肩肘，达到拳顶，周身完整一气。但注意在发拳时腕部千万不能软，拳顶不能上撩，也不能下栽，必须直腕。如腕部软塌，拳遇实物，就会受伤。

勾手：五指自然撮拢，不可用力，腕部微屈放松。手与肩肘，同足、膝、髋要求一样，都需完整一致。运动时如果手引伸过度，容易把臂拉直，失去了松肩沉肘的要领。而过分的沉肘，忽略了手的引伸，则易成臂部过于弯曲一的毛病。练习时，在不破坏手松肩沉肘的原则下，宜臂部保持一定的弧度，手尽量舒展引伸，做到动作圆满顺遂，轻而不浮、沉而不僵、灵活自然。勾手可以锻炼腕部的旋转，含有叼手，擒手与解脱擒拿的方法，在套路练习中对钩手的动作意义不可忽视。

在手的动作要领上，拳论中还有“手领神随，身端步稳”之说。太极拳注重意识引导动作，这是一个特点。武术中不论什么拳种套路，都包含技击的方法。应用时因敌变化，避实击虚，整打零用。实际应用不是依照套路的形势出现，而是通过这种方法，提高身体素质，使身手内外各个部位，在各个角度都能适应客观条件的变化，熟练技击方法。

三、躯干部

躯干部指的是人体的胸背、腰脊、腹部和臀部。这些部位是人体内脏所在和内脏的保护性支架，在健身、防身和技击等方面，都起着重要的作用。

（一）胸背

陈氏太极拳对胸部的要求是要含、要虚、要松。练习太极拳时要求“含胸”，如果胸部挺起，则心气不易下降，横气填胸，丹田空空，身体上重下轻，下盘不稳。但若两肩前扣，形成弓背耸肩的不良姿势，同样影响行气和动作的优美，并会压迫胸腔，影响呼吸。

陈鑫说：“胸要含住劲，又要虚。”“胸间松开，胸一松，全体舒畅。”胸部含虚和胸间松开，可以自然形成腹式呼吸，使呼吸深长舒畅。从技击意义上讲，“紧要全在胸中腰间运化”。胸部虚含，锁骨和肋骨松沉，可以使上肢虚灵和身体重心向下降，于技击大有助益。怎样做好“含胸”呢？首先应保持脊柱自然直立，头颈竖直，两肩下沉，两肘下垂，胸背肌肉要随着两臂的伸展动作尽量地舒展开，做到自然松弛；将胸微向内含，做到既不呆滞，又不勉强。但同时要配合“塌腰”。含胸不塌腰易变成弓背，塌腰不含胸易往外挺胸。所以二者须兼顾。

陈氏太极拳对背部的要求是：要舒展松沉，“用中气贯注”。人体背部呈微弧形，有脊椎骨上下连接，是脊髓神经所在部位。按照经络学说，背部是督脉的通道，督脉属阳脉之海。练拳时，背部肌肉要注意舒展和向下松沉，要根据脊椎生理状态，随屈就伸，保持脊背的相对端正，以利于气血的通畅，做到“牵动往来气贴背”，便于及时使“力由脊发”。

（二）腰脊

人在日常生活中，行走坐卧，要保持正确的姿势，腰脊起着重要的作用。在练习太极拳的过程中，腰脊的作用更为重要。有“腰脊为第一主宰”的说法。拳论中说：“腰如车轴，气如车轮，用力在腕，机关在腰”，“腰脊为第一主宰”，“十三总势莫轻视，命意源头在腰际”，“刻刻留心在腰间，腹内松净气腾然”，这都是说腰脊在练习太极拳过程中起着主宰作用。

陈氏太极拳对腰部的要求是：腰部要有意识地向下垂，但不可用力，不能使腰部肌肉紧张而影响转换的灵活性，要按照脊柱的生理曲线自然下塌，腰是上下体转动的枢纽。这里还需要注意，含胸塌腰都是向下松沉，在含胸的情况下，向下塌住劲，能够使心气下降，下盘稳固，但是腰劲下塌不可用力太过，在陈鑫的论著中，一方面说“腰劲贵下去，贵坚实”，另一方面说“腰中要虚，一虚则上下皆灵”。他说：“腰为上下体枢纽转关处，不可软，亦不可硬，折其中方得。”如果腰部过于用力、会使腰大肌收缩，影响上下体转动的灵活性。同时，还要注意两肋微内收，即拳论中的“束肋”。头顶要保持虚虚领起，使脊柱有上下对拉之意。脊柱是贯串整个躯干的中轴，起着维持身体姿势的作用。

在塌腰的同时，还要注意使腰脊直竖，就是所谓“直腰”。成年人的脊柱由24块椎骨、1块骶骨和一块尾骨借软骨、韧带及关节紧密连接而成，由于直立的影响，从侧面看，有颈弯、胸弯、腰弯和骶弯四个生理弯曲。其中腰椎是向前弯曲的。又因为椎骨之间，有关节软骨和关节韧带相连接，活动性强，伸缩性大，容易受其他部位的肌肉牵引，而出现俯仰歪斜的现象。做好直腰，就是为了尽可能地减小腰弯的前曲度；避免在全身放松的情况下，影响脊椎的正常生理状态，维持立身中正，使腰脊更好地起到“车轴”的作用。拳论说：“心为令，气为旗，腰为纛（古代军队里的大旗），在运动中又将脊柱的作用喻为旗杆的作用。这里指的就是腰脊要像旗杆那样直竖着。需要说明的是，在练习过程中，腰椎以上的胸椎部分，根据动作的需要，有时虽然有些轻微的伸缩，但不可随意摇摆，要注意曲中求直。

（三）腹部

陈氏太极拳对腹部的要求是要“合”。陈鑫说：“中间胸腹，自天突穴至脐下阴交、气海、石门、关元如磬折，如鞠躬形，是谓含住胸，是为合住劲，要虚。”又说：“胸腹宽宏广大，向前合住，中气贯注。”部是丹田所在的地方，丹田是中气归宿的场所。练习太极拳时，周身之劲，往外发者，皆起于丹田。腹肋的左有气冲向维道穴、气海、关元，中极虚虚合住；有利于中气出入丹田，有利任脉的通畅。有的太极拳家提出“腹松”；有的提出“空胸实腹”。实际上，腹部肌肉随着中气出人丹田有张有弛，两者并不矛盾。是“中气存于中，虚灵含于内”。

（四）臀裆部

练太极拳对裆部的要求非常严格，要适当地垂臀和敛臀，就是说，臀部不要外突，敛臀可以防止撅屁股的毛病。不然易造成腰部前挺和胸部突出的现象，使胸肌紧张而影响呼吸的自然调节和周身动作的完整性。因此，必须使臀部下垂，臀肌微微收敛，以保证躯干的正确姿势。

裆要“吊”或“裹”，也有把顶和裆联系起来称为“提顶吊裆”的，就是用意识使肛门肌肉向内收敛，但不可用力，并要与垂臀相联系。垂臀，则骸骨和脊柱形成直线，以利周身动作的完整性。它和“顶头”的要求一样，靠意念的支配，而不是用拙力。练拳时要求开裆、圆裆，在松、圆中使身法转换灵活，有利于腰劲、裆劲、腿劲的运用。拳论中说的“开裆贵圆，使来脉虚灵”就是这个意思。

四、下肢部

下肢是支撑身体的根基和劲力发动的根源。《拳论》说：“其根在脚，发于腿，主宰于腰，形于手指”，“有不得劲处，身便散乱，必至偏倚，其病必于腰腿求之”，步为周身之枢纽，灵与不灵在于步，活与不活在于步，都是讲腿部姿势动作的重要性。

拳论中讲：“其根在脚，发于腿”，“主宰于腰，形于手指，由脚而腿、而腰，总须完整一气。”就是说，步法进退、发劲的根源，主要在于腿部。腿部姿势不当，往往会影响上体的动作。所以拳论中说：“有不得机不得势之处，身便散乱，其病当由腰腿求之”。这说明上体姿势的毛病，多数与腿有关，腿部虚实不明，则变换不灵。所以练拳要时时注意下肢的姿势和步法。

无论哪种步法，都要注意分清虚实。进退步的变换，主要取决于胯、膝、踝三个环节。这三个环节，有一处姿势不当，就不利于虚实变换和重心的稳定。

（一）裆

陈式太极拳对裆部的要求是要圆、要虚、要松、要活。避免出现尖裆，塌裆和死裆。《拳论》说：“肾囊两旁谓之裆，贵圆贵虚。”又说：“裆内自有弹簧力，灵机一转鸟难飞。”裆在套路运行和技击方面都起着重要作用。

圆裆就是两胯根与两膝盖要撑开撑圆而又有相合之意。每逢开步时，一腿实，一腿虚，虚腿脚尖里扣，小腿肚和大腿肌（即股内斜肌）才有内旋外转之意，再加上会阴处的虚虚上提，裆部就有圆、虚之感，就可避免尖裆（人字裆）的虚实不分。松裆和活裆，就是胯节与臀部肌肉要放松，不能死顶住骨盆，虚实要灵活变换。裆部的虚实变换，不像挂钟一样左右摆动。在左右变换时，走的是平行“∝”字，内外旋转；在前后变换时，走的是下弧线。这样才能避免“死裆”不动，虚实不分，只见上肢活动的现象。塌裆是臀部低于膝盖，膝关节有了死弯，步法不轻，犯了转关不灵的毛病。裆部的会阴穴是任督二脉的起点，练拳时头顶的百会穴与裆部的会阴穴上下呼应，阴阳经气得到平稳，也有利于立身中正。

在运动过程中，腰与裆有密切关系，裆与胯膝也要相互配合。腰能松沉，胯能撑开，膝能里合，裆劲自能撑圆。陈鑫在《陈氏太极拳图说》中说："下腰劲，尻微翻起，裆劲自然合住。"又说："尻骨，环跳蹶起来，里边腿根撑开，裆自开；两膝合住，裆自然圆。"

（二）胯（髋）

陈式太极拳对胯部的要求是：胯根要开，就是胯关节要松开。胯关节要松开的前提是向上能保证转体灵活，向下能保证提腿落脚轻灵。练习时可根据动作方向，注意将胯关节微向后收缩，以助身体的中正。同时，放松腹部、有利于气沉丹田。《拳论》讲："腰如车轴，气如车轮。"腰部的左右旋转和腿部的虚实转换，是靠胯关节的松活来完成的。如果两个胯关节不松活，死顶住骨盆、腰也难以起到车轴的作用。"松胯"这一要求，一般是不太好掌握的；因为胯部支撑着上半身的重量。胯部放松，膝关节的负担就要加重。一般初练的人，腿部力量差，膝关节支持不了全身的重量，所以不敢松胯，形成膝盖前栽，鼓肚挺胸，身体后仰的不畏姿势。正确的要求是：保持躯干部的中正安舒，下蹲时，膝盖不能超过前脚尖，胯部和臀部像是后边有凳子坐着一样。髋关节的放松，又必须与肩关节的放松上下结合。如果胯不松而肩硬向下垂，肋部和腹部肌肉受压，影响肋部腹部肌肉的松弛下沉及膈肌的下降，气机升降功能就会不同程度地受到影响，就难以达到"腹内松静气腾然"的要求。

（三）膝

膝是由关节和关节韧带等周围组织所组成，活动性能好，伸缩力强，是胫腓骨与股骨的结合部，它在太极拳运动中的地位是非常重要的，因为太极拳是在屈膝松胯的基础上保持立身中正。在一般情况下使腿的膝盖不超过脚尖，腓肠肌（小腿肚）不超过脚跟，屈膝时配合松胯，达到膝关节灵而不僵。例如，弓步的前腿为实，后腿为虚。实腿弯曲的膝盖不能超过足尖，超过则影响髋部的放松和关节的灵活。虚腿伸直而膝窝（委中穴）莫软，后髋部松沉，使膝部留有余地，便于灵活转换。屈膝与松胯的配合，和松肩沉肘一样，相辅相成，互为补充。

在整套架式练习时，膝关节要始终保持一定的弯曲。拳架身法的高低，步法的大小，都与膝关节有直接的关系。从身法上讲，身法低，步定大，膝关节承受负担就重。在套路练习中，腿部支撑力的大小，全身的重量都是由膝关节的调节来完成的。初学太极拳的人，应该先练高身法，待腿上有了支撑力，再逐渐降低身法。这样由高到低，活动量由小到大，循序渐进，以免膝关节受伤。同时还要注意膝关节的保护，练拳之后，关节及身体组织血液运行加速，关节局部有热感，这时皮窍开而腠理松，千万不可用冷水洗或风吹，以免风湿乘机入侵，引起关节皮肉的风湿痹症。陈式太极拳在技击上对膝部也有一定的要求，双人推手，两腿相并，两膝互相黏化，可以外撇、里扣、膝打，既可迫使对方失势，也是护裆，护臁骨的方法。《拳论》有“远用足踢，近便加膝”的说法。

（四）踝

踝关节受生理条件所限，它没有膝、髋关节的活动幅度大。练习时，要按运动的方向顺随膝、胯关节做支撑旋转、上翘、下垂、里扣、外撇等动作，保持自然放松的灵活状态，否则就不能达到“由脚而腿、而腰，总须完整一气”的要求，影响全身的协调配合。

（五）足

足是周身之根基，两足姿势的正确与否，对保证步法的灵活稳健有重要的作用。根基不稳，身法必乱。“手进三分，足进七分”，当然，没有身法和步法的进退，足也不能进退，但足踏不稳则影响周身。拳论中说：“劲起足跟行于腿，主宰于腰。”可见周身之劲虽发于腰（包括手、肘、肩等），但却是足踏地面，借用地面的反作用力而发出的。足踏不稳，劲难发出，一攻即倒。如不得势，退步避锋，更需留神踏稳。因此，足和其他部位一样，也很重要。

陈式太极拳对两足的要求是：两足踏实地，足趾、足掌、足后跟皆要抓地，涌泉穴（正脚心）要虚（涌泉穴要虚）。足趾不能翘，足掌不能左撇右歪，前搓后晃。在开步及迈步时，要定准方向和位置，以足内侧贴地铲出。足贴地要轻，所谓“如临深渊，如履薄冰”，其含意是，开步或退步都带试探的意味，如不得势，即能迅速收回。其要点在于两腿分清虚实。在开步时不一定要以足（足尖或足跟）贴地。要做到“落地生根”，不能乱动。这样，才能做到步履清晰、沉着、稳健。退步时足尖先着地、旋转倒退时（如倒卷肱），以足跟贴地铲出。

另外，在运行中，向前迈步或向左右开步时，都要屈膝松胯，足尖上翘里合，足跟里侧着地向外铲地滑出，开到适当的位置，再移重心落实。向后退时，足尖先落地，再移重心逐渐踏实。在向左右旋转方向时，一足支撑重心，另一足足尖上翘外摆或里扣，以足跟外侧着地。足尖的上翘、下落、外撇、内扣、前进等都要由拇趾领劲。上肢以手领肘，以肘领肩。下肢以足领膝，以膝领髋，不可用僵劲。后退时，以腰带髋，以髋带膝，以膝带足，上下相随。方向位置移好，再移重心踏实。足尖外摆和里扣时，要使腿部还具有螺旋缠丝劲。

足在技击上可分为勾、套、蹬、踢、踩等方法。勾、套、踢一般是用足尖的方法；蹬、踩是用足跟及足掌的方法。

以上对周身各部位的要求，贯串在整个太极拳套路中，它们是相互依存、相互联系、相互制约的，任何一部分的姿势正确与否都会影响全身。所以初学者必须细心揣摩，认真思考，按照全身各部位的要求，在基本功夫上打好基础，这样才能逐渐在整个套路运行中，将各部位的姿势恰当配合，从而掌握动作中的速度、路线和方法，逐渐达到身端步稳，动作连贯圆活，节节贯串，上下相随，周身协调，一动全动，一气呵成，动如流水静若山，慢如行云疾似电的境界。

（六）步型

陈式太极拳的主要步型有弓步、虚步、独立步、仆步、坐盘等。常用的是弓步和虚步。

弓步：弓步步幅的大小，因人而异。在开步时，一般以一腿弯曲支持体重，另一腿自然伸直（不得挺直）为宜。弓步要求前腿膝盖一般不超过足尖，足尖朝前微向里扣，髋关节松沉。后腿微屈膝，膝窝莫软、足尖外撇，两足全脚掌着地。弓步有“二·八”步、“四·六”步、“三·七”步之分（数字指两腿分担体重的比例）。两足不可放在一条直线上，前足跟和后足跟横向距离约为 15 ～ 40 厘米。这样做前迈、后撤步时都很方便，也便于保持身体平衡。

虚步：一腿屈膝支持体重，臀部与足跟基本垂直，全脚掌着地；另一腿微屈，脚尖或足跟自然着地。

独立步：一腿屈膝支持体重，另一腿屈膝提起。

仆步：一腿屈膝全蹲，另一腿以脚内侧或足跟向侧或斜前方贴地铲出。

坐盘：两腿成左前右后或右前左后交叉平蹲状态。

步法进退变换时要轻灵自然，不要用拙力猛起猛落。前进时以足跟先落地，然后重心前移，将脚全部踏实。后退时足尖先落地，然后重心后移。

第四章　太极拳功夫层次论

太极拳练习者的功夫层次和健康水平密切相关。练习太极拳是一层一层由浅入深，循序渐进，如果违背了这个原则，结果是欲速则不达，不仅达不到较好的健身效果，还有可能对身体造成一定程度的伤害。本书将太极拳练习过程产生的功夫水平按照太极拳大师陈小旺的观点，练习从开始到成功，分为五个阶段，也称五层功夫水平。每层功夫都有一定的客观标志，表示功夫的现有水平与身体健康水平，第五层功夫为最佳，身体状态为最好。按照阴阳论可以概括为“一阴九阳根头棍；二阴八阳是散手；三阴七阳犹觉硬；四阴六阳显好手；唯有五阴并五阳，阴阳无偏称妙手”。

一、第一层功夫与要求

练习民族传统项目要求立身中正，虚灵顶劲，松肩沉肘，含胸塌腰，开髋屈膝，达到心气下降，气沉丹田，概而言之，要做到松沉。而初学者不可能一下掌握这些要领，但应按照逐式要求 的方向、角度、位置、手足运行的路线等进行练习。因此，这一阶段对身体各部位的要求不必过于强调，适当地简化。如对头和上体要求虚灵顶劲、含胸塌腰，第一层功夫只要求头自然放松和端正，立身中正，不必为了追求下沉而过度下蹲，只要不前俯后仰、左右歪斜即可。但练拳时，从肢体上看，动作僵硬，身体漂浮，外刚内空，有猛打、猛冲、猛起、猛落，有断劲、顶劲，系正常现象，只要坚持每天认真练习，一般有半年时间即可熟练拳架，并且随着动作质量的提高，将会逐渐引起内气在肢体内的活动，即达到外形引内气的阶段，进而逐步疏通经络，畅通血脉，提高身体的协调性和腿部力量，增强体质，改善健康水平。从功夫层次讲是有招熟而逐渐懂劲的过程，为第一层功夫。

练习中的松沉第一层由于动作不够协调，运动不成体系，姿势达不到标准，存在着僵劲、丢劲、顶劲、拳架上有凹凸缺陷处，内气仅有感觉，不能一气贯通，发出来的劲，不是起于脚跟行于腿，主宰于腰，而是一节飞跃到另一节的零断劲。因此健身效果有限，所以称为“一阴九阳根头棍”。

何为阴 阳？按练习太极拳来说：虚为阴，实为阳。阴与阳，是对立的统一、缺一不可， 二者又可以互相转化，把二者按十份计算，练到阴阳相等，即为五阴五阳，这也是练习成功标准。第一层功夫“一阴九阳”，刚多柔少，阴阳很不平衡，不能做到刚柔相济，运用自如。所以，在第一层功夫期间，要顺其自然，不要过度追求下沉；同样，对健身效果也不必过分要求。

二、第二层功夫与要求

从第一层功夫末期，有内气活动的感觉开始为第二层功夫。第二层功夫是进一步放松身心，心气下沉，克服练拳时身体内外产生的僵劲、丢劲、顶劲和动作 不协调的现象，使内气按照拳架动作的要求有规律地在体内运行，达到一气贯 通，内外协调一致。

完成第一层功夫，已经能够熟练地按逐式动作初步的要求来练习，有了内气活动的感觉，但还不能掌握内气在体内运行，其原因主要有二：其一，对身体各个部位的具体要求和相互配合的关系皆未准确地掌握，如：含胸过度则弯腰弓背，塌腰过度则挺胸凸臀，因此必须进一步严格地要求，准确地掌握身体各个部位的要求和相互之间的关系，解决矛盾，使之统一起来，达到周身相合（即内合和外合。内合——心与意合、意与气合，气与力合，外合——手与足合、肘与膝合、肩与胯合），内外俱开，同时开中寓合，合中寓开，一开一合，开合相承。其二，在练拳当中出现顾此失彼的现象，即某个部位动作较快，不能放松，产生顶劲；某个部位动作较慢，放松成为软劲，产生丢劲，二者皆违背了太极拳的运动规律。太极拳要求一举一动都不离弧形运动。拳论中说：“缠丝劲发源于肾，处处皆有，无时不然”。在练习过程中，动作要处处带有弧形，严格掌握缠丝法（即缠绕螺旋的运动方法）和缠丝劲（即用缠丝法练出来的劲），需在松肩沉肘、含胸塌腰、开髋屈膝等要求下，以腰为轴，节节贯穿。手往里旋转，以手领肘，以肘领肩，以肩领腰（指的是该侧的腰，实质上还是以腰为轴）；手往外旋转，以腰催肩，以肩催肘，以肘催手。表现在上肢是旋腕转膀，表现在下肢是旋踝转腿，表现在躯干是旋腰转背，三者结合起来，形成一条根在脚、主宰于腰而行 于手指的空间旋转曲线。在练拳的过程中，如果感到某一动作有不得势或不得劲之处，就可以依据弧形缠丝劲顺遂调整一下腰腿，以求动作协调，这样即可使动 作得到纠正。所以，在注意身体各部位的要求，使之周身相合的同时、掌握弧形缠丝法和缠丝劲的运动规律，是第二层功夫练习中解决矛盾的手段和自我纠正的方法。

在第一层功夫期间，练拳者开始学拳架，架子熟练就能感觉到内气在身体内活动，于是很感兴趣，不会有厌倦之感。但有的进入第二层功夫，却感到没有什么新鲜之处，同时往往对要领产生误解，掌握不准确，练起来很别扭，或者有时候练得非常顺遂，因此容易产生烦闷情绪，失去信心而中断。只有以百折不挠的精神，处处循规蹈矩，刻苦盘架子，把握好松沉规律，把周身练成一体，一动全动，组成一个完整的体系，才能达到在运动中不丢不顶，任其变化、圆转自如。常言道：理不明，延名师，路不清，访良友；理明路通，持之以恒，终将成功。拳论中说："人人各具一太极，但看用功不用功"。又说："只要用功之久，而一旦豁然贯通矣！"达到一气贯通的程度，便会恍然大悟，此时练拳信心百倍，越练兴趣越高，欲罢不能。

第二层功夫初期的健身效果表现与第一层功夫的表现一样，实用价值不大。第二层功夫末期已经接近第三层功夫，有一定的健身作用。下面按照第二层功夫中期阶段的健身表现进行介绍。练习要求放松下沉，周身相随。技击上要求"掤捋挤按需认真，上下相随人难侵，任他巨力来打我，牵动四两拨千斤"。第二层功夫是寻求内气贯通、调整身法、达到节节贯通的阶段，而调整身法的过程就是妄动，因而在练拳时还无法指挥如意机体放松与下沉。总之，第二层功夫期间，松沉是勉强的，此时尚未完全达到随屈就伸，还易出现丢匾和顶抗等毛病。因此，在练拳时不能按棚捋挤按的次序进行，所以说："二阴八阳是散手"。需要继续在松沉上下功夫，获得更好的健身和技击效果。

三、第三层功夫与要求

练习的步骤，练拳需要在松沉的前提下将圈越练越小，即大圈到中圈，由中圈到小圈，由小圈而无圈。所谓"圈"并非指手脚运行的轨迹，而指内气疏通。第三层功夫是由大圈而至中圈的阶段。

拳论中说"意气君来骨肉臣"，即练习拳时要着重用意不用力，这是放松的第一要义。在第一层功夫中，思想注意力主要集中在学习和掌握拳的外形姿势，第二层功夫时注意力主要是发现运动中身手内外产生的矛盾，调整身法，达到内气贯通。进入第三层功夫，已经疏通了内气，要求用意不用力，动作轻而不浮，沉而不僵，即外柔内刚，柔中寓刚，周身相随，禁忌妄动。但不可只顾想气在体内如何运行，而忽视动作，否则，就会产生神态呆滞，致使气不仅不能畅通，反而会造成气势涣散的病象。所以说“在神不再气，在气则滞”。

在第一层和第二层功夫中，虽已掌握了外形动作，但内外尚未合一。有时应该吸气，由于动作放松程度较低，僵滞，吸不满；应该呼气，由于内外不合，呼不净。所以，练拳时要求自然呼吸。而进入第三层功夫，动作比较协调，内外基本上合一，一般的动作与呼吸能自然准确地配合，但对一些比较细致、复杂、疾速的动作，还需有意识地注意与呼吸的配合，进一步使动作与呼吸协调一致，逐步达到顺其自然。

第三层功夫基本掌握了拳术内外要求和运动规律，有了自我纠正的能力，动作比较自如，内气比较充足。这是需进一步了解拳势松沉的含义和方法，要多练推手，检验拳架、内力（放松获得）和发劲（下沉获得），以及化劲（松沉获得）的质量。如拳架能适应对抗性的推手，则证明掌握了拳架要领，进一步下功夫就会更加充满信心。这时可加大运动量，增加一些辅助练习，如抖大杆子，以及刀、枪、剑、棍等器械和单势发劲，这样练习两年时间，一般即可进入第四层功夫。

第三层功夫虽然内气贯通，动作比较协调，在不受外界干扰，自己练习的情况下，内外也能够合一，但内气还是比较薄弱，肌肉的活动与内脏器官之间建立 的协调关系还不够稳固。因此，在对抗性推手和技击时，遇到一般比较轻缓的进攻能够舍己从人，随机应变，因势利导，引进落空，避实击虚，运化自如。 而一遇劲敌，就会感到掤劲不足，有欲将身法压匾之意（有可能要破坏不偏不倚、八面支撑、立于不败之地的身法），尚不能随心所欲，亦不能如拳论中所 说的那样“出手不见手，见手不能走”。引进和发出对方，也往往生硬和勉强 。所以说：“三阴七阳犹觉硬”。在健身方面，已经具备了一定的放松与下沉基础，中枢神经指挥全身运动，有充足的时间、余地发挥作用，中枢神经深度、充分地参与调节全身各器官功能活动，保持人体内部的完整统一，以适应外部环境变化的需要。太极拳讲究“意守丹田”即气沉丹田，以静制动，以增加自我意念的控制能力。增强神经系统对人体内外的良性控制力。使兴奋于抑制过程协调，对身体及精神疾病有良好防治作用，且锻炼了灵敏性。

四、第四层功夫与要求

第四层功夫是通过进一步的放松下沉练习由中圈而至小圈阶段，功夫已显高深造诣，身体处于较好的状态，接近成功。对具体练习的方法、动作要领、逐势的技击含义、内气运行，以及注意事项、呼吸与动作的配合等，都已完全掌握。但练习中还应注意，伸手迈步都须有松沉之意，周身松柔沉稳。一招一式，要连绵贯穿、周身相随，承上启下皆有中气 收放、宰乎其中，练拳时神清气爽。其练习内容（如拳、器械等）与第三层功夫相同，只要坚持不懈，即可进入五层功夫。

第四层功夫在健身和技击方面与第三层功夫差别很大。第三层功夫的松沉不能完全达到上下贯通，健身效果上，练拳时，还不能够做到动态的松沉，阴阳未能完全平衡，因此健身效果大打折扣；技击上化掉对方进攻的力，解除本身的矛盾，使自己主动对方被动，而第四层功夫则可以做到动中求静的动态松沉，技击上，连化带发。 其原因是，内劲已经非常充足，意气换得灵，周身组成的体系比较巩固。所以说：“四阴六阳显好手”，有氧运动更充分，显现出“培补元气”的健康保养效果。对于促进血液循环、微循环，增强内脏的各种功能，增强免疫功能，改良情绪等等都有更好的作用。

五、第五层功夫与要求

第五层功夫是通过松沉练习由小圈而至无圈，有形归无迹阶段。拳论中说：“一气运来志无停，乾坤正气运鸿蒙，运到有形归无迹，方知玄妙在天工”。第五层功夫期间，动作已经非常活顺，内劲十分充足。但需要精益求精，更上一层楼，直至将身体放松至空灵，变化无端，内有虚实沉稳的变换，外面看不见， 这才是完成了第五层功夫。练到这一阶段以后，就要一抬手臂就会觉得沉重，这时用意不用力就成为习惯。抬手臂越来越松沉，这时就要用腰胯抬手臂，练腰胯的松沉劲必须在保持手臂的松沉劲的基础上才能够实现，腰胯松下来手臂的重量就会作用到腰胯上，随着重量的增加，作用在腰胯上，腰胯放松，虚实灵活转换；同理，再接着往膝脚上传递，当练到脚下，脚会觉得往地下扎，这时的力发于根，主宰于腰，形于手指。进入无圈阶段，松沉劲也就练到高层境界了。

从健身角度而言，气血在经脉中的运行有其自身规律。通过调节人体动作，可以导引人体气血的运行和呼吸的变化，并可以调节人的精神情志。太极拳进入第五层功夫后，要求身体放松而肢体缓慢沉稳用力；运行时似有停顿而实则动作内劲不停；起承转合自然而肌肉持续牵引抻拉；闲似行云流水而劲力不减。这种运动方式将阻塞及淤滞的经络完全疏通，使气血循环进入舒畅的正常状态。为了加快体内病气、浊气、阴气、邪气的清除，人体的穴位必须达到完全洞开的状态，进入第五层功夫后继续长期不断地练功，就可以保持它们良好的通透性，防止它们弥合关闭。这是预防疾病、治疗疾病、保持健康、延年益寿的重要基础，是传统养生学的根本所在。

在技击方面达到刚柔相济，松活弹抖，周身处处皆太极，一动一静俱浑然。身体各部位都相当灵敏，周身无处不似手，挨着何处何处击，蓄发相变，八面支撑。所以说："唯有五阴并五阳，阴阳无偏称妙手，妙手一着一太极，空空迎化归无有。"

总之，完成第五层功夫，大脑皮层中兴奋与抑制、肌肉收缩预防松、肌肉的活 动与内脏器官的活动已建立了巩固的协调关系，即偶然受到袭击，也不易使这 种协调动作受到破坏，而能随机应变。但是还应继续深造，精益求精。科学发展是由无止境的，民族传统项目的锻炼也是如此，终身不可尽其妙。

第五章　关节放松活动操

一、关节放松活动操练习要求

（一）松静自然

练功时，身心（身体和精神）都要放松。首先身体要放松，衣着也要宽松，不勉强用力维持身体姿势。总之，练功时要放松肌肉（尤其要放松小腹部），求得自然。其次，精神放松，心情愉快、稳定。静的要求就是练功时思想意识全部集中在练功上，减少思潮起伏的现象，减弱对外界刺激的感受，有时肢体重量的感觉亦消失，进入安静状态。

（二）意气合一

练功时，练意（控制意念）和练气（调整呼吸）结合，要以意领气，即思想要稍着意于呼吸，用意念调整呼吸的节律、长短，粗细、快慢，并进而用意念带领或跟随气的运行。

练意的功夫在于“静”，练气的功夫在于“细、深、长，慢、稳、悠、匀”七个字。强壮功、放松功着重练意，内养功着重练气，但注意意念、动作、呼吸的结合。

（三）轻松柔和

关节操的架式比较平稳舒展，动作要求不僵不拘，没有忽起忽落的明显变化和激烈的跳跃动作。

（四）连贯均匀

整套操的每个动作的虚实变化和姿势的过渡转换，都是紧密衔接，连贯一气的，看不出明显停顿的地方。

（五）圆活自然

关节操的动作要求上肢动作处处呈弧形，避免直来直往，通过弧形活动锻炼，有利于动作的圆活自然，体现出柔和的特点。

（六）协调完整

关节操运动中，不论是整套操，还是单个动作姿势，都要求上下相随，内外相合（内三合：心与意合、意与气合、气与力合；外三合：手与足合、肘与膝合、肩与髋合）。练习关节操时，必须以腰为轴，手脚的许多动作都是由躯干来带动，并且互相呼应，不要上下脱节或此动彼不动，显得呆滞脱节和支离破碎。

（七）尾闾中正

尾闾中正是关系身躯、动作姿势“中正安舒”、“八面支撑”和下盘稳固的关键。因此，关节操运动时要特别重视尾闾中正，不论是直的或是斜的动作姿势，都必须保持尾闾于脊椎呈直线，处于中正状态。

二、动作方法和要领

（一）头部运动（4×8 拍）

第 1 个 8 拍

预备：两脚并步自然站立。左脚向左开步站立，与肩同宽，两臂自然垂于体侧，身体中正，目视前方（图 5-2-1、图 5-2-2）。

动作一：两臂充分外旋，两掌心外翻分别向两侧摆起约与髋同高，头向左后转，动作略停，目视左斜后方（图 5-2-3）。

动作二：两臂内旋，两掌心向后分别下两侧摆起约与髋同高，目视前方（图 5-2-4）。

动作三：两臂充分外旋，两掌心外翻分别向两侧摆起约与髋同高，头向右后转，动作略停，目视左斜后方（图 5-2-5）。

动作四：两臂内旋，两掌心向后分别下两侧摆起约与髋同高，目视前方（图 5-2-6）。

动作五：同动作一

动作六：同动作二。

动作七：同动作三。

动作八：同动作四。

图 5-2-1

图 5-2-2

图 5-2-3

图 5-2-4

图 5-2-5

图 5-2-6

第 2 个 8 拍

预备：两脚开步站立，与肩同宽，两臂自然垂于体侧，身体中正，目视前方（图 5-2-7）。

动作一：双手四指交叉抱头颈部（图 5-2-8）。

动作二：身体后仰（图 5-2-9）。

动作三：同动作一（图 5-2-10）。

动作四：同动作二。

动作五：同动作一。

动作六：同动作二。

动作七：同动作三。

动作八：同预备式（图 5-2-11）。

图 5-2-7

图 5-2-8

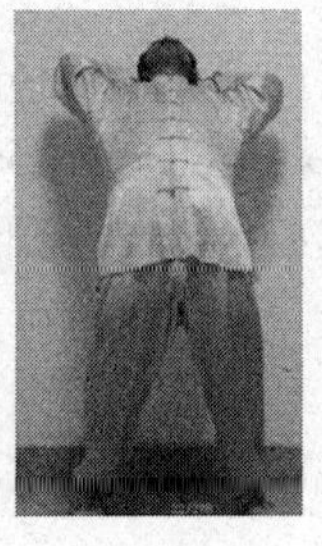
图 5-2-9

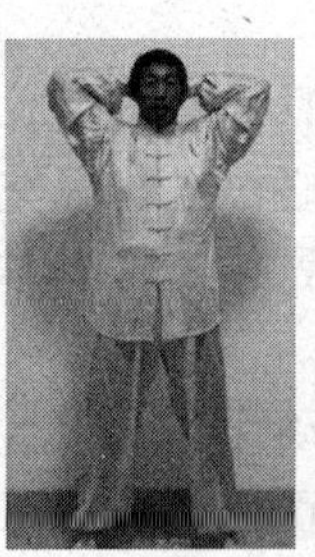
图 5-2-10

图 5-2-11

第3、4个8拍

动作一：两脚横开与肩同宽，两臂侧平举，掌心向下，指尖向外（图5-2-12）。

动作二：右手由体侧向前上摆至头前上方后屈肘，由后向左绕头半周，掌心掩耳；左手经体左侧下摆至左后，屈肘，手背贴脊柱，掌心向后，指尖向上；头左转，目视左后方（图5-2-13）。

动作三：身体右转，展臂扩胸，目视右上方，稍停（图5-2-14）。

动作四：两脚横开与肩同宽，两臂侧平举，掌心向下，指尖向外（图5-2-15）。

同动作五：左手由体侧向前上摆至头前上方后屈肘，由后向右绕头半周，掌心掩耳；右手经体左侧下摆至左后，屈肘，手背贴脊柱，掌心向后，指尖向上；头右转，目视右后方（图5-2-16）。

动作六：身体右转，展臂扩胸，目视右上方，稍停（图5-2-17）。

动作七：两脚横开与肩同宽，两臂侧平举，掌心向下，指尖向外（图5-2-18）。

动作八：同动作一（图5-2-19）。

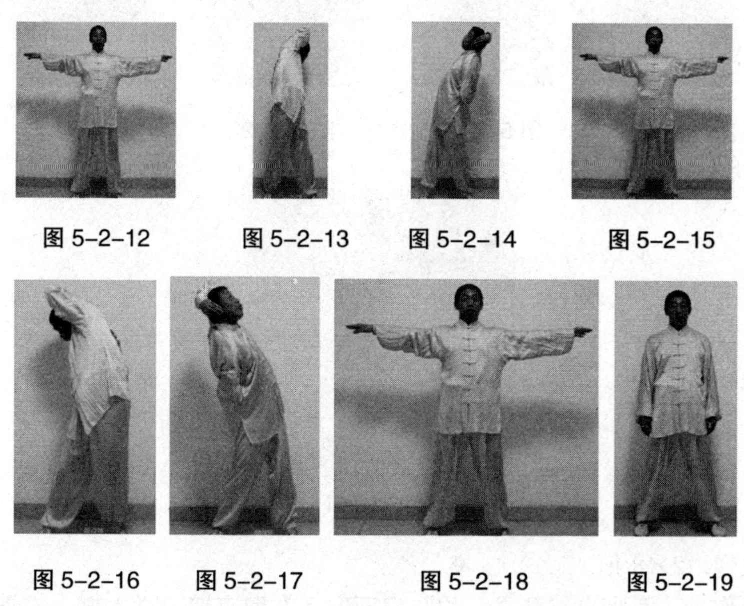

图5-2-12　图5-2-13　图5-2-14　图5-2-15

图5-2-16　图5-2-17　图5-2-18　图5-2-19

（二）扩胸振臂（4×8拍）

预备：两脚开步站立，两臂自然垂于体侧，身体中正，目视前方（图5-2-20）。

扩胸：2×8 拍

动作一：两脚自然开立，约与肩同宽，双手平抬于胸前，两臂交叉，掌心向下（图 5-2-21）。

动作二：两肘外张扩胸（图 5-2-22）。

动作三：随两臂回弹，同动作一（图 5-2-23）。

动作四：两臂成侧平举扩胸，掌心向上（图 5-2-24）。

动作五：同动作一。

动作六：同动作二。

动作七：同动作三。

动作八：同动作四。

要求：松、柔、舒、缓，富有弹性。

图 5-2-20

图 5-2-21

图 5-2-22

图 5-2-23

图 5-2-24

振臂：2×8 拍。

动作一：两脚自然开立，约与肩同宽，左臂直臂上举振臂，右臂直臂向下、向后振臂，两臂同时振臂 4 次（图 5-2-25、图 5-2-26、图 5-2-27、图 5-2-28）。

动作二：交换两臂上下位置振动 4 次（图 5-2-29、图 5-2-30、图 5-2-31、图 5-2-32）。

动作三：还原（图 5-2-33）。

要求：松、柔、舒、缓，富有弹性。

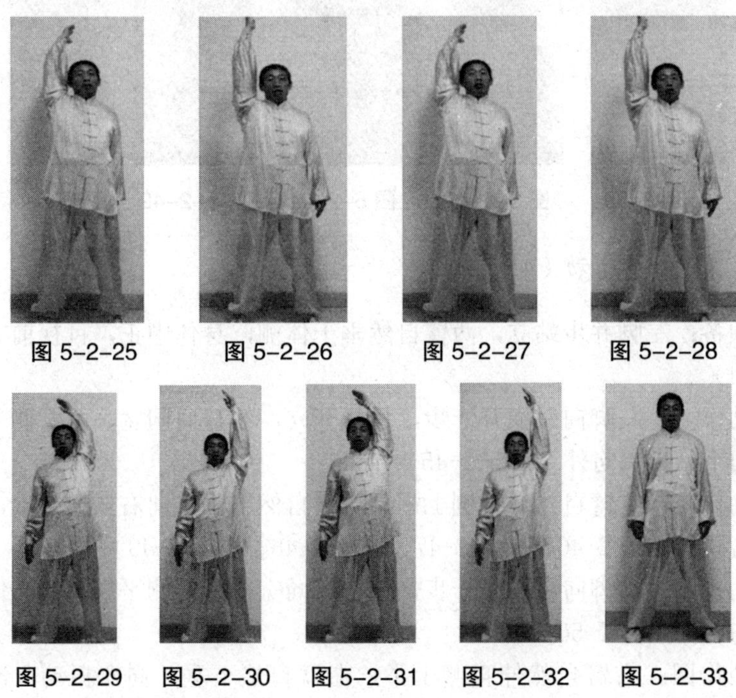

图 5-2-25　图 5-2-26　图 5-2-27　图 5-2-28

图 5-2-29　图 5-2-30　图 5-2-31　图 5-2-32　图 5-2-33

（三）体转运动（4×8 拍）

预备：两脚并步站立，然后向左横开一步，约与肩同宽，两手轻握拳平抬于胸前，拳面相对（图 5-2-34、图 5-2-35）。

动作一：向左转腰 90° 2 次（图 5-2-36、图 5-2-37、图 5-2-38）。

动作二：向右转腰 90° 2 次（图 5-2-39、图 5-2-40、图 5-2-41、图 5-2-42）。

动作三：4×8 拍的最后一个节拍还原成自然站立姿势（图 5-2-43）。

要求：动作松、柔、舒、缓。

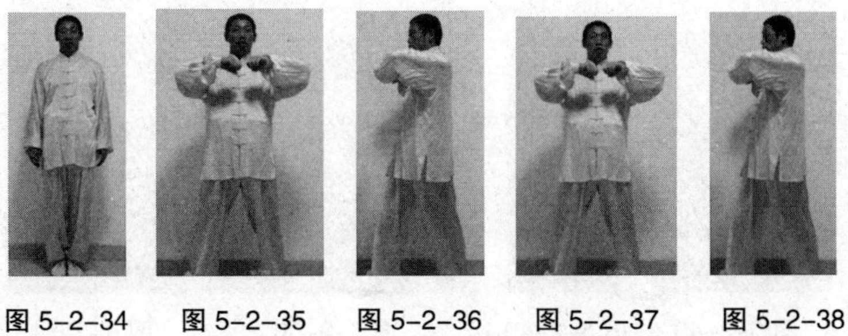

图 5-2-34　图 5-2-35　图 5-2-36　图 5-2-37　图 5-2-38

图 5-2-39

图 5-2-40

图 5-2-41

图 5-2-42

图 5-2-43

（四）体侧运动（4×8 拍）

预备：左脚并步站立，两臂自然垂于体侧，身体中正，目视前方（图 5-2-44）。

动作一：左脚向左横开一步，自然开立，约与肩同宽，两臂侧平举，掌心向下，指尖向外（图 5-2-45）。

动作二：左臂自然伸直侧上举，右臂自然下垂，向右振动 2 次，还原成预备式（图 5-2-46、图 5-2-47、图 5-2-48、图 5-2-49）。

动作三：右脚向右横开一步，约与肩同宽，两臂侧平举，掌心向下，指尖向外（图 5-2-50）。

动作四：右臂自然伸直侧上举，左臂自然下垂，向左振动 2 次，还原成预备式（图 5-2-51、图 5-2-52、图 5-2-53、图 5-2-54）。反复练习（4×8 拍）。

图 5-2-44

图 5-2-45

图 5-2-46

图 5-2-47

图 5-2-48

图 5-2-49

图 5-2-50

图 5-2-51

图 5-2-52　图 5-2-53　图 5-2-54

（五）腰髋运动（4×8 拍）

预备：左脚并步站立，两臂自然垂于体侧，身体中正，目视前方（图 5-2-55）。

动作一：两脚自然开立，约与肩同宽，两手虎口反手叉腰，四指按肾俞穴上。以髋关节为轴，顺时针旋转 8 圈，逆时针旋转 8 圈（图 5-2-56、图 5-2-57、图 5-2-58、图 5-2-59）。反复练习 4×8 拍。

动作二：还原成预备式（图 5-2-60）。

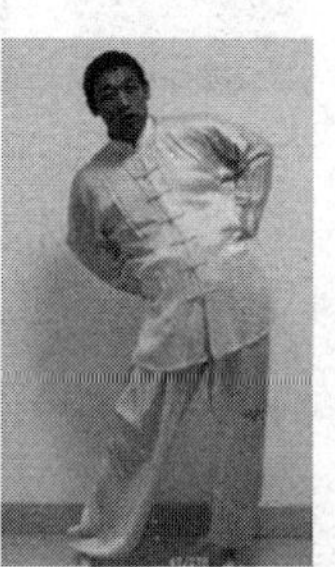

图 5-2-55　图 5-2-56　图 5-2-57

图 5-2-58　图 5-2-59　图 5-2-60

（六）俯背运动（4×8 拍）

预备：左脚并步站立，两臂自然垂于体侧，身体中正，目视前方（图 5-2-61）。

动作一：两脚自然开立，约与肩同宽，两手轻轻平抬于胸前，掌心向上，指尖相对（图 5-2-62、图 5-2-63）。两臂缓缓上举自然伸直，掌心向前，指尖向上（图 5-2-64）。

动作二：接上动， 两臂外旋至掌心向下，指尖相对，屈肘，两掌下按于胸前置于体侧，然后缓缓下滑至两脚外侧（图 5-2-65、图 5-2-66、图 5-2-67、图 5-2-68）。上体立起，两臂自然下垂（图 5-2-69、图 5-2-70）。反复练习（4×8 拍）。

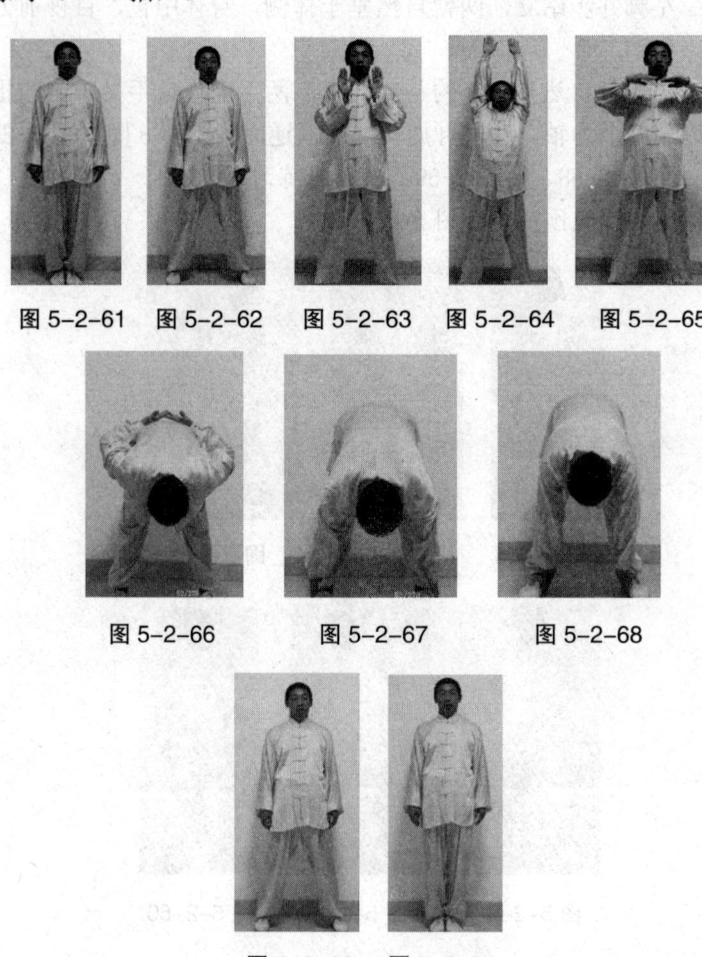

图 5-2-61 图 5-2-62 图 5-2-63 图 5-2-64 图 5-2-65

图 5-2-66 图 5-2-67 图 5-2-68

图 5-2-69 图 5-2-70

（七）蹬腿运动

预备：左脚并步站立，两臂自然垂于体侧，身体中正，目视前方（图5-2-71）。

动作一：右腿支撑，左腿提膝，两手交叉于胸前，左前右后（图5-2-72）。

动作二：左腿向前蹬出，同时两手向两侧分开（图5-2-73）。

动作三：右腿支撑，左腿提膝，两手交叉于胸前，左前右后（图5-2-74）。

动作四 ：并步还原（图5-2-75）。

动作五：左腿支撑，右腿提膝，两手交叉于胸前，右前左后（图5-2-76）。

动作六：右腿向前蹬出，同时两手向两侧分开（图5-2-77）。

动作七：左腿支撑，右腿提膝，两手交叉于胸前，右前左后（图5-2-78）。

动作八：并步还原（图5-2-79）。

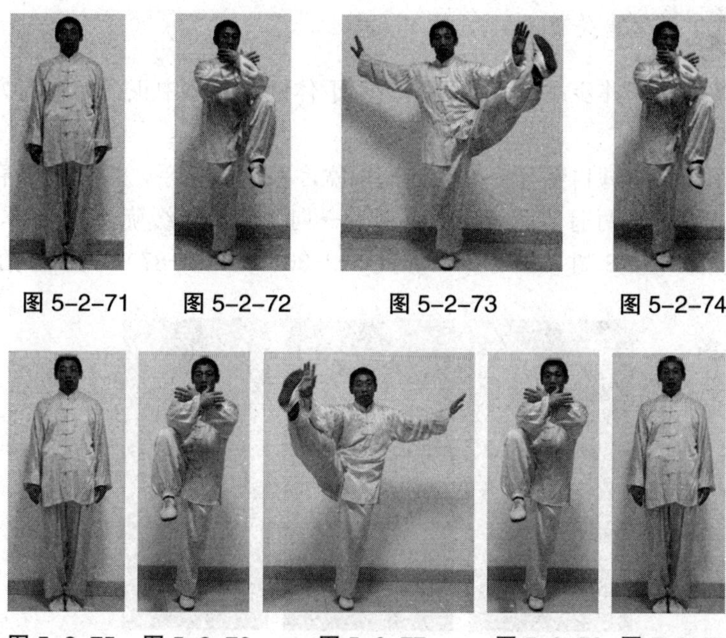

图5-2-71　图5-2-72　图5-2-73　图5-2-74

图5-2-75　图5-2-76　图5-2-77　图5-2-78　图5-2-79

（八）活动腕、踝关节（4×8拍）

预备：两脚并步站立，两臂自然垂于体侧，身体中正，目视前方（图5-2-80）。

动作一：两脚自然开立，约与肩同宽，两手十指还扣交叉于胸前，左脚前脚掌点地，右腿支撑。以腕、踝关节为轴同时旋转，动作尽量轻柔，幅度要大，2×8拍，以舒适为度（图5-2-81、图5-2-82）。

动作二：同动作一，唯方向相反，2×8 拍（图 5-2-83）。

动作三：两脚并步站立，两臂自然垂于体侧，身体中正，目视前方。

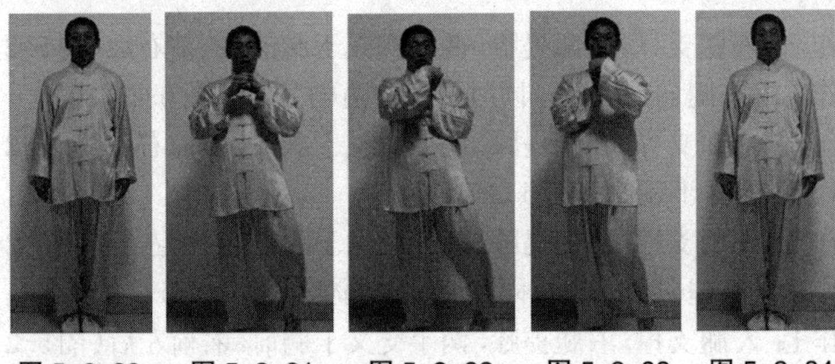

图 5-2-80　图 5-2-81　图 5-2-82　图 5-2-83　图 5-2-84

（九）活动肩关节（4×8 拍）

预备：两脚并步站立，两臂自然垂于体侧，身体中正，目视前方（图 5-2-84）。

动作一：两脚自然开立，约与肩同宽，双手成勾手，勾尖置于肩前。以肩关节为轴，两肘向前→向上→向后→向下轻柔舒缓旋转为一圈，转 8 圈；再反方向转 8 圈（图 5-2-85、图 5-2-86、图 5-2-87）。2×8 拍。

图 5-2-85　图 5-2-86　图 5-2-87

动作二：两脚自然开立，约与肩同宽，双手自然下垂。左臂直臂以肩关节为轴向前→向上→向后→向下轻柔舒缓绕臂为一圈，转 4 圈；再反方向转 4 圈（图 5-2-88、 图 5-2-89）。1×8 拍。

动作三：同动作二，唯方向相反（图 5-2-90、图 5-2-91）。1×8 拍。

动作四：两脚并步站立，两臂自然垂于体侧，身体中正，目视前方（图 5-2-92）。

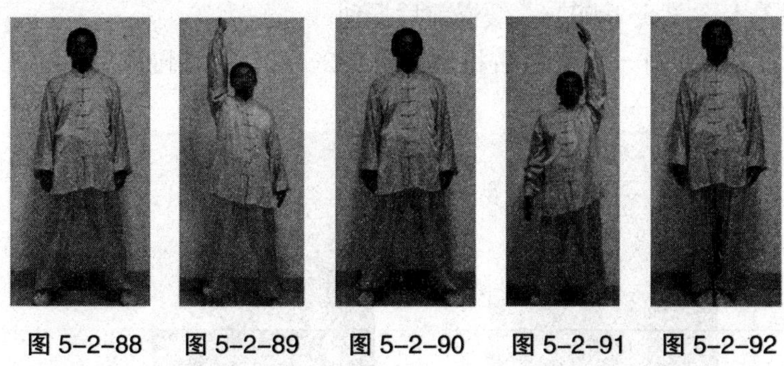

图 5-2-88　图 5-2-89　图 5-2-90　图 5-2-91　图 5-2-92

（十）活动膝关节（4×8 拍）

预备：两脚并步站立，两臂自然垂于体侧，身体中正，目视前方（图 5-2-93）。

动作一：两脚自然开立，约与肩同宽，两手按在膝盖上，以膝关节为轴向里、向外个旋转 2×8 拍（图 5-2-94、图 5-2-95、图 5-2-96、图 5-2-97）。

动作二：两脚并步站立，两臂自然垂于体侧，身体中正，目视前方（图 5-2-98）。

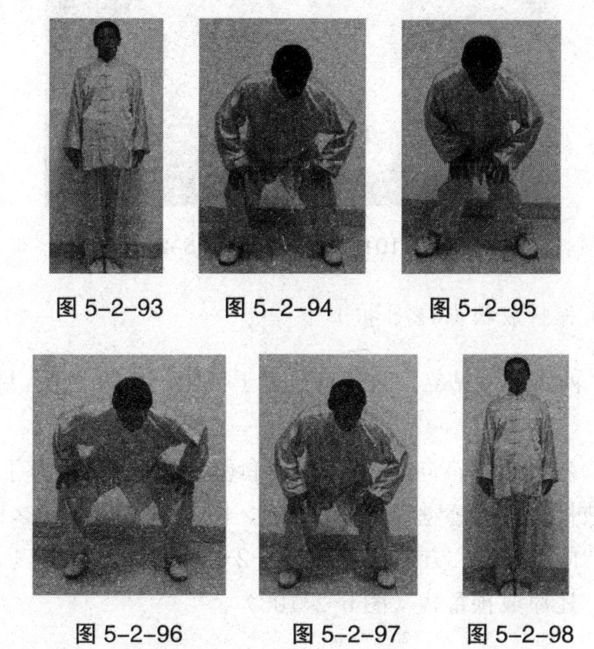

图 5-2-93　图 5-2-94　图 5-2-95

图 5-2-96　图 5-2-97　图 5-2-98

（十一）弓步压腿

动作一：左脚向前上一大步，前腿弓，后腿蹬；右手反手叉腰，左手置于左膝盖上（图 5-2-99）。缓慢前后振动。

动作二：同动作一，为左右相反（图 5-2-100）。缓慢前后振动。

图 5-2-99

图 5-2-100

（十二）仆步压腿（4×8 拍）

动作一：左脚横开一大步，平铺地面，右腿屈膝全蹲（图 5-2-101）。振压 2×8 拍。

动作二：同动作一，唯左右相反（图 5-2-102）。振压 2×8 拍。

图 5-2-101

图 5-2-102

（十三）弹抖放松（4×8 拍）

预备式：两脚并步站立，两臂自然垂于体侧，身体中正，目视前方（图 5-2-103）。

动作一：左脚提起，向前下方放松弹蹬，同时向右前摔手臂，全身各关节有一种放松舒展的感觉（图 5-2-104、图 5-2-105）。2×8 拍。

动作二：同动作一，方向相反（图 5-2-106、图 5-2-107）。2×8 拍。

动作三：还原成预备式（图 5-2-108）。

图 5-2-103

图 5-2-104

图 5-2-105

图 5-2-106

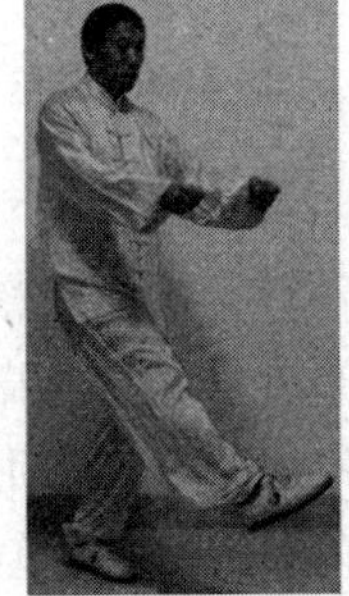
图 5-2-107

图 5-2-108

第六章　太极拳培元养气功法练习

一、桩功

（一）太极浑圆桩

动作要领：两脚开立，比肩略宽，屈膝松胯，含胸塌腰，立身中正，全身放松。头正，微上顶，颈部放松，唇齿微合，舌尖轻抵上腭。两臂弧形环抱于胸前，手心向里，指尖相对，肩松肘沉。裆要开圆，脚踏实地，脚趾、脚外侧、脚跟结抓地，涌泉穴要虚，重心在两腿之间（图 6-1-1）。

要求：思想清静而集中，脚跟如踩蚂蚁，既不能使其跑掉，又不能将其踩死；全身放松，自然呼吸，任大气自然流行。站桩时间长短以身体状况而定，一般在 10 ～ 30 分钟左右。

正面图

背面图

图 6-1-1

（二）弓步桩

1. 左弓步桩

动作要领：自然站立开始，左脚向左横开一大步，成左弓步，左手向左划弧立掌平举，臂略弯曲，右手置于腹前，掌心向内，眼看左手（图 6-1-2）。

2. 右弓步桩

动作要领：上体慢慢右转，身体重心随之逐渐右移；右手由脸前向右侧运转，划弧立掌平举，臂略弯曲，左手置于腹前，掌心向内，眼看右手（图 6-1-3）。

图 6-1-2

图 6-1-3

（三）单鞭式

动作要领：头自然正，虚领顶劲，二目平视，唇齿微合，立身中正，沉肘松肩，两手领劲，松胯屈膝，开裆贵圆，左腿为实，右腿为虚，左脚尖微外摆，右脚尖微内扣。意识集中，周身放松，气沉丹田，降于涌泉（图 6-1-4）。

图 6-1-4

（四）懒扎衣

动作要领：头自然正直，顶劲领起立，身中正，右手展开，左手叉腰，松肩沉肘，左肘掤圆，松胯屈膝，裆要开圆。右腿为实，左腿为虚，右脚尖微外摆，左脚尖微内扣，重心七分在右，三分在左（图 6-1-5）。

图 6-1-5

（五）斜形式

动作要领：步型成斜步。重心在左腿，左腿尖和右脚尖微内扣，松胯屈膝，裆劲内扣，立身中正，微向左转，两臂伸开，与步型交叉，成四隅角，目视前方（图 6-1-6、图 6-1-7）。

图 6-1-6

图 6-1-7

（六）虚步桩

1. *左虚步桩*

动作要领：屈膝下蹲，左抱球，重心左移并向右转体，左脚向前上步，成左虚步；同时右手分至右额前，掌心向外，左手按至左腿旁，上体转正；眼平视前方（图 6-1-8）。

2. *右虚步桩*

动作要领：同左虚步桩，唯方向相反（图 6-1-9）。

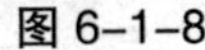
图 6-1-8　　图 6-1-9

（七）金鸡独立

1. 左金鸡独立

动作要领：右腿屈膝提起成右独立步；左手下落按于左胯旁，右手向体前挑起，掌心向前，高于眼平，右臂半屈成弧，目视右手（图 6-1-10）。

2. 右金鸡独立

动作要领：同左金鸡独立，唯左右相反（图 6-1-11）。

图 6-1-10　　图 6-1-11

（八）三体式

动作要领：上体要正直，不俯不仰，侧向前方，与目视方向成斜 45°。头向上顶，颈要竖直，面部要自然，牙齿轻扣，下颏略向内收。两肩向下松垂，肩窝处略向后缩，左臂（前手）肘部下垂，不可伸直，左手食指要向上挑劲，拇指尽力向外撑开，虎口成半圆形，掌心内含，右前臂靠在腹部右侧，右手五指也要撑开，腕部要塌住。胸部略向内含，不要紧张用力，两肋肌肉舒展（束肋），心胸平静空虚，腹部自然充实（沉气），但不要故意鼓腹，背部肌肉尽力向两侧伸展（拔背），腰要塌住；臀部不可向外突出，肛门部位的括约肌注意向里收缩（谷道内提）。两胯略向后收缩（缩胯），两膝微向里扣，前膝屈弓不要超过踝关节；臀部与后脚跟上下相对；两脚脚趾扣地，重心偏重右腿；前腿既虚且实，承担少部体重。呼吸要自然，精神要集中，身体力求稳固（图 6-1-12、图 6-1-13）。

图 6-1-12

图 6-1-13

（九）抱丹田

动作要领：两脚开立，比肩略宽，屈膝松胯，含胸塌腰，立身中正，全身放松。头正，微上顶，颈部放松，唇齿微合，舌尖轻抵上腭。两臂弧形环抱于腹前，双手交叉相叠，手心向里，置于丹田处，肩松肘沉。裆要开圆，脚踏实地，脚趾、脚外侧、脚跟结抓地，涌泉穴要虚，重心在两腿之间（图 6-1-14）。

要求：思想清静而集中，全身放松，自然呼吸，任大气自然流行。站桩时间长短以身体状况而定，一般在 5 ～ 20 分钟左右。

图 6-1-14

以几个中定身法，也叫桩功，每次在基本动作练习后。要站 5 ～ 10 分钟，由少到多，由短到长，由高到低，逐步加大运动量。功功，动作单纯，思想容易集中，可以体会到立身中正，周身放松，心气下降，气沉丹田。

二、动功

（一）采气

预备式：两脚并步站立，两臂自然垂于体侧，身体中正，目视前方（图 6-2-1）。

动作一：两脚开立，与肩同宽；立身中正，周身放松，两臂自然下垂；虚领顶劲，牙齿轻叩，舌顶上腭，自然呼吸（图 6-2-2）。

动作二：接上势，两臂缓缓外翻侧平举上升至头顶上方，吸气（图 6-2-3）。

动作三：两掌随身体下沉经胸前下落，同时屈膝下蹲，呼气（图 6-2-4）。还原成站立姿势（图 6-2-5、图 6-2-6）。反复练习，使身体内部有上下贯通之气感。

动作四：还原成预备式（图 6-2-7）。

要求：呼吸均匀细长。

图 6-2-1

图 6-2-2

图 6-2-3

图 6-2-4

图 6-2-5

图 6-2-6

图 6-2-7

（二）抓气

1. 左抓气

预备式：自然站立，立身中正，周身放松，两臂自然下垂；虚领顶劲，牙齿轻叩，舌顶上腭，自然呼吸；眼平视前方（图 6-2-8）。

动作一：接上势，左脚向前上步成左弓步，两手走上弧线向前推出，目视前方，呼气（图 6-2-9、图 6-2-10、图 6-2-11、图 6-2-12）。

动作二：上动不停，重心走弧线后移，两掌变拳抓气下沉，收于丹田，目视前方（图 6-2-13）。

动作三：随呼气双拳变掌由丹田走上弧前推（图 6-2-14）。

动作四：收势（图 6-2-15）

要求：反复练习 9 次，左右均可，使虚实转换圆转自如，丹田与命门相吸相同。

2. 右抓气

同左抓气，唯方向相反（图 6-2-16、图 6-2-17、图 6-2-18、图 6-2-19、图 6-2-20、图 6-2-21）。

图 6-2-8

图 6-2-9

图 6-2-10

图 6-2-11

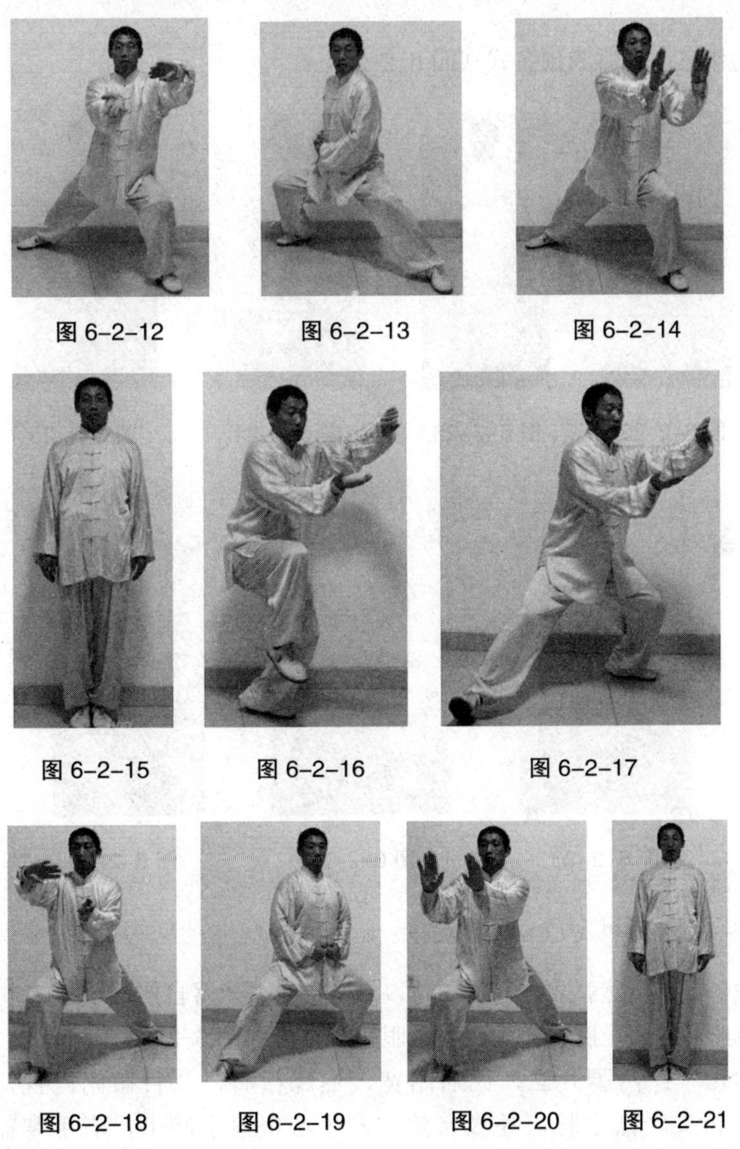

图 6-2-12　图 6-2-13　图 6-2-14

图 6-2-15　图 6-2-16　图 6-2-17

图 6-2-18　图 6-2-19　图 6-2-20　图 6-2-21

（三）顺气

预备式：自然站立，立身中正，周身放松，两臂自然下垂；虚领顶劲，牙齿轻叩，舌顶上腭，自然呼吸；眼平视前方（图 6-2-22）。

动作一：两脚开立，与肩同宽；立身中正，周身放松，两臂自然下垂；虚领顶劲，牙齿轻叩，舌顶上腭，自然呼吸（图 6-2-23）。

动作二：屈膝下蹲，双拳置于丹田。双拳上提，略高于胸部，然后下落于腹前。反复练习 9 次（图 6-2-24、图 6-2-25 、图 6-2-26、图 6-2-27）。

动作三：还原成预备式（图 6-2-28）。

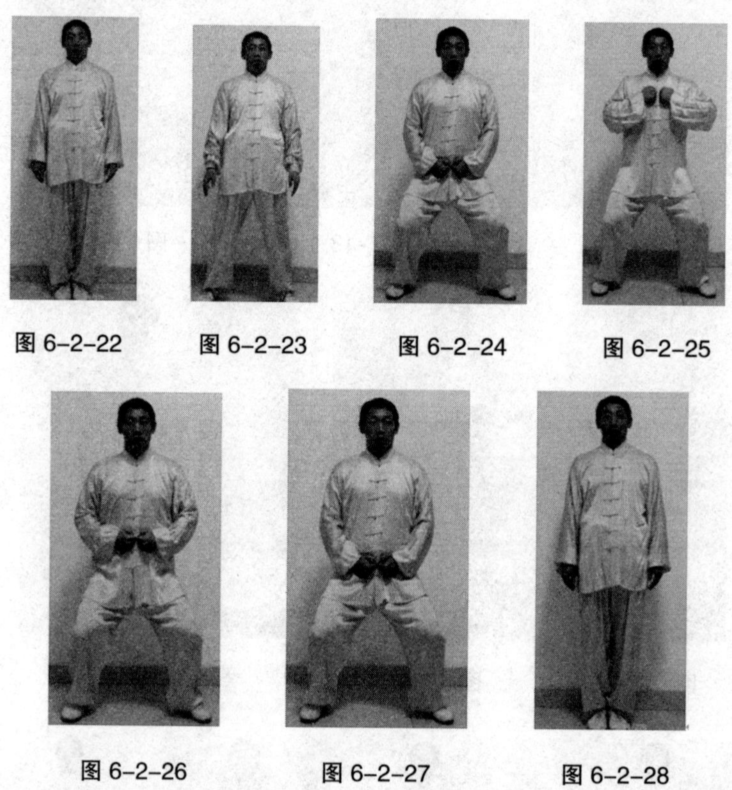

图 6-2-22　图 6-2-23　图 6-2-24　图 6-2-25

图 6-2-26　图 6-2-27　图 6-2-28

（四）转丹田

预备式：自然站立，立身中正，周身放松，两臂自然下垂；虚领顶劲，牙齿轻叩，舌顶上腭，自然呼吸；眼平视前方（图 6-2-29）。

动作一：两脚开立，比肩略宽，屈膝松胯，二目微闭内视，唇齿微合，舌尖轻抵上腭，呼吸自然，左手心覆盖于脐上，右手掌盖在左手臂上（图 6-2-30）。

动作二：结合身法，虚实转换，两手顺时针以肚脐为中心，由小到大转 36 圈，直到上胸下腹，配合自然呼吸；再换右手在下，左手在上逆时针方向，由大到小转 24 圈收于肚脐（图 6-2-31、图 6-2-32、图 6-2-33、图 6-2-34、图 6-2-35、图 6-2-36、图 6-2-37、图 6-2-38）。

图 6-2-29　图 6-2-30　图 6-2-31　图 6-2-32　图 6-2-33

图 6-2-34　图 6-2-35　图 6-2-36　图 6-2-37　图 6-2-38

（五）收功

动作要领：双手止于丹田，稍停片刻。直立，双手背身后七颠脚跟（图 6-2-39、图 6-2-40、图 6-2-41）。自我拍打（图 6-2-42、图 6-2-43、图 6-2-44、图 6-2-45、图 6-2-46、图 6-2-47、图 6-2-48、图 6-2-49、图 6-2-50、图 6-2-51、图 6-2-52、图 6-2-53、图 6-2-54）。搓热双掌，擦脸 12 次（健脾）；擦眼眶 12 次（明目）；双手掌将耳翼向前压，紧贴耳孔，以食、中二指敲击风府穴 36 次，练功结束，还原成预备式（图 6-2-55）。

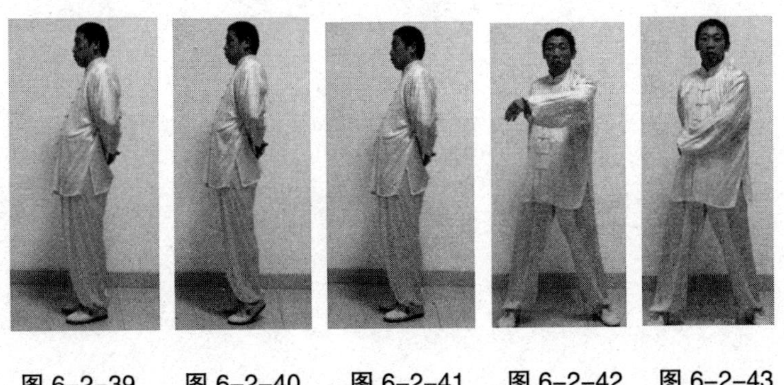

图 6-2-39　图 6-2-40　图 6-2-41　图 6-2-42　图 6-2-43

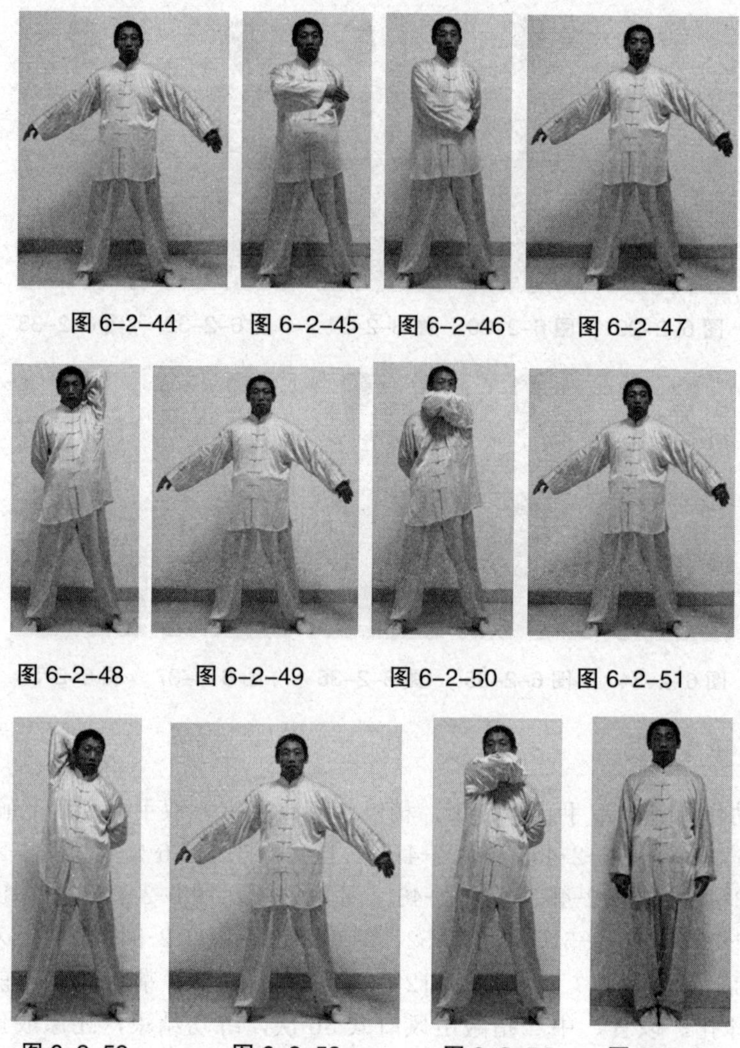

图 6-2-44 图 6-2-45 图 6-2-46 图 6-2-47

图 6-2-48 图 6-2-49 图 6-2-50 图 6-2-51

图 6-2-52 图 6-2-53 图 6-2-54 图 6-2-55

第七章　陈式太极拳基本功练习

一、定步缠丝

（一）单手正面缠丝

1. 左单手正面缠丝

动作一：两腿开步成左弓马步，左手掤至左膝上与肩平，右手叉腰，拇指在后，四指在前，重心在左，目视左手（图 7-1-1）。

动作二：接上势，重心移至右腿，同时左手划弧下沉，身体向右转，左手内旋合于小腹前丹田处，为顺缠丝劲。此式配合吸气（图 7-1-2）。

动作三：接上势，身体继续右转，重心移至左腿，同时左手向右上穿掌外翻至右胸前，为逆缠丝劲，目视身体左侧前方（图 7-1-3）。

动作四：接上势，松左胯，身体向左转，左手走上弧线逆缠外开至左膝，上掤与肩平，目视左手。此式配合呼气，至此整个左单云手动作完成（图 7-1-4、图 7-1-5）。

要求：两腿之间的虚实转换中，不是简单地使重心直线地从一只脚一交给另一只脚。实脚的整条腿应像灌满了水，虚实转换时，实腿的水徐徐灌入虚腿去，虚实此消彼长。裆走后弧线，腰裆走水平 8 字。先移重心后转腰，不可以先转腰后再把重心拖过去，这违背了节节贯穿的基本顺序。

图 7-1-1

图 7-1-2

图 7-1-3

图 7-1-4

图 7-1-5

2. 右单手正面缠丝

动作一：两腿开步，成右弓步，右手掤至右膝上与肩平，左手叉腰，拇指在后，四指在前，重心在右，目视右手（图 7-1-6）。

动作二：接上势，重心移至左腿；同时右手划弧下沉，身体左转，右手内旋合至小腹丹田前，为顺缠丝劲，此式配合吸气，目视身体右侧前方（图 7-1-7、图 7-1-8）。

动作三：接上势，身体继续左转，重心向右移，同时右手向左上穿掌外翻至左胸前，为逆缠丝劲，目视右侧（图 7-1-9）。

动作四：接上势，松右胯，身体向右转，右手逆缠外开至右膝上与肩平，同时配合呼气，目视正前方（图 7-1-10）。其他要求与左单云手相同。

图 7-1-6

图 7-1-7

图 7-1-8

图 7-1-9

图 7-1-10

（二）双手正面缠丝

动作一：左弓马步成左单鞭势，两臂展开，立身中正，目视前方（图7-1-11）。

动作二：接上势，身体微向左转，右手变掌顺缠划弧下沉于小腹前；左手变逆缠上掤，目视右侧前方（图 7-1-12）。

动作三：接上势，重心由左腿移至右腿，身体先左后右转；同时右手向左向上，变逆缠向右掤，左手顺缠划弧，里合左腿内侧，目视左侧前方（图 7-1-13、图 7-1-14），然后再向回云手（图 7-1-15、图 7-1-16）。这样反复循环运转，练习旋裆转腰，两臂左右缠丝，周身协调一致。也可结合步法进行练习，如有并步、插步及旋转身法等同步习练。

图 7-1-11　图 7-1-12　图 7-1-13

图 7-1-14　图 7-1-15　图 7-1-16

（三）双手前后缠丝

1. *左脚前右脚后*

动作一：先立正站立成预备姿势，然后提左腿向前上步，两手左顺右逆缠，向前划弧上掤后捋，目视前方（图 7-1-17）。

动作二：接上势，两手后捋至身体右侧，重心移至左腿（图 7-1-18）。

动作三：接上势，身体向左转，两手走下弧左逆右顺缠向前掤出（图 7-1-19）。

动作四：接上势，两手继续向上略变右逆左顺缠。身体微右转（图 7-1-20）。

动作五：接上势，上动不停，身体右转，重心右移，两手向右后捋（图 7-1-21）。

2. 右脚前左脚后

动作同上，唯方向相反（图 7-1-22、图 7-1-23、图 7-1-24、图 7-1-25、图 7-1-26）。

要求：这样循环往复，可反复多练。也可右腿在前，左腿在后，左右调换。两手在身体两侧划立圆，主要以裆腰旋转，带动两臂缠绕，以身领手，以意导气。

图 7-1-17　图 7-1-18　图 7-1-19　图 7-1-20

图 7-1-21　图 7-1-22　图 7-1-23

图 7-1-24

图 7-1-25

图 7-1-26

二、活步缠丝

（一）进步双手缠丝

1. *左进步双手缠丝*

动作一：两腿并立，两臂下沉于身体两侧，周身放松，意守丹田，目视前方（图 7-2-1）。

动作二：接上势，重心移至左腿，右脚外摆 45°，重心移至右腿，提左腿向左前方以脚跟内侧擦地上步；同时两手自下而上左顺右逆缠向前上划弧后捋，目视前方（图 7-2-2、图 7-2-3、图 7-2-4）。

动作三：接上势，重心移至左腿，右脚跟步与左脚并齐；同时两手变左逆右顺缠走下弧向前掤，目视前方。然后再上步后捋（图 7-2-5）。

要求：练习手脚配合，周身相随。反复练习。

图 7-2-1

图 7-2-2

图 7-2-3

图 7-2-4

图 7-2-5

2. 右进步双手缠丝

动作一：两腿并立，两臂下沉于身体两侧，周身放松，意守丹田，目视前方（图 7-2-6）。

动作二：接上势，重心移至右腿，左脚外摆 45°，重心移至左腿，提右腿向右前方以脚跟内侧擦地上步；同时两手自下而上右顺左逆缠向前上划弧后捋，目视前方（图 7-2-7、图 7-2-8、图 7-2-9）。

动作三：接上势，重心移至右腿，左脚跟步与右脚并齐；同时两手变左逆右顺缠走下弧向前掤，目视前方。然后再上步后捋（图 7-2-10）。

要求：练习手脚配合，周身相随。反复练习。

图 7-2-6　图 7-2-7　图 7-2-8　图 7-2-9　图 7-2-10

（二）开步单手缠丝

1. 左开步单手缠丝

动作一：自然站立开始。身体下蹲，立身中正，右手叉腰，左手向左侧展开，掌心向左；沉肘松肩，目视前方（图 7-2-11、图 7-2-12）。

动作二：接上势，身体微右转，重心移至右腿，提左腿向左侧开一步；同时左手顺缠走下弧里合，目视左前方（图 7-2-13、图 7-2-14）。

动作三：接上势，身体微左转，重心移至左腿，提右腿收于左腿内侧成并步；同时左手继续里合向上外翻逆缠向左开，目视左前方（图 7-2-15、图 7-2-16、图 7-2-17）。

要求：立身中正，上下相随，开步合手，移重心开掌并步。此势主要是练习左开步及左手单臂缠绕，脚开手合，手合脚开及上引下进的一种方法。提膝下捋时吸气，开步外掤时呼气。可进行反复练习。

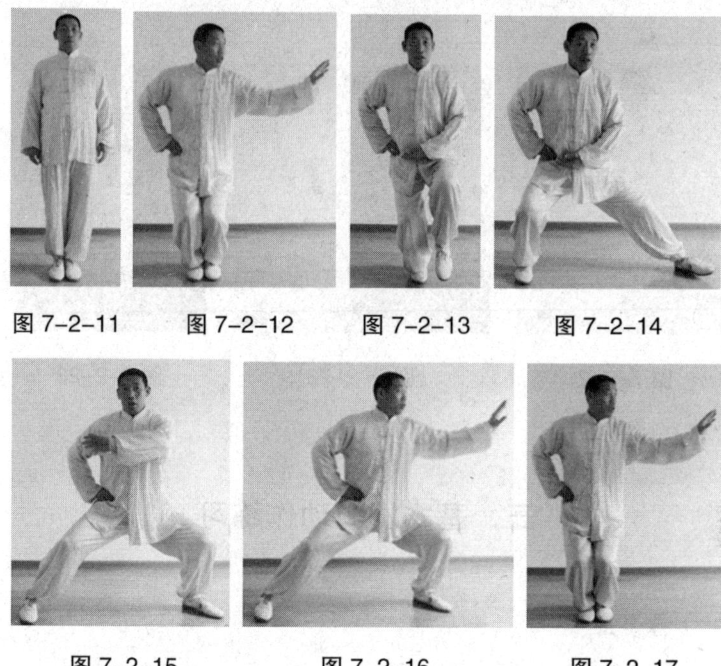

图 7-2-11　图 7-2-12　图 7-2-13　图 7-2-14

图 7-2-15　图 7-2-16　图 7-2-17

2. 右开步单手缠丝

动作一：立正，左手叉腰，右手向右侧展开，手心朝右前方，沉肘松肩，目视右前方（图 7-2-18）。

动作二：接上势，身体微左转，重心移至左腿，提右腿向右侧开步，右手走下弧里合；目视身体右前方（图 7-2-19、图 7-2-20）。

动作三：接上势，身体微左转，重心移至右腿，提左脚收于右脚内侧成并步；同时右手向上合变逆缠外翻。向右开，目视右前方（图 7-2-21、图 7-2-22、图 7-2-23）。

要求：与左开步单手缠丝相同。

图 7-2-18

图 7-2-19

图 7-2-20

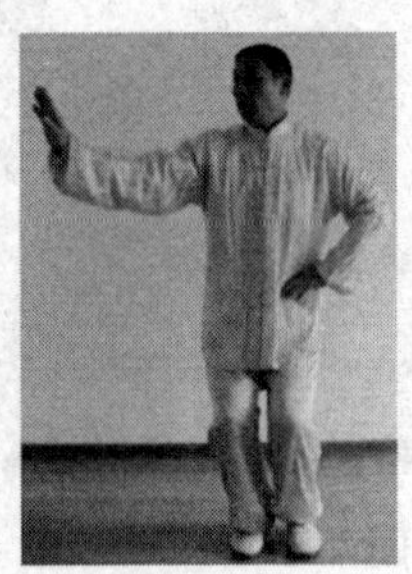

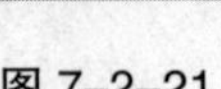
图 7-2-21　图 7-2-22　图 7-2-23

三、基本发力动作练习

（一）抹眉红

动作一：自然站立开始，左脚外摆 45°，提右脚向前上步，脚跟着地，右掌前伸，左掌收于左腰间。目视前方（图 7-3-1、图 7-3-2、图 7-3-3）。

动作二：蹬右腿重心快速前移成左弓步，同时左掌前推，右肘向后顶击。目视左前方（图 7-3-4）。

动作三：同动作一，唯方向相反（图 7-3-5、图 7-3-6、图 7-3-7）。

动作四：同动作二，唯方向相反（图 7-3-8）。

要领：蹬地、拧腰、转体力达掌心向前推出。

图 7-3-1　图 7-3-2　图 7-3-3　图 7-3-4

图 7-3-5　图 7-3-6　图 7-3-7　图 7-3-8

（二）穿心肘

动作一：自然站立，身体略右转，左肘走上弧线收至左肋前；同时左足提起收回再向前伸出，身体迅速左转，重心左移，同时左肘向左侧击出；右手托抚左手腕部以助其势。目视左侧（图 7-3-9、图 7-3-10、图 7-3-11、图 7-3-12）。

动作二：身体略左转，右肘走上弧线收至右肋前；同时右足提起收回再向前伸出，身体迅速右转，重心右移，同时右肘向右侧击出；左手托抚右手腕部以助其势。目视右侧（图 7-3-13、图 7-3-14、图 7-3-15）。

要求：收步，蓄肘，周身相合；开步，发肘，力达肘尖。

图 7-3-9　图 7-3-10　图 7-3-11　图 7-3-12

图 7-3-13　　图 7-3-14　　图 7-3-15

（三）裹鞭炮

动作一：自然站立开始，左脚向左开步，同时两臂自上而下划弧交叉合于腹前，左外右内，拳心向后。目视前下方（图 7-3-16、图 7-3-17、图 7-3-18）。

动作二：重心左移下沉成马步，双拳自上而下划弧向身体两侧砸击（图 7-3-19）。

动作三：左脚向右盖步，同时两臂自上而下划弧交叉合于腹前，右外左内，拳心向后。目视前下方（图 7-3-20）。

动作四：右脚向左开步，同时两臂自上而下划弧交叉合于腹前，右外左内，拳心向后。目视前下方（图 7-3-21、图 7-3-22）。

动作五：同动作二，唯方向相反（图 7-3-23）。

要求：动作时要在一脚尚未落地时，另一脚即起；双拳向上时稍慢，向下砸时两臂要有裹缠的劲力，要快、猛、重。注意要随身体下蹲，松肩沉肘，将劲力顺达至梢节，不可以用僵劲和拙力。

图 7-3-16　图 7-3-17　　图 7-3-18　　图 7-3-19

图 7-3-20 图 7-3-21　图 7-3-22　图 7-3-23

（四）前肩靠

动作一：上左步，重心快速左移，左肩向前靠击。目视左前方（图 7-3-24、图 7-3-25、图 7-3-26）。

动作二：上右步，重心快速右移，右肩向前靠击。目视右前方（图 7-3-27、图 7-3-28）。

要领：转腰灵活快捷，靠击充分。

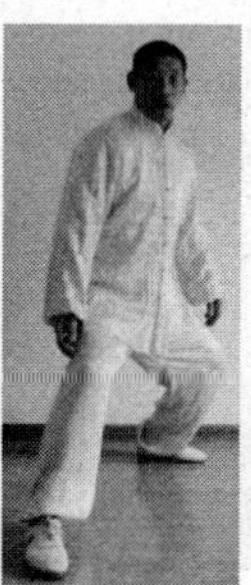

图 7-3-24　图 7-3-25　图 7-3-26　图 7-3-27　图 7-3-28

（五）侧蹬腿

动作一：自然站立开始，重心移至左腿，双手逆缠上分，掤于左右两侧。目视前方。然后，重心移至右腿，左足提起悬于裆内；两掌划弧下沉，变拳交叉合于小腹前。目视身左侧（图 7-3-29、图 7-3-30）。

动作二：接上势，身体略下沉，左足向左侧迅速蹬出，同时双拳向左右发出，双拳高度与肩平。目视左侧（图 7-3-31）。

动作三：接上势，身体略下蹲左转，左足跟落地，足尖向外摆：同时两拳向下沉交叉于腹前；随之身体向左转 180°，重心移向左足，随转体右足勾缠提起悬于裆内。目视身右侧（图 7-3-32）。

动作四：接上势，身体略下沉，右足向右侧迅速蹬出；同时两拳向左右发出，其高度与肩平。目视右侧（图 7-3-33）。

要求：转身上步，连环侧蹬，步法虚实分明，上下相合。蓄要蓄得紧，开要开得尽，劲合于丹田，发于两拳两足，周身完整一气。反复练习。

图 7-3-29

图 7-3-30

图 7-3-31

图 7-3-32

图 7-3-33

第八章　陈式太极拳段位制四段

陈式太极拳段位制四段套路以打、踢、靠、拿为技术元素。整个套路简洁明快，短小精悍，突出实战技法。该套路的编排既可以个人单练，又可以双人对练，拆招即为实战应用技法。非常适合活泼好动的青少年练习，是普通高校武术教学的优选内容。

一、单练套路

（一）动作名称

预备式：并步站立

第一小节

1. 金刚起势；2. 抹眉法（弓步推掌）；3. 小红拳（左右捋）；4. 云手（右转捋手）；5. 开合穿掌（上步推掌）；6. 斩手（震脚劈掌）；7. 翻花舞袖（转身劈掌）。

第二小节

8. 左挤（左转挤手）；9. 当门炮（弓步冲拳）；10. 蹬脚跃步（盖步蹬腿）；11. 转身顺拦肘（马步分肘）；12. 裹鞭炮（马步分拳）。

第三小节

13. 十字手（虚步合臂）；14. 穿心肘（跟步顶肘）；15. 单峰贯耳（马步掼拳）；16. 转身大捋（转身右将）；17. 再收（活步右捋）；18. 翻花舞袖（转身劈掌）。

第四小节

19. 抱头推山（弓步推掌）；20. 双震脚（震脚按掌）；21. 雀地龙（弓步前靠）；22. 转身顺拦肘（马步分肘）；23. 前肩靠（弓步肘靠）；24. 捣碓收势。

（二）动作要领及图解

预备式：并步站立（图 8-1-1）。

1. 金刚起势

动作一：左脚脚跟、脚尖依次提起向左横开一步，与肩同宽；重心位于两腿之间，身体自然站立。目正视前方（图 8-1-2）。

动作二：两臂缓缓上抬，高于肩平，拇指向上，再转掌心向下（图 8-1-3、图 8-1-4）。

动作三：两腿屈膝下蹲，双手塌腕下按于腹前（图 8-1-5）。

动作四：身体微左转，重心微右移，双手左逆右顺向左斜前方掤出。目视左前方（图 8-1-6）。

动作五：双手右逆左顺划弧右捋，重心不动。目视左前方（图 8-1-7）。

动作六：重心继续右移，提左脚，同时身体为右转（图 8-1-8）。

动作七：左脚脚跟内侧贴地向左擦出，双手微向右移（图 8-1-9）。

要点：上步时，跟内侧贴地铲出。

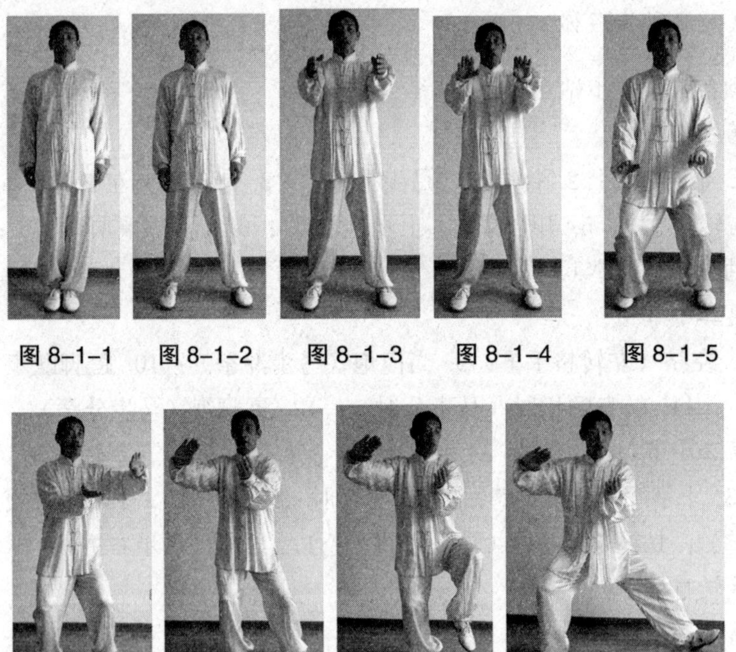

图 8-1-1　图 8-1-2　图 8-1-3　图 8-1-4　图 8-1-5

图 8-1-6　图 8-1-7　图 8-1-8　图 8-1-9

拆招：（1）甲乙相对并步站立。（2）乙右脚向前上步，同时以右拳打向甲胸部。甲左脚后撤一步，抬起右手掤接乙右手腕外侧，左手向前按乙右肘外侧，顺势向右后捋採，同时甲提左脚向乙右膝蹬踹。

2. 抹眉法

动作一：左脚外摆 45°，提右脚向前上步，脚跟着地，蹬左腿重心快速前移成右弓步，同时右掌前推，左肘向后顶击。目视右前方（图 8-1-10、图 8-1-11、图 8-1-12）。

要点：力达掌心向前推出。

图 8-1-10

图 8-1-11

图 8-1-12

拆招：（1）甲乙相对并步站立。（2）乙向前进右脚，同时右拳向甲胸部击出。甲右脚撤步，身体微右转，左手抬起贴于乙右腕外侧，向内、向下採按乙右手，同时右手经腰间用掌推击乙面部。

3. 小红拳

动作一：右脚后撤至左脚内侧，同时双手向右侧捋出，与肩同高（图 8-1-13）。

动作二：提左脚向左侧横开一步，重心左移，同时左手顺缠向左斜前方掌心向上托出，右手逆缠于身体右侧，掌心向有，指尖向上。目视左斜前方（图 8-1-14、图 8-1-15、图 8-1-16）。

要点：上步右捋时，双手要协调一致。

图 8-1-13

图 8-1-14

图 8-1-15

图 8-1-16

拆招：（1）甲乙相对并步站立。（2）乙向前进右脚，同时右拳向甲胸部击出。甲右脚撤步，身体微右转，右手抬起抓握乙右腕逆缠后捋，左手虎口贴乙右肘外侧右捋，同时左脚上步落于乙右脚外侧，重心前移弓步，左肘屈肘上托乙右肘外侧，左肩靠击对方胸肋部，右手继续右捋。

4. 云手

动作一：重心右移，双手左顺右逆向右侧云手后，重心再左移，双手左逆右顺向左侧云手（图 8-1-17）。

动作二：重心右移，左手从腹前向右侧穿掌，右掌向右侧掤按，与肩同高，掌心向左，指尖向前。目视右掌（图 8-1-18）。

要点：右掌向右侧掤按，以腰为轴，动作连贯。

图 8-1-17

图 8-1-18

拆招：（1）甲乙相对并步站立。（2）乙上右步，右拳向甲面部打出。甲上左步，左手向前掤接乙右手腕外侧，随之重心前移成右弓步，同时右掌向前推击乙胸部。

5. 开合穿掌

动作一：左脚向右盖步，同时左手经右臂上方向右逆缠推出，右掌收于腰间。目视左前方（图 8-1-19）。

动作二：右脚向右侧开步，同时右手顺缠至右耳侧；重心右移成右偏马步，同时右掌下按，再变顺缠穿至右膝上方，左手收至右肘内侧。目视右手前方（图 8-1-20、图 8-1-21、图 8-1-22）。

要点：移重心前挤时，右手穿挑和塌腰松髋协调一致。

图 8-1-19

图 8-1-20

图 8-1-21

图 8-1-22

拆招：（1）甲乙相对并步站立。（2）乙上左步，左直拳向甲面部打出。甲上左步盖步，左手向前掤接乙右手腕外侧，随之上右步与乙左脚外侧向左下採捋，右臂向乙左腋下穿出，重心前移成右弓步，以右臂外侧和肩部靠击乙左胸肋部。

6. 斩手

动作一：左脚向右并步，左掌前按，提右膝，左掌心翻向上，右掌逆缠置于左耳旁。目视左手（图 8-1-23、图 8-1-24）。

动作二：左腿屈膝下蹲，右脚震脚发力，同时右掌下劈至右胯旁。目视右手（图 8-1-25）。

要点：震脚、劈掌发力连贯一致。

图 8-1-23　图 8-1-24　图 8-1-25

拆招：（1）甲乙相对并步站立。（2）甲上左步，左手推击乙胸部。乙上左步，以左手外採甲左腕。（3）甲顺势提右膝，同时右手上抬至右耳旁；随之右脚下落震脚，同时右掌向下劈击乙左肘关节处。

7. 翻花舞袖

动作：双手后捋，然后左脚蹬地跃起，身体右转，两脚依次落地；双手向左向上，再向下划弧下劈，右手劈至右胯旁，左手劈至胸前。目视左手前方（图 8-1-26、图 8-1-27、图 8-1-28、图 8-1-29）。

要点：跳转步与双手摆动下劈协调连贯。

图 8-1-26　图 8-1-27　图 8-1-28

图 8-1-29

拆招：（1）乙并步站立在甲后方。（2）乙上左步，出右拳击打甲后背。甲上左步右转身跃起，落地时用右手抓握乙右腕，左掌劈击乙右肘关节处。

8 左挤

动作：身体向右转，左脚回收再向前迈出，同时双手先顺缠内收再向前逆缠挤出。目视左手（图 8-1-30、图 8-1-31）。

背面　正面

图 8-1-30

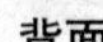

背面　正面

图 8-1-31

拆招：（1）甲乙相对并步站立。（2）乙上右步，冲右拳。甲上左步，右手掤接乙右腕，左手按于乙右肘部，向后捋采。（3）遭到甲捋采后，乙身体后撤。甲顺势重心前移逆缠翻掌推挤乙右小臂撞击乙胸部。

9. 当门炮

动作一：重心后移，两手变拳自下而上划弧回收至胸前。目视左前方（图 8-1-32、图 8-1-33）。

动作二：左脚向前活步，重心快速前移，双拳左前右后，拳心向下发力前击。目视前方（图 8-1-34）。

要点：双拳回收蓄劲要充分，碾脚转体发力，力达拳面。

背面　　正面

图 8-1-32

背面　　正面

图 8-1-33

背面　　正面

图 8-1-34

拆招：（1）甲乙相对并步站立。（2）乙上右步，冲右拳。甲上左步于乙右脚外侧，同时抬右手挪接乙右腕外侧，左手按于乙右肘部，向后下方捋採。（3）乙欲向后挣脱化解甲的捋採之势，甲顺势重心前移成左弓步，同时双手变拳逆缠向前发力击出。

10.蹬脚跃步

动作一：右脚前盖步，两拳划弧合于腹前，拳心向内，左外右内。目视前方（图 8-1-35）。

动作二：提左膝，同时双臂提至胸前相合。目视左前方（图 8-1-36）。

动作三：左脚向前蹬出，双拳向两侧鞭击，拳眼向上。目视左前方（图 8-1-37）。

动作四：收左脚提膝，左臂屈肘回收。目视左前方（图 8-1-38）。

动作五：左脚向右脚后侧下落，右脚蹬地后跃，两脚依次落地成左偏马步，同时双拳变掌下按于体前，左前有后，右手合于左肘内侧。目视左手前方（图 8-1-39、图 8-1-40、图 8-1-41）。

要点：分拳蹬腿要一致。向后跃步要轻灵。

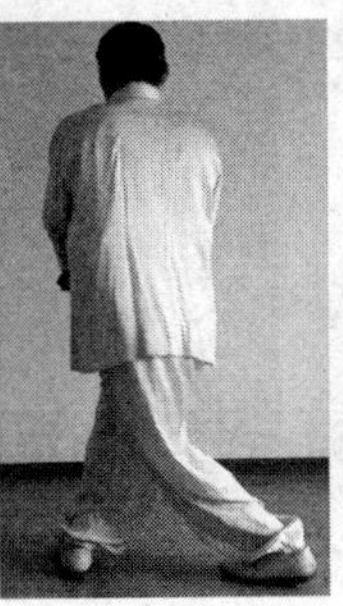

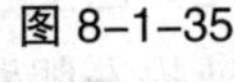

图 8-1-35

背面

正面

图 8-1-36

背面

正面

图 8-1-37

背面　　正面

图 8-1-38

图 8-1-39

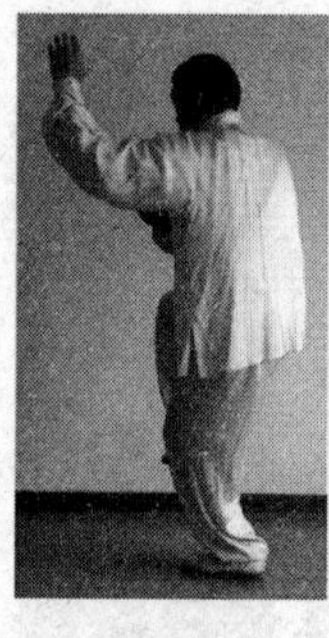

图 8-1-40

图 8-1-41

拆招：（1）甲乙相对并步站立。（2）乙上左步，冲左拳。甲向前盖右步向上翻拳砸击乙左腕外侧，随之迅速提左腿踹击乙左髋部位，使乙倒地，然后迅速后跃保持格斗势。

11. 转身顺拦肘

动作一：提左膝，掌变拳，左臂屈肘架于胸前，拳心向下，右臂自然下垂，拳心向后。目视前方（图 8-1-42）。

动作二：右脚蹬地跳起左转 90°，同时双臂划弧随体绕环。两脚依次落地后，双臂合于胸前，左上右下。目视前方（图 8-1-43、图 8-1-44）。

动作三：重心右移，两肘向两侧分击。目视前方（图 8-1-45）。

要点：双肘分击时，重心微下沉。

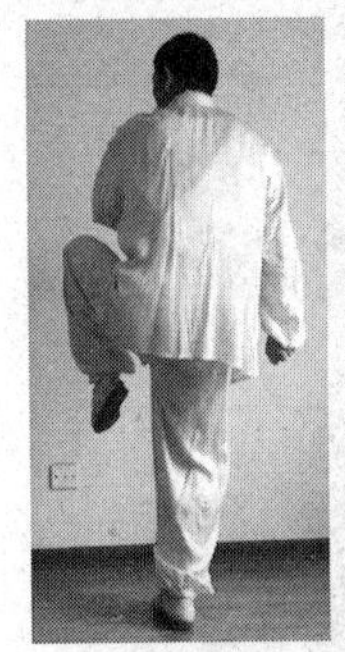

背面

正面

图 8-1-42

图 8-1-43

图 8-1-44

图 8-1-45

拆招：（1）乙并步站立于甲后面。（2）乙方左手进攻甲后脑部位。甲左跳转身以左臂砸压乙左臂，并顺缠缠绕乙左臂向后捋，同时右步快速进步于乙左腿后，并用右肘击打乙左胁部，使其重创。

12. 裹鞭炮

动作一：右脚盖步，同时两臂自上而下划弧合于腹前，左外右内，拳心向后。目视前下方（图 8-1-46）。

动作二：左脚向左横开步，重心左移下沉成马步，双拳自上而下划弧向身体两侧砸击（图 8-1-47、图 8-1-48、图 8-1-49）。

要点：两臂要有裹缠的劲力。

图 8-1-46

图 8-1-47

图 8-1-48

图 8-1-49

拆招：（1）乙并步站立于甲后面。（2）乙双手向前抱住甲腰部。甲开左步，左移重心，同时双拳顺缠拳心向上向外掤两臂，解脱乙的缠抱。

13. 十字手

动作一：重心左移，两拳变掌合于胸前，左上右下。目视左前方（图 8-1-50）。

动作二：身体右转，重心右移，右掌逆缠于有耳旁，掌心向外，左掌逆缠下按于左胯旁，掌心向下。目视前方（图 8-1-51）。

动作三：右脚回收于左脚内侧，同时双手逆缠合于胸前，左手在上。目视右前方（图 8-1-52）。

要点：动作要连贯协调。

图 8-1-50

图 8-1-51

图 8-1-52

拆招：架格对方的拳或掌。

14. 穿心肘

动作：开右步，两臂微左移；重心右移，右掌变拳，拳心向下，左掌抓握右腕，合力向右侧顶击右肘。目视右前方（图 8-1-53、图 8-1-54、图 8-1-55）。

要点：弓步顶肘要上下相随，快速有力。

图 8-1-53

图 8-1-54

图 8-1-55

拆招：（1）甲乙相对并步站立。（2）乙上左步，冲左拳。甲上左步，左手上掤乙左腕外侧，顺势逆缠翻腕抓握乙左腕，随之上右步，右肘顶击乙左肋部位。

15. 单峰贯耳

动作一：右脚回收，右拳收抱腰间，拳心向上，左掌自然向左摆出。目视前方（图 8-1-56）。

动作二：右脚上步，重心前移成弓步，右拳向左贯出，左掌置于右腋前。目视右手（图 8-1-57、图 8-1-58）。

要点：前移重心与贯拳协调一致。

图 8-1-56

图 8-1-57

图 8-1-58

拆招：（1）甲乙相对并步站立。（2）乙上左步，冲右拳。甲退左步，左掌由外向内、向下拍按乙右拳，随之右步向前活步，右贯拳击打乙头部。

16. 转身大捋

动作一：左脚向前上步扣步，右拳变掌上架，左掌向前穿出，掌心向上。目视前方（图 8-1-59）。

动作二：右脚向左脚后方插步，身体快速右转，两手向左向右大捋。目视左手前方（图 8-1-60、图 8-1-61）。

要点：转身要轻灵自然，上下相随。

图 8-1-59

图 8-1-60

图 8-1-61

拆招：（1）甲乙相对并步站立。（2）乙上左步，冲右拳。甲微左闪身上左步内扣，右手上掤乙右腕外侧，顺势逆缠翻腕抓握乙右腕，左手推托乙右肩部，随之快速右转身，退右步，两手合力向前下捋採乙右臂，使乙向前栽倒。

17. 再收

动作：重心后移，左脚向前活步，同时两手微后捋。目视左手（图 8-1-62）。

图 8-1-62

拆招：下沉肩肘，化解对方的拳掌砍击。

18. 翻花舞袖

动作一：双手后捋，提左膝。目视前方（图 8-1-63）。

动作一：右脚蹬地跳起左转，同时双手划弧向后向上摆出，左脚、右脚依次落地，双手向前向下右前左后劈掌。目视右手前方（图 8-1-64、图 8-1-65）。

图 8-1-63

图 8-1-64

图 8-1-65

拆招：跳转身，以掌劈击身后袭击者。

19. 抱头推山

动作一：身体左转，重心后移，双手向身体两侧分开，再收于两耳旁，并向前活步。目视前方（图 8-1-66）。

动作二：身体右转，重心前移成右弓步，同时双手向前推按。目视前方（图 8-1-67）。

要点：移重心与沉肘推按协调一致。

图 8-1-66

图 8-1-67

拆招：（1）甲乙相对并步站立。（2）乙上右步，双掌推按甲胸部。甲上右步，双臂上抬下沉后向前双掌推击乙胸部。

20. 双震脚

动作一：重心微前移，两手外撑，翻掌向上，下落上捧。目视前方（图 8-1-68、图 8-1-69）。

动作二：重心后移，右脚回收成右虚步，双手顺缠合于胸前，掌心向上，左手置于右肘内侧。目视前方（图 8-1-70）。

动作三：屈膝下沉，同时双手逆缠下按，掌心向下。目视前下方（图 8-1-71）。

动作四：右膝上提，左脚蹬地上跃，同时两手顺缠上托。眼看右手（图 8-1-72）。

动作五：左右脚依次落地，同时双手逆缠下按。目视前下方（图 8-1-73）。

要点：腾空托掌与落脚按掌相一致。

图 8-1-68　图 8-1-69　图 8-1-70

图 8-1-71　图 8-1-72　图 8-1-73

拆招：（1）甲乙相对并步站立。（2）乙上左步，双撞拳击打甲胸部。甲提右膝，双臂上抬化解乙双撞拳，随之向前震脚踩塌乙左脚，同时双掌下劈乙头面部。

21. 雀地龙

动作一：右脚内扣，身体左转，两掌变拳，右拳向下、向上顺缠上撩，两臂合于胸前，左上右下，左拳心向下，右拳心向上。提左膝，左拳上冲。目视右拳（图 8-1-74、图 8-1-75、图 8-1-76）。

动作二：左脚向右脚后方插步，身体左转下蹲成仆步，左拳穿于右腿内侧，拳心向上，右拳顺缠于右上方，略高于头，拳心向上。目视左拳（图 8-1-77、图 8-1-78）。

动作三：重心前移成左弓步，左拳上撩，拳心向上，略高于肩，右拳下沉于髋上方，拳心向上。目视左拳前方（图 8-1-79）。

要点：弓步前靠，力达左臂。

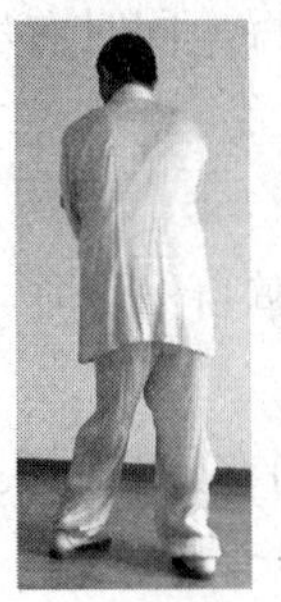
图 8-1-74

图 8-1-75

图 8-1-76

图 8-1-77

图 8-1-78

图 8-1-79

拆招：（1）甲乙相对并步站立。（2）乙上左步，冲右拳。甲上右步，右手掤接乙右腕内侧上架向左引採，右手握拳向前击打乙腹部或裆部。

22. 转身顺拦肘

动作一：重心后移，提左膝，架左臂，左拳心向下，右拳自然下垂，拳心向后。目视前方（图 8-1-80）。

动作二：右脚蹬地跃起，身体左转 90°，同时左手向上向左，右手向下向右划弧，随转体落地，开右步，双手合于胸前，左上右下。目视前方（图 8-1-81、图 8-1-82）。

动作三：向右移重心，身体下沉，两肘向外分击。目视前方（图 8-1-83）。

要点：肘击应与松腰沉胯协调一致。

图 8-1-80

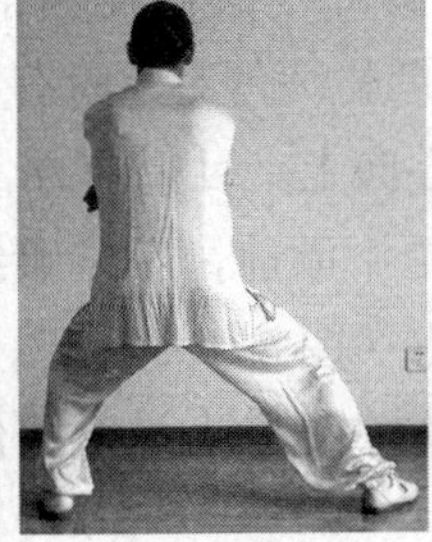
图 8-1-81

图 8-1-82

图 8-1-83

拆招：（1）乙并步站立于甲后面。（2）乙方左手进攻甲后脑部位。甲左跳转身以左臂砸压乙左臂，并顺缠缠绕乙左臂向后捋，同时右步快速进步于乙左腿后，并用右肘击打乙左肋部，使其重创。

23. 前肩靠

动作一：右脚后撤，身体右转，右拳变掌上架，左掌自然下垂。目视前方（图 8-1-84）。

动作二：上右步，左掌顺缠上架，掌心向内，指尖向右，与额头同高，右掌顺缠向下，掌心向前，指尖向下。目视右前方（图 8-1-85）。

动作三：重心快速右移，右掌旋转掌心向后，右肩向前靠击。目视右前方（图 8-1-86）。

要点：转腰灵活快捷，靠击充分。

图 8-1-84

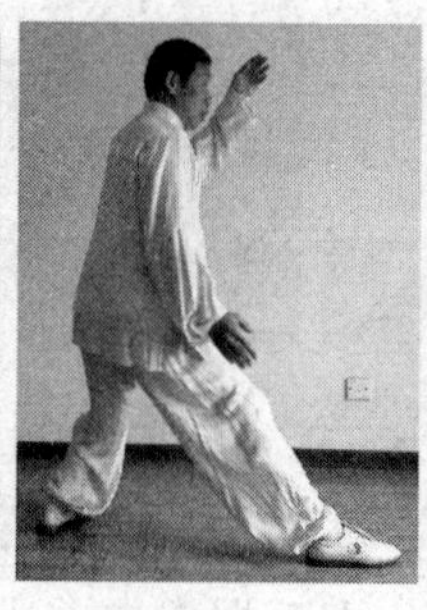
图 8-1-85

图 8-1-86

拆招：（1）甲乙相对并步站立。（2）乙上右步，冲右拳。甲右脚点地，右手掤接乙右腕内侧上架后，向右下引採拿，同时用右肩内侧靠击乙方。

24. 捣碓收势

动作一：左脚内扣，右脚后退，前脚掌点地，两手划弧交叉于体前，左上右下，左手掌心向下，右手掌心向上。目视左前方（图 8-1-87）。

动作二：移重心成右弓步，右掌逆缠上架于额头上方，左掌下按于左胯旁。目视左斜后方（图 8-1-88、图 8-1-89）。

动作三：重心左移，右脚经左脚内侧向前点地成右虚步，同时右手向后、向下向前顺缠，左手向左、向上、向右，两臂合于胸前，左手掌心向下置于右小臂上，右手掌心向上。目视前方（图 8-1-90、图 8-1-91）。

动作四：右掌变拳上举至下颌前，左掌顺缠落于腹前；右拳上提后下落于腹前左掌心内。目视前方（图 8-1-92、图 8-1-93）。

动作五：提右膝，同时右掌变拳上举至下颌前，左掌置于腹前。目视右拳前方（图 8-1-94）。

动作六：左腿屈膝下沉，右脚下落震脚，两脚距离与肩同宽，同时右拳拳背下砸落于左掌心内。目视前方（图 8-1-95）。

动作七：右拳变掌与左掌逆缠掌心向下十字上托于胸前，两手分开缓缓下落自然置于大腿两侧。然后双腿自然直立。目视前方（图 8-1-96、图 8-1-97、图 8-1-98、图 8-1-99）。

动作八：左脚向右脚并拢。目视前方（图 8-1-100）。

要点：震脚、砸拳、沉气同时完成。

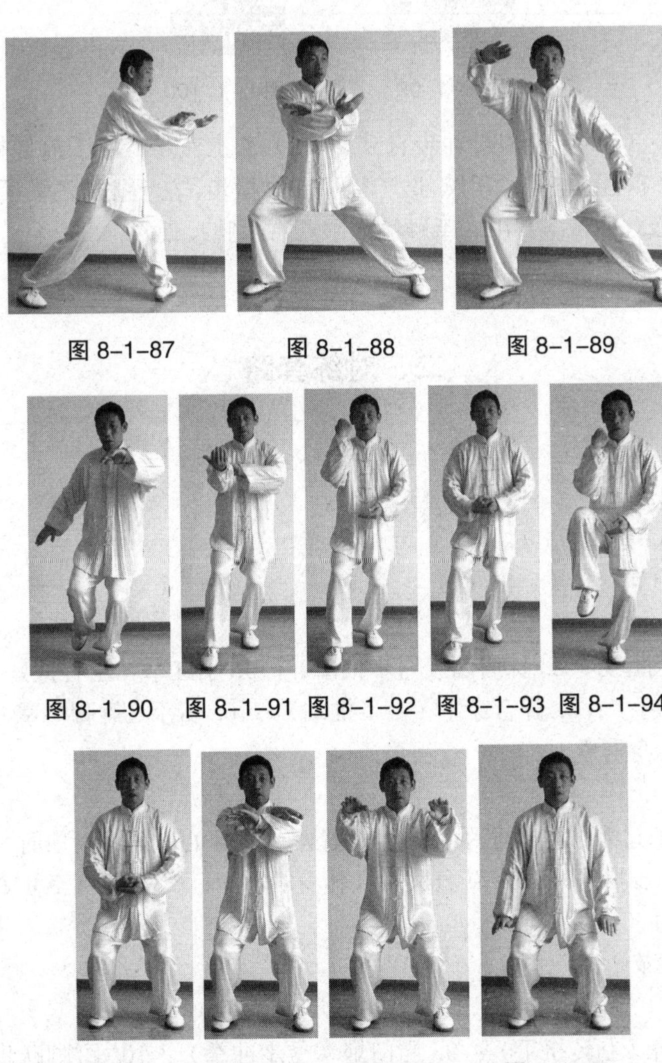

图 8-1-87　图 8-1-88　图 8-1-89

图 8-1-90　图 8-1-91　图 8-1-92　图 8-1-93　图 8-1-94

图 8-1-95　图 8-1-96　图 8-1-97　图 8-1-98

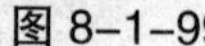

图 8-1-99

图 8-1-100

拆招：（1）甲乙相对并步直立。（2）乙上左步，右手前伸抓握甲右手腕，甲右手上抬格挡乙手腕部。(3)甲右脚撤步，左手按压乙右手背上侧，随势缠住乙右手腕；并用右手顺缠擒拿乙右手腕尺骨穴。

二、对练套路

（一）动作名称

预备式：并步站立

第一小节

甲方

1. 金刚起势；2. 抹眉法（弓步推掌）；3. 小红拳（左右捋）；4. 云手（右转捋手）；5. 开合穿掌（上步推掌）；6. 斩手（震脚劈掌）；7. 翻花舞袖（转身劈掌）。

乙方

1. 金刚起势；2. 十字手（虚步合臂）；3. 穿心肘（跟步顶肘）；4. 单峰贯耳（马步掼拳）；5. 转身大捋（转身右将）；6. 再收（活步右捋）；7. 翻花舞袖（转身劈掌）。

第二小节

甲方

8. 左挤（左转挤手）；9. 当门炮（弓步冲拳）；10. 蹬脚跃步（盖步蹬腿）；11. 转身顺拦肘（马步分肘）；12. 裹鞭炮（马步分拳）；13. 捣碓收势。

乙方

8. 抱头推山（弓步推掌）；9. 双震脚（震脚按掌）；10. 雀地龙（弓步前靠）；11. 转身顺拦肘（马步分肘）；12. 前肩靠（弓步肘靠）；13. 捣碓收势。

（二）动作要领及图解

预备式：甲乙并步站立（图 8-2-1）。

要点：头正身直，目视前方。

图 8-2-1

1. 甲乙金刚起势

动作一：甲后退一步，乙向后转身（图 8-2-2）。

动作二：甲乙左脚开步，与肩同宽，重心位于两脚之间，自然站立。目视前方（图 8-2-3）。

动作三：甲乙双手拇指领劲逆缠向前、向上抬起，与肩同宽同高，掌心相对，指尖向前。目视前方（图 8-2-4）。

动作四：甲乙屈膝下蹲，同时双手翻掌使掌心向下，屈肘下按于腹前，掌指向前。目视前方（图 8-2-5）。

动作五：甲乙双手左逆右顺缠向左前上方掤出，掌心斜向左，与肩同高，重心微右移。目视左前方（图 8-2-6）。

动作六：甲乙身体右转，松腰沉胯，提左脚，脚尖自然下垂，同时右手逆缠、左手顺缠向右斜前方掤出。目视左前方（图 8-2-7）。

动作七：甲乙左脚以脚跟内侧贴地向左前方擦出，同时两手向右斜前方推按。目视对方（图 8-2-8）。

要点：甲乙逆缠起手，按掌后，双掌先向左前上方掤出，再转换向右斜前方掤出，转换时要圆活自然。

图 8-2-2

图 8-2-3

图 8-2-4

图 8-2-5

图 8-2-6

图 8-2-7

图 8-2-8

2. 甲抹眉红，乙十字手

动作：甲左脚外摆，身体左转，重心左移，提右脚，同时右手顺缠收至腰间，掌心向上，左手逆缠至左胯前；上右步成右弓步，同时向乙胸面部推出右掌，左肘配合后击。身体左转，乙左脚外摆 45°，重心前移成左弓步，同时双手十字交叉向前掤接对方右手腕。甲乙目视对方（图 8-2-9）。

要点：甲推按掌时，力由腰发，力达掌心。乙顺对方劲力方向微上掤对方腕关节。

图 8-2-9

3. 乙穿心肘，甲小红拳

动作一：乙上右步，落至甲右腿内侧，脚跟着地，随之重心前移成右弓步，同时左手逆缠抓握甲右腕，向左引採，右臂屈肘顶击甲右胸部。甲重心微后移，左手推按乙右肘外侧，右手微上掤（图 8-2-10）。

动作二：甲身体右转，右脚回收，右手下落抓握乙右腕逆缠后捋，左手虎口贴乙右肘外侧右捋，同时左脚上步落于乙右脚外侧，重心前移弓步，左肘屈肘上托乙右肘外侧，左肩靠击对方胸肋部，右手自然伸展。乙步法不变，右手随甲势向前自然伸展，左手向左划弧至左前方，掌心向外，掌指斜向上。甲乙互相目视对方（图 8-2-11、图 8-2-12、图 8-2-13）。

要点：乙左手採劲与右肘顶击要成对拉劲，甲转身时托肘时採捋与外旋手腕相结合，使乙的胳膊向外拧转伸直，掌心向上，肩靠时应有弹抖劲。

图 8-2-10　图 8-2-11

图 8-2-12　图 8-2-13

4. 乙单峰贯耳，甲云手

动作一：乙重心左移，右臂顺缠向下松沉，然后重心前移，成弓右步，同时右拳逆缠向前击打甲头部。甲随乙转动，左手绕至乙右小臂内侧，逆缠顺乙劲向左捋至乙右腕内侧，右手下按于腹前（图 8-2-14）。

动作二：甲左手顺缠，向下按乙腕至腹前，右手逆缠向前转至乙右大臂内下侧，屈肘向右採。乙身体下沉，右手下按至腹前（图 8-2-15、图 8-2-16）。

动作三：甲身体右转，重心后移，双手向右捋採乙右臂。乙成右弓步，右手随甲採捋之势转动，随之向前挤靠。甲乙互视对方（图 8-2-17）。

要点：乙单峰贯耳右臂要灵活转动。甲要顺乙势缠绕乙手臂进行採捋。

图 8-2-14

图 8-2-15

图 8-2-16

图 8-2-17

5. 乙转身大捋，甲开合穿掌

动作一：乙左脚向前上步，右臂保持挤靠，左手下按至左胯前。甲身体右转，步法不变，右手继续右採，左手按于乙右肩后下侧（图 8-2-18）。

动作二：乙身体右转，右脚向左脚后侧插步，重心移至左腿，提右膝，同时右手逆缠採握甲右手腕，左手转至甲右肘外侧（图 8-2-19）。

动作三：乙右脚撤步，身体右转，右手搭于甲右腕处，左手按于甲右肘处向右捋採。甲右脚上步落于乙左脚内侧，重心前移弓步下沉，右掌顺缠向前穿靠，左手向前按于右臂内侧与乙左手搭腕，掤接乙左手（图 8-2-20）。

要点：乙顺缠下捋时，甲顺缠向前挤靠。

图 8-2-18

图 8-2-19

图 8-2-20

6. 甲斩手，乙再收

动作一：甲步法不变，右手逆缠前挤至乙腹前，左手顺缠向下缠转。乙身法不变，左手顺缠随甲转动，右手下按（图 8-2-21）。

动作二：甲左脚向前跟步后身体右转，提右膝，脚尖自然勾起，右手逆缠屈臂向上转至右耳侧，左手继续拧转乙左手腕。乙身法不变，，左手继续顺缠随甲转动，右手转至左肩前。甲乙互视对方（图 8-2-22）。

动作三：甲身体左转，右脚下落震脚，随之屈膝下蹲，右手以小指一侧为力点击打乙左肘关节（图 8-2-23）。乙身法不变，左脚向前活步，身体下沉，左手顺缠沉肘，右手顺缠向前掤接甲左手。

要点：当甲斩劈乙左臂时，乙左臂迅速内旋顺缠沉化。

图 8-2-21

图 8-2-22

图 8-2-23

7. 甲乙翻花舞袖

动作：甲乙同时腾空跳转，乙左手逆缠，反拿甲左腕，右手顺缠，劈按甲左肘上侧。甲乙转身落地，屈膝成马步，乙右脚落于甲左脚外侧，甲随下落之势松肩沉肘，化解乙劈按之力，右手前伸掤接乙右手（图 8-2-24、图 8-2-25）。

要点：双方跃起时，乙随跃转之势下劈，甲随下落之势，引化乙的劈掌。

图 8-2-24

图 8-2-25

8. 甲左挤，乙抱头推山

动作：甲身体右转，左手屈臂前掤，右手顺缠前挤乙腹部，乙身体微右转，右手向前推按甲右手腕，左手向前按在甲右肘上侧，两手向前推按（图 8-2-26、图 8-2-27）。

要点：甲前挤时掌背用力，乙推按时要松肩沉肘。

图 8-2-26

9. 甲当门炮，乙双震脚

动作一：甲步法不变，左手向左转出，向上转至乙右臂外侧，屈肘顺缠，右手拿握乙右手腕。乙身体微左转，重心前移，左腿弓膝塌劲，右手顺缠向前挤靠，左手转至右臂内侧（图 8-2-27）。

动作二：甲身体微左转，重心快速前移，左腿弓膝塌劲，同时双拳逆缠发力。乙随甲势向后跃出，两脚依次落地，化解甲劲力（图 8-2-28、图 8-2-29）。

要点：甲双拳逆缠发力，乙顺势向后跃出。

图 8-2-27

图 8-2-28

图 8-2-29

10. 甲蹬脚跃步，乙雀地龙

动作一：甲右脚向前盖步，同时两拳向外、向下、向内、向上交叉合于胸前。乙身法步法不变，双手右前左后前按（图 8-2-30）。

动作二：甲左脚屈膝上提向乙蹬出，两拳随蹬腿向两侧分击；乙身体左转，左手向左逆缠伸展，掌心向后，指尖向前，右手顺缠，向左挂捋甲左腿（图 8-2-31）。

动作三：乙身体右转 180°，左脚撤步，两手握拳，左拳向下、向左伸出，与肩同高，右拳向右伸展。屈膝前弓，以左肩靠击甲左腿胯部位。甲随乙靠击之劲力，顺势向后跃出，两脚依次落地，两手顺时针划弧摆转至左斜前方（图 8-2-32、图 8-2-33、图 8-2-34）。

要点：甲上步蹬腿，乙转身穿靠时，背部紧贴甲腿胯处。

图 8-2-30

图 8-2-31

图 8-2-32

图 8-2-33

图 8-2-34

11. 甲乙转身顺拦肘

动作一：甲乙同时重心移至右腿，左腿提膝，双手变拳，向下缠转至腹前（图 8-2-35）。

动作二：甲乙同时右脚蹬地跳起，同时左拳逆缠向右、向上、向左下划弧抡臂至身体左侧，右拳向右、向上划弧至头上方（图 8-2-36）。

动作三：甲乙同时身体左转，两脚依次落地，两拳交叉合于体前，右臂在外，左臂在内。右腿屈膝前弓，两拳逆缠，右背部部互相靠击对方（图 8-2-37）。

要点：甲乙先抡臂，后跃步。同时靠击对方。

图 8-2-35

图 8-2-36

图 8-2-37

12. 乙前肩靠，甲裹鞭炮

动作一：甲乙重心后移，右脚撤步，前脚掌点地，同时双拳变掌，互以右掌前掤，左手向后下按掌，掌心向下（图 8-2-38）。

动作二：甲乙右脚上步。乙右手逆缠，抓握甲右手腕向右下方捋採。甲乙两腿屈膝前弓（图 8-2-39）。

动作三：乙身体右转，右肩发力向前靠击甲右肩。甲顺势向后跃出，下落成马步，同时双手变拳，向左右分展（图 8-2-40、图 8-2-41）。

图 8-2-38

图 8-2-39

图 8-2-40

图 8-2-41

13. 甲乙捣碓收势

动作一：甲右脚后撤，左脚内扣，右脚后退，前脚掌点地，两手划弧交叉于体前，左上右下，左手掌心向下，右手掌心向上。乙右脚上步，前脚掌点地，两手划弧交叉于体前，左上右下，左手掌心向下，右手掌心向上（图 8-2-42）。

动作二：接上一动作，甲乙重心右移成右弓步，同时右掌逆缠上架于额头上方，左掌下按于左胯旁。目视前方（图 8-2-43）。

动作三：甲乙重心左移，右脚经左脚内侧向前点地成右虚步，同时右手向后、向下向前顺缠，左手向左、向上、向右，两臂合于胸前，左手掌心向下置于右小臂上，右手掌心向上。目视前方（图 8-2-44、图 8-2-45）。

动作四：甲乙同时右掌变拳上举至下颌前，左掌顺缠落于腹前；右拳下落，拳背轻轻下砸落于左掌心内。目视右拳前方（图 8-2-46）。

动作五：甲乙提右膝，同时右掌变拳上举至下颌前，左掌仍置于腹前。目视右拳前方（图 8-2-47）。

动作六：甲乙左腿屈膝下沉，右脚下落震脚，两脚距离与肩同宽，同时右拳拳背下砸落于左掌心内。目视前方（图 8-2-48）。

动作七：甲乙右拳变掌与左掌逆缠掌心向下十字上托于胸前，同时双腿自然直立。目视前方（图 8-2-49）。

动作八：甲乙两手分开，然后下落自然置于大腿两侧。目视前方（图 8-2-50、图 8-2-51）。

动作九：甲乙左脚向右脚并拢。目视前方（图 8-2-52）。

要点：震脚、砸拳、沉气同时完成。

图 8-2-42

图 8-2-43

图 8-2-44

图 8-2-45

图 8-2-46

图 8-2-47

图 8-2-48

图 8-2-49

图 8-2-50

图 8-2-51

图 8-2-52

第九章　太极拳在散手中的应用

一、前言

太极拳和散手在我国有着悠久的历史，具有浓郁的民族色彩，是我国独具特色的体育项目。太极拳要求“外动内静”“动中求静”；技击上讲究“以静制动”“以柔克刚”，尤其是太极推手不仅有养生保健功能，而且具有极强的技击实用性。散打在促进人的机体、机能和各方面素质得到全面发展的同时，能培养人的勇敢、果断、顽强、敢打敢拼的意志品质。所以一直是深受人们喜爱的两种不同风格的对抗性武术项目。

目前，散手运动已列入洲际和世界性的比赛，散打王比赛、中美散打对抗赛、国际散打锦标赛、河南的武林风等充分显示了中华武术的独特技艺。散手运动不仅能提高人们攻防格斗技能和力量、速度、灵活、耐力、柔韧、反应等身体素质，而且还能培养人们机智勇敢，顽强拼搏，沉着冷静的心理素质。但是，散手运动训练单调，技击内容不够充实，技巧性不够完美等；而且在实战中，很大程度上是较力斗勇，奇招妙技匮乏，让观众看了总觉得不尽如人意，感到美中不足，未能把博大精深的中华武术表现出来。因此本人根据多年的习武心得、教学经验，与许多陈式太极拳高手切磋，并通过与河南大学和河南省公安专科学校的几位知名散打教练对散手技术动作分析和多方面印证，又经过本人认真细致的研究后，认为若把太极拳及推手练习应用于散手训练和实战中，将会大大提高散手运动员的技战术水平。

二、太极拳运动和散手运动的特点

（一）太极拳运动的规律和技击特点

太极拳构思奇特，内蕴丰富，具有技击和健身的双重作用。其规律是：

大脑支配下的意气运动；身肢放长的弹性运动；顺逆缠丝的螺旋运动；立身中正、上下相随的虚实运动；腰脊带头，内外相合的节节贯串运动；相连不断、滔滔不绝的一气呵成运动；刚柔相济、快慢相间运动。技击特点为八法十三势：即掤、捋、挤、按，采、挒、肘、靠；进、退、顾、盼、定。太极推手训练是太极拳运动的重要环节，在推手中，首先训练听劲，即人体的耳听、眼观及周身肌肤的触觉能力，进一步达到懂劲，懂劲是太极拳推手中的关键，就是在运动中及时准确地辨别出对方劲力的虚实、刚柔、快慢、长短、缓急、方向、曲直、大小、落点及其他可能的变化，并且能够把握好节奏、时机，运用八发十三势，引、化、拿、发，克敌制胜。

（二）散手运动的特点

散手运动以踢、打、摔、拿为技击内容，是一项互以对方技击动作为转移的斗智、斗勇、比力量、比反应、比技术的对抗性极强的竞赛项目。具有广泛的适应性；攻防技击的实用性；激烈的对抗性；技术动作的经济性、保理性，运用技能的技巧性和实施攻击的随机性。以远踢、近打、贴身摔，攻击技能的稳、准、狠、快为特色的比赛吸引着广大的武术爱好者，成为当代竞技运动的一朵奇葩。

三、太极拳练习在散手运动中的作用

（一）提高拳腿的爆发力

散手运动在训练和实战中，对拳腿的要求是：速度快、力量重、力点准、预兆小、方法巧。出拳时要求蹬地、拧腰、转体，通过肩臂传至拳面。太极拳注重气沉丹田、中正圆满、轻灵沉着、浑厚庄重和松、活、弹、抖和刚柔相济的锻炼。在练习中突出意念；达到周身相合，既内外三合：“手与足合、肘与膝合、肩与胯合”“心与意合、意与气合、气与力合”。发力动作要求心到意到、意到气到、气到力到，瞬间松胯、蹬地、拧腰转体，出拳如离膛之子弹，有极强的穿透威力。如 1996 年的国际太极拳年会的推手比赛中，陈式太极拳嫡系传人陈炳一个连珠炮打得对手腾空跌下擂台。长期训练获得的深厚内气和松沉的动作可提高出拳的速度、力量；同时轻灵的身肢可使拳像弹簧一样快出快收，从而减少预兆。

下肢是支撑身体的根基和劲力发动的根源。太极拳通过立身中正、松胯、屈膝、圆裆等练习，可以增长腿部力量；通过身法的自然松沉，可以提高步法的平衡与稳固性；通过以腰为轴，松胯调整身法进行虚实变化，旋踝转膝、旋腰转脊等螺旋缠丝运动，可以提高髋关节和腿部的柔韧性、灵活性及整体的协调性。在散打训练和实战中所有腿法都要求快速有力、快出快收，以上这些身体素质正是散手腿法技术所必备的。实践证明陈式太极拳练习能大大提高运动员腿部的屈伸速度和力度。另外，以腰脊为主宰，周身节节贯穿，一动无有不动的练习是训练人体发力完整的最好方法；行家们说“力由腰发多根基，贯入两肋四肢躯，发到手足成一点，丹田叫力山也移。”我们知道一个动作靠局部力量是有限的，必须周身协调一致，使意、气、力三者合一，力量才能够完整，速度才能够快。因此，在散打训练中糅合陈式太极拳练习对提高腿部技术有重要意义。

（二）提高摔和反摔的能力

散手的摔法是根据对手站立的姿势、距离、远近在规则限定的时间内快速将对方摔倒。既有主动进攻的摔法，也有被动反攻的摔法，既有远距离踢打中接抱对方上、下肢的摔法，又有近距离搂抱的贴身摔法。太极推手在技击方面有很多跌法与散手摔法有相似之处。纵观散手比赛，特别是高水平的比赛，运动员缠抱在一起的次数非常多，而能够有效地摔倒对方的机会非常少，通过太极推手训练获得的听劲、懂劲功夫可以大大提高摔倒对方的成功率。这样，通过太极推手训练提高了散手摔和反摔的能力。

太极拳在技击上特别讲究以柔克刚、以静制动等技巧。长期的放松下沉练习，可以起到稳固根基，充实内气的作用；螺旋缠绕练习则使周身圆转自如，“一羽不能加，蝇虫不能落”； 特别是意识反应及皮肤触觉十分灵敏。这样，在实战中，运动出于自然、鼓舞生于不觉；贴身缠抱时，能够及时察觉到对方劲力的方向和大小，运用松胯转腰的身法，轻柔圆活的运化方法使对方失去平衡，凌空失重而跌倒，达到沾衣十八跌的效果。踢打时能迅速化解或接抱对方上、下肢，灵活多样的运用“ 掤、捋、挤、按、采、列、肘、靠”的技击法，结合灵活的步法，四两拨千斤，借力摔打对方。

（三）丰富散打技能训练和实战内容

在散打训练中，除了拳、腿摔的练习外；还可以加入太极拳套路锻炼；单式发力练习；如陈式太极拳老架、新架一路二路练习和掩手肱拳、护心捶、全炮捶、连珠炮、蹬一根、玉女穿梭等单式练习。把推手技击法糅合到散打摔法中练习，用以提高运动员的摔打能力。长期的太极拳练习可提高大脑神经活动过程的灵活性，既神经传导的起止速度和兴奋与抑制转换的快慢，从而提高注意力的稳定性，在散手运动的实战中，可以更加深入、清晰地观察到对手的技战术思维和意识，做到知己知彼，百战不殆。运用太极拳功夫和一些技击法，沾、粘、连、随，得机得势，舍己从人，化打结合，以巧妙的借力发力，以柔克刚，以静制动，“引进落空合击出”弹抖一震，以迅雷不及掩耳之势将对方腾空掷出，可以使比赛更精彩、激烈、更富有观赏性。例如：对方用组合拳腿进攻时，我可以用运手或走化对方拳腿的力量，即引进落空，并顺势履采其臂或腿，使其前扑跌倒，或者惊弹对方，再发回力，运用得巧妙，可使对方腾空掷出。

（四）提高运动员心理素质

良好的心理素质，在散手训练和比赛中十分重要。它既能提高运动员的训练水平，又能克服赛前的心理困难和情绪障碍，提高他们临场应变能力。太极拳经过长期训练，可以使人体经常处于一种放松、灵活、处惊不变的状态；进而调节了人体植物神经系统的机能，使肌肉和精神都得到放松和锻炼。在技能学习和训练中，用意不用力；可使运动员随时感觉到自己的动作协调程度、路线、方向、力量大小等；这样就有利于技能的掌握。自然放松状态的训练，既能检查动作的正确性，又能培根固源充实内气，挖掘人体潜能，使整体爆发力更强大。在比赛中，由于这种意念的放松可以使人体处于自然舒适和兴奋状态，也就是说使运动员处于最佳的临战精神状态；从而克服了一切不利实战的心理障碍，大大提高了技战术水平的发挥。

四、结论

陈式太极拳及推手训练可以全方位的提高运动员的反应能力和整体协调能力，拳腿的速度和爆发力，丰富技术，激发斗志，振奋情绪，而这些正是散打比赛中取胜的主要因素。我写这篇文章旨在抛砖引玉，使更多的武术工作者从众多的武术种类中开发出散手训练和技击方法，使我国的武术散打事业更上一层楼。同时，建议广大的教练员和散手练习者，特别是高水平的运动员学习并认真练习陈式太极拳及其推手，用以培根固源，增强抗击打能力，提高整体实力；在今后的比赛中取得更好的成绩。

散手技术篇

第一章 中国散打概论

中华武术，源远流长，博大精深，是中华民族在长期的斗争与实践中积累起来的一项宝贵文化遗产。它内容丰富，形式多样。散手是武术的重要组成部分，更是武术的精华。它以踢、打、摔、拿为技击内容，以躲闪、格挡为防守技术，是一项互以对方技术动作为转移的斗智、斗勇、较技的对抗性竞赛项目；是中华武术的重要组成部分。其紧张、激烈、实用等特点博得了人们的喜爱，目前已成为国际性比赛项目。散打王、武林风、武林大会、中美拳王争霸赛等比赛，充分展示了我国武术的风采。

在武术界“散打”和“散手”是通用的词汇。这种用法是否科学合理，顾及的人并不多，在这里我们需要做个简单的回顾。在散打比赛刚刚试行的 20 世纪 70 年代末，就有人首先提出了用“散打”、“散手”哪个词更准确的问题。经过一番讨论并没有取得一致的意见，因而两个词混用的现象就长期存在下来，直至今天。

为什么我们称为“散打”，而不是“散手”呢？这主要基于两种考虑，首先概念是不断发展变化的。古代有关“散打”的代名词颇多，古代有相搏、手搏、卞、弁、手战、白打等；近代有散招、散着、拆手、拆招、招数等；现代只有散打和散手两种叫法。应该说“散手”是传统意义上的沿革，自然而然，合乎情理，而“散打”更符合现代人们的语言表达方式、文字记忆、媒体报道的基本要求，同时更能全面反映事物的本质属性。即“散”字，代表了散手、散着、招数等意思，“打”字则表示了运用这些方法进行格斗较量的性质和用途。所以，现代使用“散打”一词更准确。其次散打发展需要有统一的国际称呼。在武术走向世界、走向奥运的今天，一切必须规范化。1988 年“武术”（Wu-shu）一词率先成为国际奥林匹克运动会的法定用语，从此结束了与世界上流行的“功夫”（Kung-fu）一词混用的现象，并确立了武术在国际奥林匹克运动会的正确地位。“散打”一词亦如此。

散打是相对于套路而言的。1988 年全国武术专题研讨会上，正式提出了“散打与套路是结合，还是分离”的问题，经过实验论证和研讨，多数学者认为，“打练分离”是一种必然趋势，是学科高度综合与分化的结果。分离后的散打迅速走上“快车道”，经过二十多年不断的摸索、改造，逐渐形成了完备的教学、训练、竞赛、科研、管理体系，并成功地推出了“散打王”品牌。目前，散打已经成为国内外广大青少年喜爱的运动项目之一，它的鲜明特点是好学、好记、好练、好用、好看。

根据我们的预测，当前乃至今后一段相当长的时期，散打活动及竞赛将更加火爆，直接或间接参与这项运动的人数会越来越多。其发展方向有四个方面：

一是业余选手的比赛活动。戴护具，保安全，守规则，众多的普及活动。

二是专业队的比赛活动。去护具，按规则，重技法，争锦标的提高活动。

三是“散打王”、“武林风”、“康龙武林大会”等比赛活动。以商业运作为主体的竞赛活动，中国散打与国外各种武技的对抗将在这个擂台上层开，通过散打与拳击、泰拳、跆拳道、空手道的对抗确立了中国武术的霸主地位。

四是公安必备的技能。特警、特工、防暴警、警校等必备的技能，没有规则，专打要害部位，讲究一招制敌，追求实用性。

散打的发展前景是美好的，基础教学和训练是十分重要的。

一、散手运动发展简史

散打是中华武术的精华，属武术运动中的对抗性项目，也有人习惯于把它称为散手，是对抗双方运用攻防格斗技能战胜对手的一项具有浓郁民族特色的搏击运动，是具有独特民族风格的体育项目。多年来在民间流传发展，深受人民喜爱。散打起源与发展，是和中华民族悠久历史同步的。它从先辈的生产劳动，生存斗争缘起，但又服务于此，演化至今成为华夏民族灿烂文化遗产中的瑰宝。原始社会人类为了争取自下而上、猎取食物，长期与野兽搏斗，学会了与野兽搏斗所使用的不同方法。如：拳打、脚踢、抱摔等简单的散打技术动作“手格猛兽”，并学会了一些野兽猎取食物的本领，如：猫扑、狗闪、虎跳、鹰翻等。这些原始状态的攻防技能虽没有脱离生活技能的范畴，但却是武术散打的雏形。

到了奴隶社会，即夏、商、周时期，作为具有独立形态的武术徒手搏击，即“手搏”形成了，并成为当时奴隶主欣赏的一项活动。据《殷·本纪》记载：“帝纣……材力过人，手擒猛兽。”可见这种“搏兽”已非生产技能，而是服务于奴隶主、贵族狩猎活动的搏斗技能。商周时期，剧烈的军事斗争，促使当时众多的奴隶主军队中有较为系统的“武术”训练。《礼记·王制》记载“凡执技论力，适四方，赢股肱，决射御”表明当时已经有了用“执技论力”，“赢股肱”来决定胜负的相搏之技。《释名》称：“相搏将谓广搏以击之也。然举手去要，终在扑也。”《谷梁传》记载：周朝有两个高手叫秦廑文与梁纥（孔子之父）“以力相高”。有了比赛，就产生了散手格斗技艺上的交流和传授。这表明武术徒手搏击在周代时已发展到一定的水平。

进入春秋战国以后，列国争雄图霸，技击术在战场中的运用更为突出。便有了近于比赛形式的“春秋角试”，春秋初期，管仲在齐国便面向全国招募“拳勇股肱之力，筋骨出众者”，每年以此来选拔士卒；《管子七法》记载，“春秋角试，……收天下之豪杰，有天下之骏雄”相搏取胜。“故举之如飞鸟，动之如雷电，发之如风雨，莫挡其前，莫害其后，独出独入，莫敢禁围”。描述武艺高强者在比赛中动作敏捷如鸟飞，勇猛似雷电；发招时像疾风骤雨，莫能挡之，在他后面也无法下手；单独较技时，也休想将他围住。为了战胜对方，攻防招数真假虚实，变化多端。齐桓公春秋两季还举行全国性的比武较力的“角试”，以选拔天下神勇之士，并以勇授禄。《左传·成公十六年》述：“叔山冉搏人以投，中车所轼。”《荀子·富国》说：“是犹鸟获与焦绕搏也。”《国语》记载了赵简子所说牛谈有力，就把他请来与其臣少室周比赛，结果少室周败给了牛谈。

上述资料反映当时手搏已经作为专门的搏击技能存在了。

除了技术外，战术也有一定的发展。在《荀子·议兵篇》和《资治通鉴》中都有记载：“若手臂之捍头目而覆胸腹也，诈而袭之与先惊而后击之，岂手臂不救也。”从中可看出徒手相搏，已有惊上取下、佯攻巧打的战术运用。

《庄子·人间世》说：“且以巧斗力者；始乎阳，常卒乎阴，大至则多奇巧。”可见战术在搏击实战中有了一定的运用。到了秦汉三国时期，相搏分化为“角抵”和“手搏”，“角抵”以摔为主，“手搏”以打为主，同时也兼有摔。《汉书·艺文志》中收录的《手搏》六篇虽已失传，但在残简中有“相错蓄，相散手”的释文，“错蓄”是两人摔倒纠缠的样子，“散手”则是两人分离后空拳而斗的样子，这是最早在相搏运动中使用“散手”一词。这说明角抵和手搏已相互分离，并丰富了武术徒手搏击的内容。除了击法、摔法外，擒拿法也有发展，如《公羊传》：“万怒，博闵公，绝其脰”就是擒拿法中的锁喉法

在 1975 年湖北江陵凤凰山秦墓中出土的一件木篦上有描绘这一时期手搏的彩色漆画。画面上有三个男子，均上身赤膊，下着短裤，腰间束带，足穿翘头鞋。右边两人正在进行“手搏”比赛，左边一人，双手前伸，为比赛裁判。台的上部还有一帷幕飘带，表示这种比赛在台上进行。整个比

赛画面热烈紧张，参加“手搏”的双方，一方横击另一方头部，另一方闪躲后弓步冲拳还击对方头部。此时的角抵，主要是两两相敌的角力，即颜师古所说：“抵者，当也。”这既是力量的较量，又是技艺的较量。角抵活动不仅可以强身健体，而且可以通过这种激烈的对抗赛，使观赏者精神振奋，回味无穷。

秦汉三国时期，角抵、手搏最为盛行，比赛已经正规。随着“宴乐兴舞”的兴起，武术的发展分成两大类：一类是具有攻防格斗作用、实用性较强的技击动作，它紧密地围绕军事技术的发展而发展；另一类则是适应表演需要，把攻防技术反复加工提炼而逐渐形成的套路技术，二者都有各自的生命力，长期并行不悖。汉代手搏也叫“弁”、“卞”。那个时代手搏技艺高超者郭颐的“长手”。四川新都出土的汉画砖及河南密县东汉墓室壁画中都有“手搏”对峙的形象。汉初，刘邦曾一度罢废角抵，但却没能完全禁止，到了汉武帝时，反而大力提倡。如《汉武故事》载：“未央庭中设角抵戏，角抵者六国所造也，秦并天下，兼而增广之，汉兴虽罢，然犹不都绝，至上（五帝）复采用之，并四夷之乐，杂以奇幻，有若鬼神。角抵者使角力相抵触者也。”武帝特别嗜好此戏，《汉书》中就有“五帝作巴渝、都卢、海中、砀极、曼衍、鱼龙、观角抵之戏”的说法。不仅宫廷如此，民间也相当流行角抵活动。《汉书·本纪》载：“元封三年（公元前 108 年）春，作角抵戏，三百里内皆观。”“元封六年夏，京师民众观角抵于林平乐馆。”可见民间对角抵的喜爱程度。陕西省历史博物馆收藏的一幅汉墓铜牌上，也刻有角抵纹饰的画。两人赤脚，互相用一手扳腿，一手抱腰，相抱相摔，十分生动逼真。

西汉时“角抵”指“戏”，汉以后“角抵”一词便与“角力”一词混用了，这个过程又出现了“手搏”。关于“手搏”在汉画汉砖中多有体现。如四川新都出土的汉画砖“手搏图”中，就生动展示两人手搏对峙的姿态，河南密县打虎亭 2 号东汉墓室北壁画中有两个大胡子壮士，赤身，穿短裤，留长发，足蹬翘头靴，两人在相较相搏。

总体讲，秦汉时期是“角抵”“手搏”的发展时期，秦以角抵为雅言，突出摔的方法；汉以手搏为技术，其基本特征是徒手搏击，终在扑，或倒或伤或死，二者有一定的区别。

两晋南北朝战乱频繁，民族迁徙杂居，促进了各种武艺的相互交流和吸收，南朝时始见“武术”一词。民间武术活动已有口诀要求，已能用较精练的语言把技击精华要点加以概述，对传授武艺起了积极作用。

进入隋唐朝五代时，手搏、角抵备受重视，比赛几乎形成制度。隋唐都实行“府兵制”，武则天又开创武举，倡导练武，促进了群众的练武活动。

手搏与角抵发展较快，比赛几乎形成制度。民间也喜欢角抵比赛，在正月十五及七月中元节之际，多有手搏、角抵比赛。《隋书》记载了当时的比赛热闹场景：在大业六年，来自各地的高手云集在端门街，各现“天下奇技”。一比就是几天，甚至“终月而罢”。武举制的推行实施对武术散打的发展起了极大的促进作用，角抵、手搏等散打形式遍布朝野和民间，职业的教习人员相继出现，对武术散打的发展具有积极作用，武术作为一种文化形式在当时已具有相当的影响。《通鉴纪事本末·刘氏据广州》卷二十六记载：“汉主好搏，弘熙令指挥使陈道庠引之力士刘思潮……五人习手搏于晋府。汉主闻而悦之，与诸王宴于长春宫，观手搏，至夕罢宴。”有的君主不仅喜好角抵戏成癖，还亲自参加角抵比赛活动。据宋代调露子著《角力记》记载：“后唐庄宗性多能，癖好俳优并角抵戏，或云自能此戏。尝诏王门关曰胜与作对，供养太后，又先约之曰，卿不可多让。门关退谢者数四。又谓之曰，卿一拳倒者与节制，及出手，果一拳下而仆，导除幽州节度使。”可见当时的角抵也使用拳脚。唐代韦肇在《驾幸明楼试武艺绝伦赋序》中记叙了在散手比赛开始时双方“拜首稽首，足足蹈蹈”，以比赛中“左旋右抽，擢两肩于敏手，奋髯增气，示众目以余威”的生动形象。从隋唐五代时的手博、角抵比赛中可以看出大体规则情况：第一，不按体重分级；第二，主要用踢打摔的技法；第三，活动场地多在方形的台子上进行；第四，没有护具，比赛时多赤身穿短裤；第五，犯规处罚不明显；第六，获胜者给予重赏。

宋代，手搏作为活动手足，强身健体的重要手段。《宋史·兵志》记载：“手搏虽不切于用，而亦习其身臂。”手搏在民间更为流行，在京城护国寺南高峰搭起“擂台”（当时叫献台），各道郡膂力高者都来较量，上台比赛时，开场白：“依古扎斗智相搏，习老郎捕腿拿腰，赛尧年风调雨顺，许人人赌赛争交。”规定比赛中不准“揪住短儿”、“拽起袴儿。”可以“拽直拳，使横拳”、“使脚剪”。《史弘肇龙虎君臣会》中曰：“二人拳手撕打，四下人都观看，一肘二拳三翻四合，打倒分际，众人齐喊一声，一个汉子在血泺里卧地。”可见宋时手搏已“拳”、“肘”、“脚”兼用。上述资料表明宋时手搏已有一定的规范程度。说明在宋代冲拳、贯拳已是散手中的主要拳法，并使用了地躺摔法。比赛优胜者的奖品有旗、帐、银杯、彩段、锦袄、马匹等。散手的健身性和娱乐性的功能，从宋到明的著作中都有所反映，宋人调露子认为：“上古之人淳素，以食饱饮足，或以前肱为格击，手赤未（来）取胜负。”由于手搏比赛时紧张激烈，观看的人非常多。在渑池县旁有个山庙，需要修理，因房梁甚大，大家都抬不动，于是县令世衡想了个发动群众的办法：“下令较手搏，倾城人随伍观之。”

这时世衡对观众说："汝曹先为我致庙梁，然后观手搏"；"众欣然下山，共举之，须臾而上"（见司马光著《涑水纪闻》）。

到了元代，宫廷曾先后10次下禁令，严禁民间持有兵器习武，尽管手搏受限，仍练习不止。《元史》中同样也有关于"手搏"的记载。

明代是中国古代武术承上启下的重要时期，徒手较量的技艺仍在发展。此时手搏多称为"白打"或"搏击"。民间正规的比赛叫"打雷"，古时擂台两侧楹联为："拳打南山猛虎"，"脚踢北海蛟龙"，以增加比赛气氛。赛前，先设擂主，由擂主安排好高手准备应战。当时，手搏虽不断发展，但仍没有解决安全问题，为了避免纠纷，临近比赛时，双方先立好生死文书，否则，不准上台比武。手搏在军事上也有相当重要的地位，在《武备志》拳勇之技列为第十八。明代抗倭民族英雄戚继光则认为拳术能"活动手足，惯勤肢体"。

清代统治者和历代一样，一方面加强军队的武艺训练，另一方面严禁民间练武。但由于清代农民起义频繁，练武的组织以"社"、"馆"的形式大量出现。"社"、"馆"把练武活动作为重要内容，各馆练武者"操练武艺"，由于不同拳术风格各异，打法不一，因而经常通过比武较量发展技艺；使武艺在"社"、"馆"的内部有机会得到交流、传授和发展。"打擂"在民间也广为流传，诸如过春节，或其他节日集会，擂主在公开场合设擂比武较技，应战所有打擂者。这种比赛不用事先报名，来自各地的拳师只要地方同意就可以上台比试。此外，女子练习散手也较盛行。楚南有兄弟两人，请来拳师学艺，其妹在楼上偷看，……哥哥被拳帅打倒，于是她与拳师交手格斗，打斗很久，妹飞起一脚，踢中拳师要害（清·采蘅子《虫鸣慢录》）。

民国初年，习武开禁，拳技之风蓬勃一时。1909年美国人奥皮音自称"世界第一大力士"，在上海扬言要与中国人比武，河北省静海县武术大师霍元甲同其徒弟刘振声应邀赶赴上海，约定在上海静安寺莼园寺内所设的擂台进行比武，奥皮音望风而逃。以后霍元甲留居上海，创办了"精武体育学校"，1910年3月改为"精武体育会"。1928年10月28日，中央国术馆在南京举办"第一届国术国考"，比赛为期10天，参加者是国术馆的教练和学生。国考设有散手比赛，采取双败淘汰制，三局两胜。比赛在长方形的场地上进行。打法不限流派，不以体重分级，临时抽签分组比赛。其规则要点是不带任何护具；凡用手、肘、脚、膝击中对方任何部位得一点；凡击中对方眼部、咽喉部、裆部为犯规，犯规三次，取消补赛资格，严重者，一次取消资格。在1933年中央国术馆在南京举办"第二届国术国考"。大部分省、市都派有代表参加。人数不限，有的代表队多达百人。项目有男、女散手，男、女短兵，中国式摔跤和国际拳击。散手以点到为止，没有时间限制，凡用手和脚打中对方任何部位得一点，有的只用脚尖踢中对方或以手指摸到对方的头发也算得一点，故双方均不敢轻易进攻，只得躲躲闪闪，跳过来，蹦过去，当时的报纸评论说“国术场成了斗鸡场”。

鉴于近百年来，武术界各门派间互相诋毁，相互攻讦的现状，并为纵观武术全貌，1929 年深秋杭州“国术游艺大会”，可称为千古一会，它总揽神州精武，武艺兼长，是为后人仰慕的盛事。1929 年初，由中央国术馆副馆长李景林出面写信到全国各国术馆及国术团体，“发起举行第一次全国性的国术表演及比赛大会”、“发起全国武术各门派的实质较量。以辩中国武术之精华”。各国术馆纷纷响应，并由实力雄厚的杭州国术馆承办。12 个省 4 个特别市经过认真选拔，记有男、女代表 345 人参加了大会，其中参加散手比赛的有 125 人。大会设评判委员会（26 人）、监（检）察委员会（37 人）。参加比赛的代表必须有保送单位或保送人。如在看了他们的套路表演之后，经过鉴定确认功夫太差，技艺不精者即劝其不要参加比试，知难而退则亦可参加表演。随后进行了散手比赛。比赛分为四组。比试者原为 125 人，报到 109 人。共分四组，一、二、三组各 32 人，第四组 13 人。参加比试者均穿大会灰色布短装，腰扎一带，分为红白二色。擂台高 13 米，长 20 米，宽 186 米。比试双方对立台中划定之粉圈上，候评判委员长一声鸣笛，各上前互行一鞠躬礼，再鸣笛开始。另由监察委员二人执红白二旗，在台上管理指点，并于必要时制止犯规的动作。由于规则漏洞百出，因此边打边修改规则。

1933 年，在南京举办的“全国运动会”，仍设有散手项目。散手以性别分组，按体重分级，并带有护具（用棒球的护胸和足球的护腿），头和裆部都是禁区，击中者算作犯规；将对方击倒为胜一次，三局两胜，没有时间限制。大会设立了男子组和女子组国术锦标赛，各按重量级、中量级、轻量级分组。每局没有时间限制，一局比赛有时可达一小时以上。当时报纸又评论说：“国术场成了斗牛场”。

新中国成立后，武术作为优秀的民族文化遗产被加以继承和发展。1952 年武术正式被列为推广项目。随后在研究发展的重点上，先将武术套路运动形式作为推广、表演和竞赛的重点。但散手在民间仍有流传。1979 年 3 月随着全国武术热的兴起，为了破除迷信、玄学，使武术攻防格斗技术在比赛的实践中得到检验和发展，丰富武术套路内容，加强攻防意识，提高套路演练质量；吸引更多的青少年参加武术活动，全面继承和发展武术这一宝贵文化遗产，当时国家体委决定按照竞技体育的模式首先在浙江省体委、北京体育学院和武汉体育学院三个单位进行武术对抗性项目的试点训练，以取得成熟后再全面推广。散手作为竞技的比赛项目，在80厘米高，8米见方的擂台上进行比赛。散手比赛允许使用踢、打、摔等各种武术流派中的技法，不允许使用擒拿，不许攻击喉、裆等要害部位；运动员分体重、穿护具在相同的条件下平等竞争。在对敌斗争中这些界限就没有了，军警对敌斗争就专寻对手的要害部位击打。使用的招法也比较凶狠，杀伤力较大，散打的出现让中国武林界兴起了搏击热。1979年5月，在广西南宁举行的全国武术观摩交流大会上作了首次汇报表演，并于同年10月的第四届全运会期间，国家体委又调浙江、北京体院、武汉体院和河北散打队在全运会石家庄赛区进行了公开的表演。1980年5月，在太原市举行的全国武术观摩交流大会上，进行散手表演的省、市越来越多，北京体育学院与武汉体育学院还进行了内部交流，互相学习。1980年10月，国家体委又调集散手试点单位的有关人员开始拟定《武术散手竞赛规则》（征求意见稿）。

1981年5月，在沈阳市举行的全国武术观摩交流大会上，北京体育学院与武汉体育学院进行了一次公开表演赛。于1982年1月，国家体委又调集了北京、山东、河北、广东、北京体育学院与武汉体育学院，通过试验修改，制定了《武术散手竞赛规则》（初稿），并按此规则在北京举行了全国武术散手邀请赛。自此，散手本着“积极、稳妥”的原则，每年都举行一次全国性的武术对抗性项目（散手）表演赛。1987年的表演赛，首次采用了设擂台的方式。1989年，散打被国家体委批准为正式比赛项目，并设“团体锦标赛”和“个人锦标赛”赛制。现代武术散打对传统技击术进行归纳、整理，舍弃它们的具体形态，找出其中带有共性的规律，即把中国各拳种门派的拳法、腿法通过规整，总结出它们的基本运动形式，经过高度抽象，确立进攻技术具有两种运动形式：一种是直线型方法，另一种是弧线型方法。拳法以冲、掼、抄、鞭，腿法以蹬、踹、扫、摆、勾为内容，摔法则根据“快摔”的要求和“无把”的特点，主要把握“破坏重心”和“抡圈”的要点，创造出“接招摔”和“夹打摔”的方法。同时，防守技术也划分为“接触式防守”和“不接触式防守”两种。散打从比赛形式上采用了中国传统的“打擂台”的方式，一方掉擂出局即为输方。

1991年，经国家体委审定，《武术散手竞赛规则》正式出版，并实行裁判员、运动员等级制度。1992年，在河南焦作召开了第一次全国武术散手工作会议，确定了武术散手的发展方向。1993年的第七届全国运动会把武术散手列为全运会正式比赛项目，设男子团体一块金牌。全国有14个单位派队参加。这意味着武术散手进入了一个新的发展时期。第八届全国运动会将金牌总数增至三块，并分设大、中、小三个级别的比赛。目前，全国各省、自治区、直辖市和各行业体协、解放军等三十多个单位组建了队伍，这是武术散手发展至今最值得庆贺的大事。这是武术发展史上一个新的阶段。

武术散手运动的开展，深受群众尤其是青少年的喜爱，同时也得到了各省、区、市体委领导的大力支持。参加散手比赛的单位不断增加，而且各地也相继举行了全国性的武术散手邀请赛，如成都、重庆、郑州、沧州、武当山等地都举行过规模较大的比赛，深受广大观众的喜爱和欢迎。中国人民武装警察部队肩负着保卫国家和人民安全的光荣使命，从组建起，他们就十分重视在部队开展武术活动，经常举办一些武术比赛，1985 年在南宁举行了首届全国公安武警系统的武术散手比赛。从此武术散手成为公安武警系统每年一次的正式比赛项目。另外，广州、上海、郑州等大城市也组队与香港、澳门进行友好比赛，都取得了很好的成绩。

为了让世界了解武术. 为了让武术走向世界，中国武术研究院和中国武术协会于 1988 年 10 月举办了首届国际武术节，并在深圳会场首次举行了国际武术散手擂台邀请赛。来自 15 个国家和地区的近 60 名运动员参加了为期三天的七个级别的角逐，我国派出了 5 名队员参加比赛，分获 5 个级别的冠军。这一竞赛形式和办法很快被参加比赛的国外朋友所接受，反映说："中国散手安全、有特色"。这是首次向世界展示武术散手的风姿。白此之后，我国又于 1990 年在北京举办了"迅华杯"国际武术散手邀请赛，这是国际武术联合会成立后第一次全面检验成员国开展武术散手运动情况的活动，也预示了散手被各国认可和接受的可喜前景，也为世界武术锦标赛的设项提供了可靠的依据。1991 年，国际武术联合会在北京举办了第一届世界武术锦标赛，散手被列为表演项目。这次锦标赛共有四十个国家和地区的五百多名运动员参加，中国也派运动员参加了散手比赛，并获得了 4 个级别的冠军。这是盛况空前的国际散手大聚会，标志着散手项目确立的良好开端。在此后每两年一届的世界锦标赛上，散手都被列为正式比赛项目。此外，在历届的亚洲武术锦标赛上也把散手列为正式比赛项目。1998 年在泰国举办的第 13 届亚洲运动会上，散手也被列为正式项目，并设立了 5 个级别的金牌。我国的散手运动员在历届的国际、洲际大赛中也都取得了优异的成绩。与此同时，世界各国为了让更多的武术爱好者都能了解散手，国际武术联合会和中国武术协会还组织编写了大量的国际武术散手教材，多次举办各种类型的国际武术散手教练员、裁判员学习班，同时还派出大批的专家、教练员到各国去推广普及散手项目，甚至帮助组建和训练所在国的国家队参加世界各类散手比赛。通过这些都无形中提高了各国武术散手的技术水平。目前，世界上已有七十多个国家和地区开展或准备开展散手项目。通过大量的信息反馈得知，散手项目现在已越来越受到各国人民的接受和喜爱。各洲和各国的武术组织还通过各种形式经常举办洲际的和本国的武术散手比赛，有的洲已把散手列为洲际武术锦标赛的正式项目。所有这些，都为武术散手真正走向世界、融入奥运会大家庭打下了坚实的基础。

2000年首届中国武术散打王争霸赛在湖南长沙市举行，湖南卫视对赛事作了全程报道，这是中国武术散打发展史上的里程碑，中国武术散打进入了专业赛制的时期。众多散打高手登台竞技，当年的散打王是来自解放军体院的“劈腿王”柳海龙。2001年3月27日，中国武术散打王争霸赛在国家奥林匹克体育中心中国武术协会散打馆拉开帷幕，比赛的直播工作在2000年湖南卫视现场直播的基础上，采取国内各地方与国外电视台同步直播的形式进行。从2001年2月15日开始，人民日报、中国青年报、中国体育报、北京电视台、北京有线电视台、中央人民广播电台等全国180多家媒体对赛事的筹备情况进行了跟踪报道，引起了社会各界对2001年散打王争霸赛的广泛关注。

通过2000年一年来的比赛，散打王争霸赛已经在体育界、武术界尤其是散打专业队中得到了普遍认同，广大教练员、运动员参加散打王争霸赛的热情空前高涨。2001年，中国武术散打王争霸赛的报名工作业已于2月10日截止，报名队由2000年的25支增加到40多支，报名人数由117名增加到200多名，其中很多是国内、国际比赛的冠军。由于报名人数的大幅度增加，比赛采用单循环淘汰赛制。

2001年的散打王争霸赛以北京为主赛区，在全国各大重点城市轮回比赛的形式进行比赛，这场赛事给越来越多的人带去新的惊喜。2001年中国武术散打王争霸赛在竞赛组织方面的最大突破是邀请外国选手正式组队参加常规比赛。这标志着中国武术散打王争霸赛的国际化理念将由设想变成为现实。2001年中国武术散打王争霸赛将分为资格晋级赛、八强赛、半决赛、决赛（各级别冠军赛）、总决赛（王者争霸赛）、超级散打王争霸赛等六个阶段进行比赛。当年的散打王是来自北体大的“白眉大侠”“鞭腿王”苑玉宝。

河南电视台《武林风》栏目是继中国散打王停办后的又一个武术散手竞技节目，自2004年元月开播至今，已经成为河南台的标志性节目。随着散手运动员水平的日益提高，随着《武林风》散手规则的不断修正，随着散手比赛的国际化，《武林风》迅速成为全国自办栏目耀眼的关注焦点，成为众多武术散手爱好者追逐的热捧目标。百姓擂台的开设培养了更具潜质的人才贮备了更为丰富的资源，积累了作战经验，贮备、开发了更具潜质的武术资源，为武林风走出国门奠定良好的基础。专业比赛更是精彩纷呈，让观众领略中华功夫的博大精深。该节目的搏击参赛人员来自全国各地，在荧屏上切磋技艺、一决高低。涌现了一大批《武林风》散手健将，如王洪祥、一龙、董文飞、李宁、方便、杨建平等在擂台上尽显现中华儿女的英雄形象。

康龙“武林大会”是由中视体育制作、推广并拥有完全版权的赛事节目，以独特的中华武术魅力深深吸引着不同层次的观众。传统武术是速度，是力量，是变化；是时间与空间的瞬间转化；是一种体能与技能的较量，一种搏击技巧技法的绝佳展示，纵横五千年之间，凸显中华神威。康龙“武林大会”良好地继承了传统武术的真谛，采用传统武术擂台赛的方式，以“无拳套、无级别、无演绎”为核心理念，以“还原真实武林，传承功夫精髓”为宗旨，通过擂台对打的形式决出武林中的强者。这种比赛形式，区别于套路演练的表演形式和西方搏击竞赛形式，更接近中国武术原来面貌。自节目开播以来，已经有五祖拳、梅花桩拳、心意六合拳、少林拳、太极拳众多拳派登台开擂。2013 年 1 月首推《英雄战歌》搏击赛事。大赛通过全国赛区挑选胜出的 32 名搏击选手，通过层层选拔，多轮淘汰，最终角逐出最具潜力的 4 名选手，由 WBC 洲际泰拳冠军“旋风”康恩和名震东瀛的“火麒麟”徐琰带领，代表中国力量，进军国际擂台。海选中脱颖而出的选手分为 65 公斤级和 70 公斤级两个级别，其中不乏拳迷耳熟能详的搏击明星，如“冷面杀手”丁宁、中国泰拳名将张波等。这一切都说明了《武林大会》在明确以先继承再发展的原则基础上，以实事求是的原则来推动中国武术的发展，一定意义上保护、传承和发扬了中国散手功夫。

散打王、武林风、武林大会等节目为中国的散手发展均作出了杰出的贡献。

二、散手运动的特点和作用

（一）散手运动的特点

散手运动有别于其他体育项目，也有别于世界各国流行的搏击术。经过三十多年的总结、改进和发展，已成为现代体育竞赛项目，它本着“更快、更高、更强”的奥林匹克精神，已逐步与国际竞技体育接轨。目前，散手运动不仅在国内，而且在世界五大洲的 100 多个国家和地区开展和普及。

散手之所以具有很强的感染力和生命力，是由它本身的特点和作用决定的。

1. 体育性

散手运动从初步研究到试点开展，从经验总结到全国推广，直至成为现代体育竞赛项目，曾经历过许多困难、矛盾和阻力。其中最主要的问题是：散手比赛与人们想象的武术徒手搏击形式截然不同，有人甚至认为散手不是武术，而只是“拳击加腿击”。因为民间流行的武术搏击，一般都认为是防身自卫，一制致敌；或者像电影、电视、武打小说中描述的那样出神入化，风雨不透。这是武术在许多形式上给人以神化夸张的错觉而造成的误解。在现代文明社会中，我们不能让散手在狭窄的拼杀中去生存，应把武术之精华溶入简单易行的运动形式，不仅能自卫还能强身，这样才能有广泛的生命力，才能真正走向社会，走向世界。因此，从现在的散手运动形式来看，散手与其他运动项目基本相同，属于体育，但又突出地反映出武术的特殊本质——技击性，同时又明显地区别于使人致伤致残的技击术，不包含制人于死地的绝招妙计。散手竞赛规则严格规定了后脑、颈部、裆部等为禁击部位。另外，从技法上可以运用武术各种流派的技法，但均不允许使用反关节的擒拿动作，以及迫使对方头部先着地的摔法，切实保护运动员的人身安全。于是，原国家体委武术院经过试验、论证后，认为散手的技法是以增强体质，交流技艺，防身自卫，提高技术水平为出发点，从传统武术徒手搏击术中取舍动作，使散手成为体育，即寓技击术于体育之中的项目，即散手具有体育性的特点。

2. 整合性

现在开展的竞技型武术散手运动以与传统技击完全不同的技术风格展示在世人面前。它与传统技击术的关系，应该说是有继承的成分，但更多的则是经过整合而发展的结果。所谓技击技术的“整合”，是指具有不同文化特质的技击术经过相互吸收、融化、调和而趋于一体化的过程，本身具有高扬的成分。正是这种整合，才使得传统技击术在内容与形式上发生了变化，从而逐渐演变成为一种有别于传统的新的技击技术体系。

现在的武术散手，对技术的整合主要是从两个方面来完成的。首先，是对传统技击术进行整理、归纳，舍弃它们的具象形态，找出其中带有本质特点和共性的规律。通过归纳整理发现，经过抽象的各拳种门派用于进攻的拳法和腿法，其基本的运动形式只能是直线形和弧线形两种方法，在此基点上，再寻求最佳的用力机制和构建新的拳法与腿法的动作技术，以适应竞赛的需要。摔法上则主要是把握住“破坏重心”和“抡圆”的方法。同时，对传统的防守方法作了删繁就简的归类，提出了“接触式”和“不接触式”两类防守技术的概念。“接触式”防守主要包括阻挡、推拍、格架和截击等，“不接触式”防守主要是指运用身法和步法的闪躲技术。至此，构建出的现代武术散手技术已具有了普遍继承传统的意义。

其次，是对处于同一时代的各国搏击技术和一些相关类项目的应用技术进行大胆的借鉴。如对中国式摔跤、国际式摔跤和柔道中的摔法，拳击中的拳法，空手道、泰国拳中的腿法进行分析研究，摄取其中的有益成分，甚至是对具体的实用技法进行照搬吸收，再把它们与通过归纳整理后的技法不断地进行融合、协调和修正，使之成为一种全新的、完整的散手技术体系。

通过整合后的武术散手技术是建立在传统和时代的交汇点上的产物，它既有传统的烙印，又有时代的特征，因而它的出现也就具有了更为宽广的范围和更加高扬的起点，是传统技击术在现今形势下发展的必然结果。

3. 对抗性

对抗性的技击内容是武术散手的基本特征。散手运动的内在特点，决定了它以相互对抗的形式来表现，所以，散手的基本形式就是对抗性。这种对抗，是在双方掌握了散手的基本动作和基本技术，经过一段的训练，在没有固定格式的情况下，比赛双方没有固定的动作顺序，而是以对方技击动作随机转移，互相指向对方的弱点，在规则规定的范围内进行斗智、较技、较勇，一分上下。它不仅要求运动员熟练地掌握散手技术，还要有敏捷的应变能力。从而明显区别于武术套路运动形式。

4. 民族性

武术散手是中华民族的优秀文化遗产，是在中国特定的社会历史条件下逐渐演变发展形成的，因此它具有鲜明的民族特色。武术散手与世界上其他搏击技术有着共同之处，即它们都是以运用拳腿或摔的技法直接击打对方身体为主要目的的项目，但在这共同的表现形式中，武术散手又突出地反映了我们本民族的特有的风格与气度。

中国散手不同于拳击，也不同于跆拳道，更不同于用头顶、肘撞、膝击的泰拳和不能用脚，只能用摔、拌、擒方法的柔道等项目；由于散手设擂比试，又不同于西方国家有揽绳的自由搏击，也不同于日本的空手道、相扑、跆拳道、格斗术，以及法国的忍拳等。武术散手要求“远踢、近打、贴身摔”，它的民族形式不是凝固的，也不能理解为“过去形式”、“历史形式”或“传统形式”。民族形式有鲜明的时代性，因此形式不是单一的，而是多变的、演进的。

首先是在比赛形式中的体现。散手的比赛形式采用的是传统的“打擂台”方式。所谓“打擂台”，顾名思义就是比赛双方只能在擂台上各逞技艺，争分高下。这就与西方搏击中以体能为基础的凶斗恶拼有着明显的区别。

我们的民族从来就强调人与客观外界的“和谐合一”，那么在竞技比赛中，以人为本，无疑是本民族传统思维方式所产生的结果，这是民族性最深层的反映。

其次是在规则制定中的体现。现行的国内全运会散手规则规定，比赛采用是每局单独记分的“三局两胜制”。每局比赛得分多少只作为本局胜负评定的依据而不带人下一局。这就要求运动员每一局都须从“零”开始，这就使得比赛始终是以得“分”为主．而不以“重创”为要，最终使竞技中的散手得以充分表现的是“技法”，而赢的则是靠“招数”。这与传统技击术中的“点到为止”的原则有着一脉的思想传承（与商业性的武林风和武林大会有一定区别）。此外，对“得分部位”的规定也颇具民族特点。散手的得分部位几乎是全身性的，这有别于世界上任何一种搏击术，从反面提示了人们对自己的身体的任何部位都要防护好，这正是用反衬的方法证明我们是个讲究“以生为贵，全生保身”的民族性。还有诸如对“倒地”的处理和对使用方法的规定等，都蕴含着“穷寇勿迫”的兵家思想，说到底是与传统的伦理观点分不开的。

其三是在技术运用中的体现。各武术流派的技法都属散手技术的运用范围，这首先就表露了现代散手与传统技击术的承续关系，同时也反映了散手技术追求“一统”的整体观。在对动作技术的要求方面，散手只注重动作的具象形态，而不注重对每个具象形态组成时的各个细节的追究和数学语言的使用，以至散手的动作技术没有具体的规范要求。在技术运用方面，散手提倡的是心领神会的“顿悟”，强调的是“拳打千遍”功到自然成，而少有使用解析的方法来提高运用能力。所有这些都反映了我们的散手与民族传统的思维习惯有着十分密切的关系。

5. 文化性

西方体育具有文化的含义是因为体育本身就是文化的一种表现的缘故，而武术散手除了作为具有体育性质的文化含义外，还由于它是发生和建立在中国传统文化的基础上，并且它自身也带有丰厚的传统文化底蕴，甚至可以说它本身就包含了几乎所有传统文化的主要内容，并将其直接地体现始终。这就是为什么在散手已进行明确分类的今天，人们的观念中，它仍具有广泛的社会价值，而把竞技只作为这种价值的一种体现；为什么人们还是把竞技散手、实用散手和民间的传统技击术混为一谈；为什么在提及散手时就与防身自卫的需求联系在一起；为什么人们一谈到散手就首先强调武德的修养和情操的陶冶的真正原因所在。

实质上，中国传统文化对散手的渗透是全方位的，武术散手对传统文化的体现也是无所不在的。如中国传统哲学思想的介入，确定了建立武术散手时的思维模式是思辨型的，以“道”为追求的最高境界，决定了武术散手最终将超越形式而升华为对人生真谛的追求。以“中庸”为核心的种种规范，构成了散手竞技在动态中求“稳”的一面；以“阴阳”“五行”的变化，又形成其在稳中求“动”的另一面。传统伦理政治的范型，决定了尚武要以“德”为先，这既成为行为的准则，又是实践的标准。同样也就决定了习武的目的决非是为了逞强斗狠，而是与习文一道，最终来完成对理想人格的追求。此外，武术散手还在不同的程度上体现了传统医学、美学、兵学、养生学等多种“学科”的思想内容。

由此可见，武术散手其实是作为传统文化的载体之一出现的，人们在谈到散手时必然论及它的文化内涵，也确有许多人为了了解中华文化而通过学练武术散手开始入门。散手释放的文化能量是西方体育所不能比拟的。

（二）散手运动的作用

1. 提高素质，健体防身

散手运动较技、较力、斗智、斗勇，对抗性强，尤其为广大青少年所喜爱。它对提高人体的速度、力量、灵敏、耐力等身体素质，提高内脏器官的机能，特别是对提高神经系统的灵活性有较大的帮助和明显的作用。

大量的实践证明，散手训练能够提高人们的身体素质和改善内脏器官的机能。

其一是促进骨骼和肌肉的生长发育。骨的生长是骨软骺的不断增长和骨化的结果，尤其是处在生长发育阶段的青少年，通过散手运动能加强机体的新陈代谢，刺激骨软骺的增生，进而促进骨的生长。同时经常性的散手运动使骨筋变粗骨密度增厚，提高了骨骼抗弯、抗压、抗折的能力。对于肌肉，经常参加散手练习可以改善微循环，使肌肉的工作能力得以改善，肌纤维变粗从而粗壮有力。

其二是改善呼吸系统的功能。通过散手训练促使呼吸肌发达，强壮有力，提高呼吸功能。由于在运动时能量消耗增加，新陈代谢加快，需要更多的氧供应，这就要加快呼吸的频率，加深呼吸的深度，动员更多的肺泡参与工作，加大呼吸肌的收缩力量和幅度，从而使呼吸肌更加发达，肺活量增加。

其三是促进血液循环，提高心脏功能。进行散手训练时，血液循环加速，以适应肌肉活动能量消耗的需要，这就从结构与功能上使心血管系统得以改善，同时经常性地参加散手运动，可以使心脏产生工作性肥大，心肌肥厚，有收缩力，心搏徐缓，血容量大，从而减轻了心脏负担，使心脏获得较多时间的休息。此外，由于强有力的心脏功能具有了承担大强度工作的潜在能力，这无疑会给身体带来好处。

其四是对改善和提高中枢神经系统的灵活性有很大作用。散手运动不但是较技较力，而且要斗智，所以经常进行散手训练，不但能改善大脑的供血状况，使人头脑保持清醒，还能使人的思维敏捷，应变能力提高，延缓大脑机能的衰变。

其五是通过实用性的攻防技术的习练，并在交手比试中不断体验战术的运用，提高应变能力。同时，经过艰苦的功法训练，增加了功力，更能发挥攻防技术的实效性。无疑这对提高人们克敌制胜和防身自卫的能力是行之有效的。尤其对公安武警和边防指战员更有特殊意义和作用。此外，散手的本质特点决定了它在一定范围内具有防身自卫的功能。通过散手训练，能够提高人们自信自强的能力，并能掌握对抗中的攻击与防守的格斗技巧，一旦身体遭受侵犯，或在见义勇为的行为中能够有效地保护自身不受或少受伤害。这种防身自卫的能力在当前的形势下可以说是非常必要的和应该必备的。但是，在运用防卫功能时，应清楚地了解和清醒地把握“正当防卫”的法律界定。

2. 锻炼意志，陶冶情操

散手的习练对意志品质的考验是多方面的。如功力练习要克服疼痛关，从不适应到适应。交手时，首先要克服胆怯怕打关，逐步增加胆勇。比武中遇到强手时，要克服消极逃脱关，敢于拼搏，提高以弱胜强的胆识和睿智。耐力训练或比赛到最后关头时，要以顽强的意志坚持到底，以及在比赛中正确对待胜负的心理锻炼等。经过这些锻炼，可以培养人们的顽强、果断、坚毅的精神，锻炼人摒弃软弱、怯懦而敢于进取，积极向上的品质。

武术散手训练能够陶冶人们的情操，这首先表现在对意志品质的培养方面。长期的散手训练枯燥、单调，并时常伴随着伤痛和失败，这就使得训练本身成为对人的意志品质的磨炼，并且为了向训练要成绩，必须付出相当的代价，这也就自然培养了人的果敢、坚毅、顽强、拼搏的作风和勇猛精进、积极向上的精神。通过与强手的对抗，能够克服懦弱、胆怯的心理，树立起敢打必胜的信心和胜不骄、败不馁的意志品质。 更为重要的是，在长期的艰苦训练和公平竞争中，人们能够逐渐做到不理奢浮，兢兢业业，克己正身，谦虚谨慎，树立起坚定的事业心和人生理想的抱负，从而进入高品位的人格境界。同时，也从训练和竞技中能够亲身体验到中华民族优秀的传统文化精神和自身乃至整个一代人得以继承和弘扬的欣慰之感。

由于散手运动的对抗特点，无形中会纵使争凶斗狠的心理滋生，应该说这种情绪是对项目本身的一种无意识损害。为此，武术散手历来注重对道德的培养。也正因为如此，使得散手界素有尊师重教、友爱团结、守信立义的传统和见义勇为、维护公众利益的责任感与遵守社会公德的自觉性。整个散手的学习和训练过程，是进行和加强武德修养的过程。如尊师爱友、讲礼仪。教师在“喂手”、“递招”中传艺爱徒的师表作用。学员在散手比试中提倡互相学习，切磋技艺，培养胜不骄、败不馁的谦逊品德。针对习练中因失误磕碰的现象，提倡互相爱护，团结友爱的精神。无疑对习练者优良品德的培养具有积极的作用。

3. 观赏娱乐，丰富生活

武术散手的对抗形式比试有着极高的欣赏价值和极强的娱乐功能，历来为人们所喜闻乐见。许多古籍史料和文学名著中有关于打擂的描写，围观者都是“人山人海群情沸腾”。自 1979 年我国开展散手以来，全国性和各地举办的散手比赛都深受广大人民群众的欢迎。尤其是在现代社会，人们的生活节奏加快，对事物的追求愈加需要带有刺激性。散手对抗的紧张度和激烈性正好迎合了人们的这种心理需求，所以能够激励更多的人参与这个项目。

此外，散手对抗中不仅是较力斗勇，更讲究较技斗智，所以每当赛场上出现奇招妙技时，观众都报以热烈的掌声。这说明散手具有很高的观赏价值。散手还能给人以审美的感受。散手中的“美”是以朴实、无华和纯真来启迪的。人们通过刚劲猛烈的动作来体现阳刚之美，特别是在匪夷所思的“击中”后，人们对其技术运用的恰当和掌握时机的巧妙产生奇异的遐想以及跃跃欲试的参与感，这就是对散手的“美”所产生的心理感受。与此同时，由于散手的热烈气氛和浓郁的情趣，当然也为心理上的适度宣泄提供了理想的场所，这对人们的心理调节不失为一种有益的方式。甚至可以通过散手来激起人们对生存本能的思考和对“原始力量”的追忆，启发人们在现实生活中的拼搏意识和积极进取的人生态度。

散手运动不但能给人以“他娱”，而且也具有“自娱”的功用。散手习练者也深感其奥妙、精深，给人以启迪和乐趣。因为散手运动给习练者首先带来的就是自信和自强，而这些正是人们所追求的强者风范，从这个意义上讲，散手可以成为习练者的一种精神依托，并从中得到安慰，这是最大的“自娱”。此时的习练者，在承受了大运动量的训练后，就会有一种“被释放”了的愉悦感，这种张弛有度的节律，对自我身心的健康同样也是大有裨益的。另外，亲自参与所得到的比赛胜利会带来持久的欢愉和满足，如果是失败，所带来的沮丧也只是暂时的，更多的则是自我的安慰和激励起再次奋发的决心。更为重要的是，所有这些，都能使练习散手的人们在艰辛和伤痛中、在成功和失败中体悟到自娱的价值和人生的真谛。

4. 交流技艺，增进友谊

现代生活需要交流，而交流往往需要一个媒体，这个媒体一般都是由能引起人们共同关注的东西来决定的。因为，散手则具有这种功能，所以能作为交往媒体来起着交流的作用。因为，首先，继承和发展散手运动，提高攻防技能，不仅对武术套路技术的提高，更加突出武术的攻防特点，有促进作用。同时，可以促进与国外武术爱好者交流，增进友谊。许多国家的武术爱好者不仅喜爱套路运动，更有试图通过习练中国武术既增强自己的健康水平，又能提高防身自卫的能力。

散手的对抗从本质上讲就是一种交流，通过对抗切磋交流了技艺，提高和发展了散手技术的运动水平。如果没有这一对抗特点，散手也将失去作为交流媒体的最初成因。其次，散手自身具有广泛的社会影响，容易成为人们共同关心和探讨的主题。共同的志趣与爱好是开展交流的基础，也容易使得相互间的交流更为融洽和谐。其三，散手作为中国传统文化的触角，很容易使交流引向深入，使交流的范围、深度突破散手技术表层而不断地拓展和深化至文化底蕴的层面，从而使更多的人介入其中，进而也提高了人们对散手自身的认识。其四，通过对共同关注的问题的研讨探究。使人们更进一步地增加了相互间的了解和友谊，形成了共同的语言，共同的志趣，甚至是共同的生活圈。

事实上，散手也确实在起到这一作用。开展散手以来，越来越多的人参与到这个项目中来，并且各种形式的散手活动日趋增多，规模日趋扩大，围绕着散手项目展开的交往活动也越来越多，呈现辐射趋向，从而使得更多的人了解中国武术，更多的人了解中华文化，也能使得我们的民族凝聚力愈加增强，我们的民族情感愈加浓厚和持久。

第二章　散打常识概述

一、散打学习阶段及要求

（一）学习阶段

根据武术散打的学习特点和运动技能形式的生理学规律，武术散打的学习可以大致划分为三个阶段。

1. 第一阶段：初型概念期

为学习基本理论知识，学习基本功，基本技术动作阶段。此时应加强基本功训练，掌握理论知识、动作原理，特别是掌握正确的基本动作，这是非常关键的，它决定着击打的力量、速度及攻防转换等制胜对方的重要因素。

2. 第二阶段：培养攻防意识和战术意识阶段

在巩固基本动作、不断提高专项素质、熟练掌握多种技术动作及组合的前提下，通过进攻、防守及防守反击的训练，逐渐培养攻防意识，为进一步提高竞技水平做好准备。另外在此阶段还要注重战术意识的培养，因为战术意识是一名运动员走向成熟的标志，在训练中注重战术意识的培养与练习，对提高运动员自身的技术水平有很大的促进作用。

3. 第三阶段：提高个人技术特长、形成个人技术打法阶段

通过前两个阶段的学习，运动员的个人技战术水平有所提高，形成了个人的技术特色，这时教练员应因材施教，培养个人的技术“绝招”，在全面提高掌握攻防技术的前提下形成个人技术特长，不断提高专项素质及增强打击力量，从而逐步走向成熟。

（二）各阶段要求

1. 一阶段的要求是打好基础

学习武术散打首要的一条是练好专项素质和基本功。专项素质包括：

力量、速度、灵敏、协调、柔韧等素质。基本功包括：关节放松活动操、太极拳养生功、基本的站立姿势、步法、基本拳法、腿法、摔法、防守技术等。在练习专项身体素质之前，首先要提高一般身体素质（内容包括跑、跳、力量等）。在具备一般身体素质的基础上，通过严格散打的基本功、基本技术训练，一定会提高专项素质。在掌握了正确的基本动作和具备了专项身体素质的基础上逐步提高拳腿的速度、力量，增加攻击的实效性，提高抗击打能力和实战意识，为进一步强化学习和深入学习做好准备。

2. 二阶段的重点是熟练掌握攻防技术

有了一定的散打基础后，在继续巩固技术动作的前提下，逐渐过渡到攻防技术阶段，全面系统地学习散打实战的攻防技术及战术。由简单的单个技术练习进入组合的攻防技术练习，形成个人的技术特点。学习时要从动作原理入手，了解动作的本质，体会攻防含义，从理论上去认识和掌握招式组合规律。还要根据自己的不足进行一些针对性的练习，如：力量弱者要安排一定时间与数量的力量练习，技术动作不规范者要反复纠正错误动作，直到能够完成正确的技术动作为止，为进一步的学习及实战训练打好基础。

3. 三阶段的目的是通过实战积累经验、检验成果、形成个人技术专长

武术散打是双方斗智、较技的对抗性项目，是以击败对手来取得比赛胜利的。练习的效果与水平都要通过实战来检验。实战的原则是要先从本队与自己水平相近的队友进行交手，以克服自己的胆怯心理。在实战中通过自己的感觉及教练的提示来发现问题，从而进行针对性的改正，不断地总结经验教训，不断地完善自己，提高技术水平。当水平到达一定的高度时，再过渡到与其他运动队之间或与优秀选手之间进行交手比赛，学习他人的长处，完善自己的不足。要善于总结和发现，针对自己的特点形成个人的技术风格，也就是所谓的“绝招”。这样才能使自己成为一名优秀的散打运动员。

（三）自学散打方法简介

1. 掌握看图的方法

当你在无人帮助下学习散打时，看图自学是一种好的方法。在看图自学时，首先要认真阅读文字说明，分清哪几个图是一个动作，并按照文字要求先进行分解练习，待能够规范掌握分解动作时，再进行完整的动作练习。其次，要了解动作路线方位，边看边做，逐步体会，琢磨练习，逐个动作学习直至掌握技术要领。

2. 互相交流

在自学中，如果是两人结伴学习，效果会更好。一人按照文字说明慢说慢讲，一人看图后按照要求进行练习，互相观摩监督，体会技术动作。这种方法在学习攻防技术动作时更为重要。在学习攻防动作时可以两人一组，一人为攻方，另一人为守方，逐步体会技术动作原理，理解动作意图和攻防含义，以达到学习目的。

二、散打礼节、服装及注意的事项

（一）礼仪、服装

中国是有着悠久历史的文明古国，礼仪之邦，正是在这样的环境下，勤劳善良的中华民族创造了中华武术。“未曾习武先习德”，可见武德对于习武者来说是非常重要的。散打作为中华武术的一部分，礼节尤为重要，表现为：

（1）练习者见到老师时，首先要向老师敬礼问好。

（2）队员之间进行交手时应相互敬礼，练习后再次相互敬礼。

（3）敬礼的标准姿势应为抱拳礼。即两腿并立，左掌右拳于胸前相抱，高于胸部，手与胸之间距离为 20 ～ 30 厘米。

（4）参加比赛时，比赛开始前运动员要先向裁判员和观众敬礼，然后要向对方运动员敬礼，比赛结束后再次敬礼。

（5）服装：比赛时运动员必须穿戴赛会规定的统一比赛服装，平时练习时须穿与运动相适应的运动服装。套路表演时须穿戴传统服装。

（二）练习散打注意事项

1. 加强武德修养

中国是具有“礼仪之邦”之称的文明古国，武术散打正是在这样一个大的环境下孕育而生的。武术在几千年的流传过程中历来重视“武德”的培养，正所谓“习武先习武德”“拳以德立，无德无拳”。武术的修炼过程是一个内外双修的过程，讲究德武双馨，要练就上乘的功夫，也要在道德方面达到较高的境界。武德是老一辈武术家给予我们的精神财富，是指尚武崇德的精神，是评价习武者道德水平的标准。学习散打的目的不仅是追求强健的体魄，自强不息的尚武精神，更是培养宽厚谦让、诚实守信、除暴安良、扶助弱小的道德修养。因此，学练散打必须加强武德修养，树立助人为乐、见义勇为的优良风尚，切不可以武恃强凌弱、打架斗殴、肆意闹事、违反社会公德。同时树立良好的武德，也是一名习武者必须具备的道德修养。

2. 树立坚忍不拔的意志和持之以恒的学习态度

散打运动是一项既复杂又难练的项目，学习的过程中将遇到各种各样的困难，如疼痛、疲劳等。在这些困难面前只有树立坚韧不拔的意志和持之以恒的学习态度，潜心钻研，才能不断提高自身的武技。

3. 练习前准备活动要充分

练习散打或参加比赛前应有充分的准备活动，准备活动的时间大约在20 ～ 30 分钟，内容包括跑步，关节操，游戏及拉韧带等（跑步后的拉韧带内容可参考本书柔韧素质训练部分）。通过充分的准备活动将各韧带、关节充分活动开，提高神经与肌肉的兴奋，有效地克服内脏器官的生理惰性，使肌体各器官处于兴奋及运动状态。切不可没有做准备活动就进行剧烈的运动，从而造成关节、肌肉、韧带的拉伤，影响正常的训练。因此做好充分的准备活动是避免运动损伤的有效手段。

4. 遵循循序渐进原则，不可急功近利

学习散打最重要的一个原则就是系统性。正确科学合理地安排学习训练计划，才能够较好地掌握散打技术，切不要贪多图快，否则欲速则不达。如在学习的过程中，还没有学习防守技术就进行实战练习，这样不但不能进步，反而容易造成运动损伤，影响学习进度。

5. 要具备自我保护能力

学习散打必须经历的过程就是实战，如果在没有穿护具的情况下进行实战，很容易损伤。因此在实战练习时穿戴护具是较好的自我保护措施，护具包括护胸、护腿、护裆、护齿、拳套等。另外在练习时有条件者最好在垫子上进行练习，无条件者可在平整的场地上进行。

6. 训练结束后要进行全面的放松

训练结束后，人体的各种生理机能还维持在一个较高的水平，需要有一个由高到正常的调整过程。全面进行放松整理活动，能有效地消除疲劳，消除代谢产生的乳酸，缓解肌肉疼痛；做到养与练的有机统一。

第三章　散打基本技术

一、散打基本手型和步型

（一）手型

拳：五指内屈握紧，拇指第一骨压在食指和中指的第二指、骨上，拳心朝下为平拳；拳眼朝上为立拳（图 3-1-1、图 3-1-2）。

要点：拳心握实，拳面要平，手腕要直。

图 3-1-1

图 3-1-2

（二）步型

1. 开立步

两脚前后开立，略比肩宽，两脚尖内扣，两膝微屈，重心在两腿之间（图 3-1-3）。

要点：站立时两腿拇趾用力踩地，两脚跟微微离地。

2. 弓步

两脚前后开立约三脚半长，前腿屈膝半蹲，后腿伸直，脚跟微微离地，脚尖内扣，重心在两腿之间（图 3-1-4）

要点：前后脚要分别向下方和后下方用力踩地，不宽因人而异，但不可太宽而使移动不灵活。

3. 高虚步

两脚前后站立，两膝微屈，前脚脚尖虚点地面，重心落于后腿（图 3-1-5）。

要点：前虚后实，两膝不可弯曲过大。

4. 独立步

腿屈膝提起，另一腿伸直支撑体重（图 3-1-6）。

要点：支撑腿膝盖不可用力绷直，五趾抓地站稳。

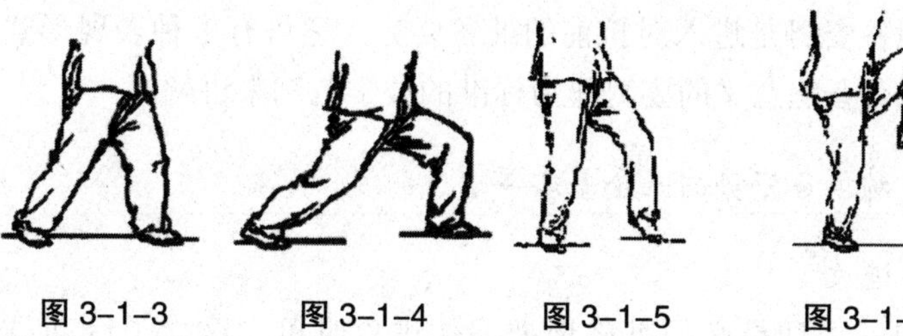

图 3-1-3　　图 3-1-4　　图 3-1-5　　图 3-1-6

5. 丁步

两膝微屈，两脚虚实并步站立，虚腿脚跟微离地（图 3-1-7）。

要点：虚腿不可支撑身体重心，左右前后移动灵便。

6. 马步

两脚左右开步屈膝半蹲，步距宽于肩，两脚尖朝前，重心落于两腿之间（图 3-1-8）。

要点：步距不可太宽，以移动灵活为准。

7. 半马步

两脚左右开步屈膝半蹲，步距略宽于肩，后脚尖朝前，前脚尖外展，中心略偏于后腿（图 3-1-9）。

要点：步距不可太宽，以移动灵活为准。

8. 仆步

一腿屈膝全蹲，另一腿伸直平铺地面，脚尖向内（图 3-1-10）。

要点：重心基本位于全蹲腿，上体不可前倾或后仰。

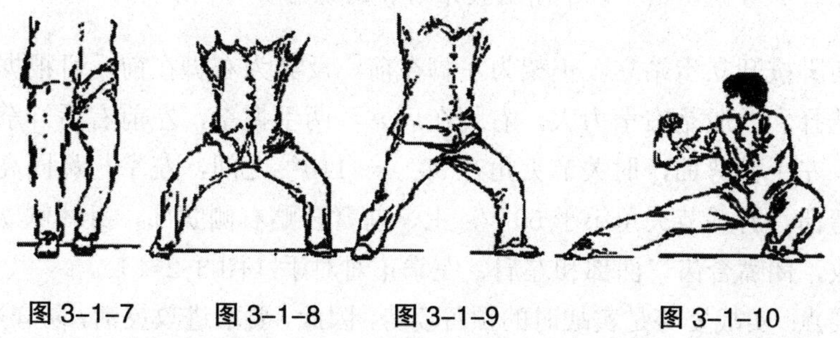

图 3-1-7　　图 3-1-8　　图 3-1-9　　图 3-1-10

二、实战姿势（预备势）

散手预备姿势是进入对抗前的准备姿势，它可有多种表现形式，在此我们仅把带有普遍意义的姿势作为标准的教学范例来讲解。

（一）对预备姿势的三个基本要求

1. 便于进攻

实战中，运动员必须准确地把握住进攻时机。这除了运动员要有娴熟的技术、灵敏的反应和必备的身体素质外，预备姿势正确与否对运用技术的效果关系重大，它主要表现在使用动作前把身体各部位调整到适于发动进攻的协调状态，从而达到使用攻防动作突然、快速、省力以至奏效的目的。

2. 便于防守

正确的预备姿势不会造成顾此失彼的状况，它总是能够事先兼顾到自身所需防守的各个部位，以及在防守时表现出最佳的能力和效果，并能及时地处理好防守过后迅速转入进攻的关系。

3. 便于移动

实战中，运动员要不断地根据对我双方的态势及攻防技术的特点和要求，在不同情况下迅速地变换体位与方位。这就要求预备姿势时的重心不宜过低，基底范围不宜过大，中心应在人体中轴线周围游离，身体始终处于待发状态，以增加移动时启动的突然性。

（二）动作要领（以下所有技术动作均以右势为例）

两脚按开立步站立（正架为左脚在前，反架为右脚在前，可根据个人习惯选择，一般是右拳力大，右脚在后），两手握拳，左前右后，拳眼均朝上，左手臂弯曲，肘关节夹角在 90° ～ 110° 之间，左拳与鼻同高；右手臂弯曲，肘关节夹角小于 60°，上、前臂轻贴右侧肋部，身体侧立，下颌微收，闭嘴合齿，面部和左肩、左拳正对对手（图 3-2-1）。

要点：实战姿势是实战时的预备姿势，因此，要求进攻灵活，防守严密，移动方便。姿势不可太低，重心控制在两脚之间；两手紧护躯体，暴露给对手打击的有效部位尽量缩小。

图 3-2-1

易犯错误及其纠正方法：身体重心过低、前倾或后倾。身体上部保护不够。两脚容易并在一条直线上，削弱了自己进攻的能力和对来自侧面进攻的防守能力，并且稳定性差。预备姿势完成时骶部与肩部不在一个立面上，容易破坏完成动作时的整体协调性。纠正时，强调步法移动灵活，防守严密，姿势不可太低，重心控制在两脚之间；两手紧护躯体，尽量缩小暴露给对手打击的有效部位。

（三）动作技术分析

(1)转体后，两脚不在一条直线上，这样一是利于稳定，二是利于后手、后腿的进攻。

(2) 重心在两脚的脚前掌上是使自己随时处于待发状态，便于攻防和移动。

(3) 两肘自然下垂能有效地保护自己两肋部，下颌微收以增强自己头部的抗击打能力。

（四）训练方法

(1) 反复练习转体动作，要求注意中心的分配和身体立面的统一。

(2) 转体动作熟练后再做上肢的配合动作。

(3) 动作基本定型后可进行前后左右的摇晃练习，使之能够使身体协调、放松。

(4) 掌握动作后，教练可根据情况下达指令改变体位方向，使之在不断变换动作中迅速调整好自身的动作，以提高运用预备姿势的能力。

三、基本步法

（一）滑步

滑步分为向前、后、左、右四种，主要用于直接配合拳的进攻。

前滑步：从预备姿势开始，上体保持原来姿势，后脚蹬地，重心前移，前脚微离地面，以脚前掌向前蹭出 30 厘米左右，后脚随之跟进相同距离，整个动作完成后仍成原来预备姿势（图 3-3-1）。

后滑步：从预备姿势开始，上体保持原来姿势，前脚蹬地，重心后移，后脚微离地面，以脚前掌向后蹭出 30 厘米左右，前脚随之后退相同距离，整个动作完成后仍成原来预备姿势（图 3-3-2）。

左滑步：从预备姿势开始，上体保持原来姿势，右脚脚蹬地，重心左移，左脚微离地面，以脚前掌向左蹭出 30 厘米左右，后脚随之向左跟进相同距离，整个动作完成后仍成原来预备姿势（图 3-3-3）。

右滑步：从预备姿势开始，上体保持原来姿势，左脚蹬地，重心右移，右脚微离地面。以脚前掌向右蹭出 30 厘米左右，左脚随之向右跟进相同距离，整个动作完成后仍成原来预备姿势（图 3-3-4）。

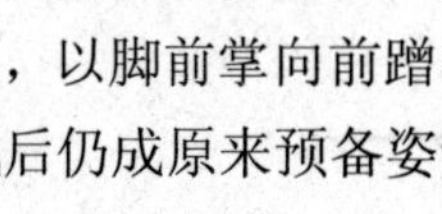

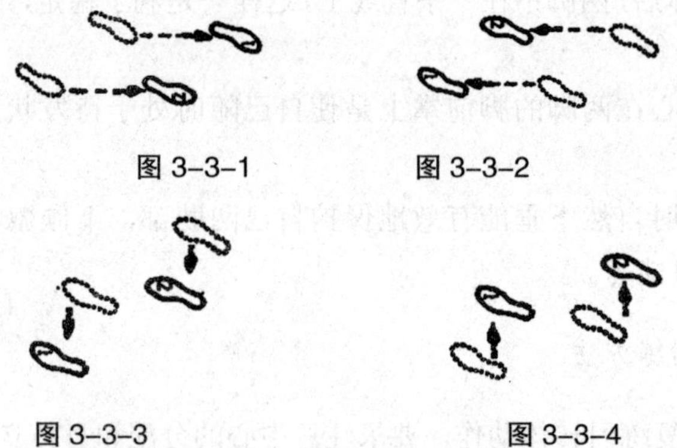

图 3–3–1 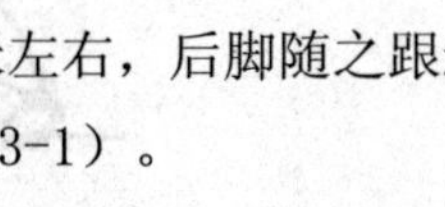　图 3–3–2

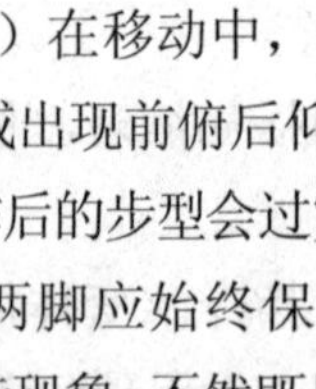

图 3–3–3 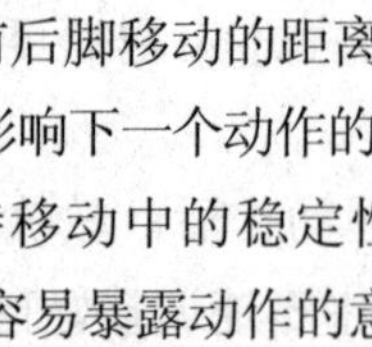　图 3–3–4

要点：（1）在移动中，身体各部位要相对固定，但要紧而不僵，重心不得过于起伏或出现前俯后仰的现象。（2）前后脚移动的距离应大致相等，不然在完成动作后的步型会过宽或过窄，进而影响下一个动作的完成。（3）在移动过程中，两脚应始终保持平行，以保持移动中的稳定性。（4）移动时不应出现迈步现象，不然既影响启动速度又容易暴露动作的意图。（5）向后、左、右的滑步，一般情况下都应由向所滑动方向的脚先行移动，另一脚紧跟滑步，两脚间的滑动距离应大致相等：

（二）闪步

闪步分为左、右闪步。主要用于躲闪对方的正面进攻，并有利于自己的迅速反击。

左闪步：从预备姿势开始，上体保持原来姿势，前脚向左侧迅速蹭出 20 ～ 30 厘米，紧接着后脚以前脚为轴迅速向左滑动，角度在 45° ～ 90° 以内，动作完成后大致成预备姿势的步型（图 3-3-5）　。

右闪步：从预备姿势开始．右脚向右方横向蹭出，随后以髋部带动前脚向右侧滑动身体转动角度一般在 60° ～ 90° 之间，动作完成后成预备姿势（图 3-3-6）。

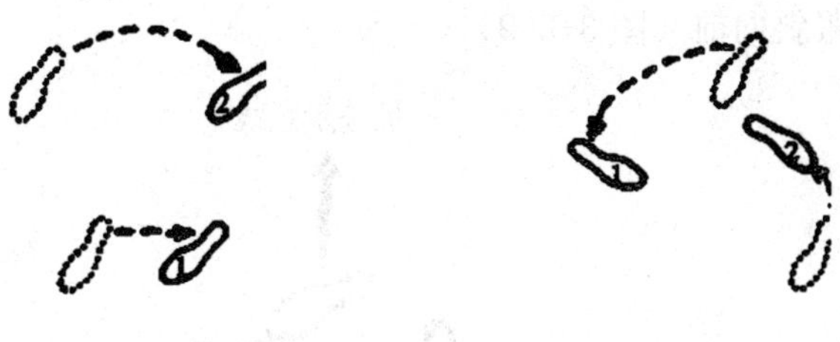

图 3-3-5　　　　图 3-3-6

要点：（1）做闪步移动时，重心容易在瞬间出现前俯现象，这不利于保护自己。（2）闪步动作的完成主要靠髋部的力量带动，在移动过程中整个身体要相对固定，但不能僵滞。

（三）纵步

纵步分为前、后两种，主要是用于远距离时迅速接近对方或在中近距离时迅速摆脱对方的一种步法。

前纵步：从预备姿势开始，两脚向时蹬地向前纵出 30 ～ 40 厘米左右，在动作完成的过程中始终保持预备姿势（图 3-3-7）。

后纵步：从预备姿势开始，两脚向时蹬地向后纵出 30 ～ 40 厘米左右，在动作完成的过程中始终保持预备姿势（图 3-3-8）。

图 3-3-7　　图 3-3-8

要点：（1）启动前不宜过分降低重心，不然容易暴露动作意图。（2）动作主要靠两脚踝的力量向前纵出，但腾空不宜过高。

（四）垫步

垫步大体分为两种，一种是垫一步，一种是在上一步的基础上再跟垫一步。垫步一般直接用于配合腿的进攻动作。

垫一步：从预备姿势开始，重心前移，后脚蹬地向前脚内侧并拢，随即前腿屈膝提起，根据情况使用蹬、端腿法。

跟垫一步：上动不停，在用腿法的同时，支撑腿随蹬（端）腿向前再垫出一步，脚跟斜向前（图 3-3-9）。

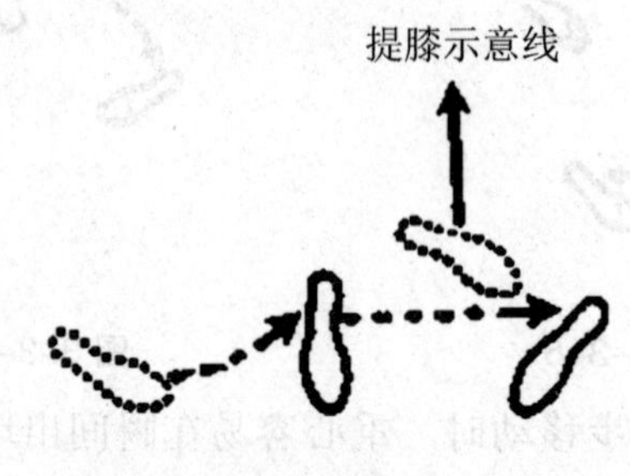

图 3-3-9

要点：（1）后脚向前脚并拢要快，前脚提起的动作与后脚并拢动作不脱节，不停顿。（2）配合出腿的垫步要与腿法同时完成，但要注意垫步时不能腾空，为加大力度和充分伸展踹出后的支撑腿脚后跟必须斜向前方。

（五）击步

击步是在远距离需要接近对手或中近距离需要脱离对手时运用的一种常见步法，击步主要分为向前、向后两种。

前击步：从预备姿势开始，重心前移，后脚蹬地向前脚内侧迅速并拢，在后脚着地的同时，前脚向前方迅速跃出，着地后双脚成预备姿势步型（图 3-3-10）。

后击步：从预备姿势开始，重心后移，前脚蹬地向后脚内侧迅速并拢，在前脚着地的同时，后脚向后方迅速跃出，着地后双脚成预备姿势步型

（图 3-3-11）。

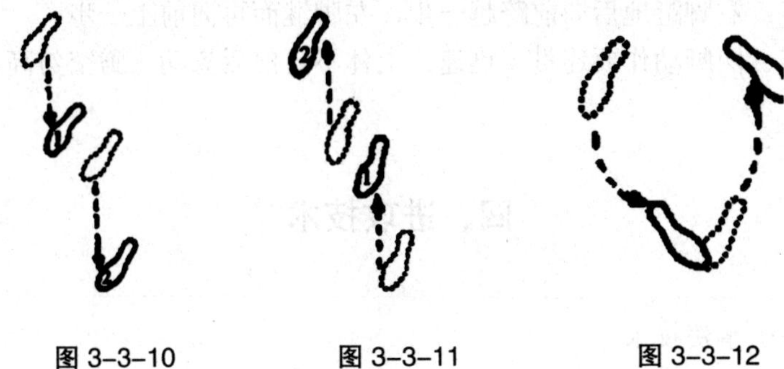

图 3-3-10　　图 3-3-11　　图 3-3-12

要点：（1）做击步时不能腾空过高，两脚动作要依次、连贯、快速。（2）完成动作的过程中要注意上体不能前俯后仰。

（六）交换步

交换步是左右架交换时的一种步法，多见于左右架交替打法的运动员使用。从预备姿势开始，前后脚同时蹬地稍离地面在空中左右腿前后交换，转体 120°左右，同时两臂也做前后体位的交换，完成动作后成与原来相反的预备姿势（图 3-3-12）。

要点：转换时要以髋部力量快速带动两腿交换，同时身体不能腾空过高。

（七）其他步法

上步：后脚向前上一步，同时左右拳前后交换成反架姿势。

要点：上步时身体不能前后摆动，上步与两手要同时交换。

撤步：前脚向后撤一步，成右前左后，左脚跟微离地面，右脚脚尖外展，重心偏于右腿。

要点：撤步不宜过大，重心移动不能明显。

插步：后脚向左横移一步，脚跟离地，两脚略成交叉。

要点：插步时身体不要转动，左侧面仍与对手相对；插步后要及时还原成预备势。

跨步：左（右）脚向左（右）侧跨半步，右脚略向左脚靠近，两膝弯曲；同时右拳向斜下方伸出，左拳回收至左腮旁。

要点：跨步主要用于侧闪防守。跨步后身体重心下降，以利于反击。两腿要一虚一实；两臂分别防守上、下，形成较大的防守面。

盖步：右脚向左脚前迈步，脚尖外摆；左脚跟离地，两膝微屈，重心偏于右腿。

要点：迈步身体不转动，重心不要起伏，步幅适中。

跃步：右脚蹬地后向前跨越一步，左脚继而再向前上一步。

要点：两脚动作要连贯、迅速，上体不要前后晃动，腾空勿高。

四、进攻技术

（一）拳法技术

1. 冲拳

左冲拳：预备势为正架势，即左脚、左手在前（以下均同），右脚微蹬地面，重心微向前脚移动；同时左拳直线向前冲出，力达拳面（图 3-4-1）。

要点：（1）冲拳时，上体不可前倾，腰略向右转。（2）拳面领先，上臂催前臂，臂微内旋，肘微屈。（3）快出快收，切勿停顿，迅速还原成预备势。

易犯错误及纠正方法：（1）撩拳。由于冲拳前肘先于拳而动，形成拳往下撩的错误。纠正时强调以拳领先，勿先动肘；或同伴帮助以一手拉拳，一手按肘，慢慢体会要领。（2）只动前臂。冲拳时以肘关节为轴，不是以肩催臂，而只是前臂屈伸。纠正时强调肩先起动，催肘送拳。

用法：左冲拳是一种直线进攻型动作，特点是距离对手较近，易发动，预兆小，灵活性强，但相对地力度较小。可以结合身体高、低姿势，或左右闪躲击打对方腰部以上任何部位。既可主动进攻，又能防守反击，而更多是以假乱真，虚招引诱对手，为接用其他方法“探路”，是进攻技术中最常见和最主要的动作之一。

例（1）抢攻对手的中、上盘（上盘：胸部以上；中盘：腰部以上；下盘：腰部以下。以下均同）。对方在对峙的状态下，突然快速的进步或上步，以左冲拳攻击对方。

例（2）当对手拟用左蹬腿进攻，屈膝提起时，迅速抢步进身，同时以左冲拳反击对手头、胸部，后发先至。

例（3）当对手进步欲俯身抱摔时，左冲拳反击其头部。

右冲拳：预备势开始，右脚微蹬地并向内扣转，转腰送肩的同时，右拳直线向前冲出，力达拳面；左拳变掌回收至右肩内侧（图 3-4-2）。

要点：（1）右冲拳的发力顺序是起于右脚，传送到腰、肩、肘，最后达于拳面。（2）上体向左转动（头不转），以加大冲拳力量。（3）还原时以腰带肘，主动回收。

易犯错误及纠正方法：（1）上体过于前倾。冲拳时，上体向前移动过多，腰没有向左拧转。纠正时，多体会腰绕纵轴方向拧转的要领，克服向前俯身的毛病。（2）翻肘撩拳。冲拳时前臂、肘关节先动并外翻，形成撩拳错误。纠正时，由教练或同伴帮助，或面对镜子，做慢动作练习。(3)后引拉拳，预兆明显。这是学习拳法的常见错误。纠正时，面对镜子或同伴监督，用慢速放松练习，以体会出拳路线。

用法：右冲拳是主要的进攻动作之一。它的特点是攻击距离长，能充分利用蹬腿转腰的力量加大冲拳的力度。运用得好具有较强的威胁力。

例（1）在双方对峙状态下，突然以快速的步法逼近对方，同时右冲拳抢攻其中、上盘部位。

例(2)当对手右冲拳进攻上盘时，向左侧闪躲，同时右冲拳反击其腹部。

例（3）当对手右掼拳攻击上盘时，左手挂挡防守，同时右冲拳反击其躯干或头部。

例（4）当对手以右横踢腿向下盘进攻时，左手外挂防守，随即进步右冲拳反击其上盘。

例（5）当对手右横踢腿向上盘进攻时，左手挂挡防守后，以右冲拳反击其上盘。

2. 掼拳

左掼拳：上休微向右转，同时左拳向外（约 45º）、向前、向里横掼，臂微屈，拳心朝下，力达拳面或偏于拳眼侧；右拳护于右腮（图 3-4-3）。

要点：（1）力从腰发，腰绕纵轴向右转动。（2）掼拳发力时，臂微屈，肘尖抬至与肩平。

易犯错误及纠正方法：（1）掼拳幅度过大。纠正时，面对镜子或同伴帮助，消除只想用力的心理，严格体会掼拳的运行路线、待动作基本定型后再加大动作力量。（2）翻肘过早，出现甩拳。纠正时，请同伴帮助，一手拉拳，一手按肘，克服翻肘错误。（3）向前探身。纠正时，多体会向右转腰发力的要领，或同伴帮助控制身体前探。

用法：左掼拳是一种横向型进攻动作，可以结合身体姿势的高、低变化击打对方的侧面。上盘可击太阳穴；中盘可击腰肋部位。

例（1）双方对峙时，突然向左闪步，左掼拳抢攻对手头部右侧。

例（2）对手左冲拳进攻上盘；向左闪的同时，左掼拳反击其头部。

例（3）对手左横踢腿向中盘进攻；右手外截防守后急速进步，同时以右掼拳反击其头部。

右掼拳：预备势开始，右脚微蹬地并向内扣转，合胯向左转腰，同时右拳向外（约 45º）、向前、向里横掼，力达拳面或偏于拳眼侧；左拳变掌屈臂回收至左腮前（图 3-4-4）。

要点：（1）右脚内扣，合胯转腰与掼拳发力要协调一致。（2）掼拳发力时，肘尖微抬，使肩、肘、腕基本成水平。

易犯错误及纠正方法，参考“左掼拳”。

用法：右掼拳也是一种横线型进攻动作。它的特点是能充分借助右脚蹬地转腰的力量，力度较大。但因其进攻路线长，动作幅度宜小不易大。此拳法多用于连击或防守后反击。

例（1）双方对峙时，俯身以左拳虚晃，佯攻其腹部，继而起身右掼拳攻其头部。

例（2）对手右蹬腿进攻中盘；以左手里挂防守，进步，以右掼拳反击其胸部。

例（3）对手右抄拳进攻腹部；左手向里掩肘防守，右掼拳反击其头部。

图 3-4-1　　图 3-4-2　　图 3-4-3　　图 3-4-4

3. 抄拳

左抄拳：预备势开始，重心略下沉，左拳由下向前上方勾起，上臂与前臂夹角在 90º 至 110º 之间，拳心朝里，力达拳面（图 3-4-5）。

要点：（1）重心略下沉，是为了更好地利用前脚蹬地拧转的反作用力，加大勾拳力量。动作要连贯、顺达，用力要由下至上。（2）抄拳时，臂应先微内旋再外旋，拳呈螺旋形运行。（3）抄拳发力时，腰向右侧转动，发力短促。

易犯错误及纠正方法：（1）左拳向外绕行。纠正时，面对镜子，不追求用力，重点体会拳的运行路线。（2）抄拳发力时上体后仰、挺腹。纠正时，重点体会蹬地转腰的要领以及内力的运用。（3）重心上提，歪胯。纠正时，请同伴帮助，一手按头，一手扶胯，边练习边提示改进。

用法：抄拳属上下进攻型动作，由于击打距离短，适用于近距离实战，双方接触时，正面攻击对手的胸、腹或下额。

例（1）对手左抄拳进攻胸、腹部时；沉身，右掩肘后，以左抄拳反击其躯干以上部位。

例（2）对手上步欲抱腿时；沉身，以左抄拳反击其头部。

例（3）对手左掼拳击头时，右手挂挡，沉身，左抄拳反击其腹部。

右抄拳：右脚蹬地，扣膝合胯，微向左转腰的同时，右拳由下向前、向上抄起，上臂与前臂夹角在 90º 至 110º 之间，拳心朝里，力达拳面；左拳回收至右肩内侧（图 3-4-6）。

要点：（1）右抄拳要借助右脚蹬地、扣膝、合胯、转腰的力量，发力由下至上，协调顺达。（2）抄拳时，右臂先微内旋再外旋，螺旋形运行。

易犯错误及纠正方法：（1）右拳后拉。练习者可能想加大动作力度，以致右拳先后拉再上勾，出现严重预摆。纠正时，应消除单纯用劲心理，着重体会动作路线和全身的协调配合。（2）身体向上立起。练习者没有体会合胯转腰的用力方法，过分追求蹬地伸髋。纠正时，同伴协助控制重心的起伏，如一手按头，一手给靶（保持正确的高度），体会力从腰发的要领。

用法：

例（1）对手右掼拳攻击上盘右侧时；左手挂挡后，右抄拳反击其躯干以上正面部位。

例（2）对手右抄拳向胸、腹进攻时；左手掩肘防守后，右抄拳反击其中盘。

例（3）对手进身追击，或欲抱腿摔时，在其上步俯身的同时；右抄拳阻击其头部。

4. 横扣拳

以左横扣拳为例：左拳向外（约 30º）、向前、向里横摆扣击，拳眼朝上，拳心朝右，力达拳心（图 3-4-7）。

要点：（1）动作幅度要小，扣击速度要松快。（2）配合左闪步扣拳，腰略向右转，以加大扣拳的力度。

易犯错误及纠正方法：（1）动作幅度大，预兆明显。纠正时，练习者减少力度，反复击打弹球。（2）动作僵硬，速度迟缓。纠正时，强调臂、膀肌肉放松，轻松地反复练习。

用法：它的特点是幅度小，速度快，较适用于近距离或贴身的实战，主要用以击打对方头部的侧面。实用范例可参考左右掼拳。

图 3-4-5　　图 3-4-6　　图 3-4-7

5. 鞭拳

以右鞭拳为例：身体向右后转 180º，右脚经左腿后插步；同时左拳与右拳一起回收至胸前；动作不停，上体继续向右转体 90º，同时右拳反臂向右侧横向鞭打，拳眼朝上，力达拳背（图 3-4-8、图 3-4-9、图 3-4-10）。

图 3-4-8　　图 3-4-9　　图 3-4-10

要点：（1）转体快，以头领先，不能停顿，支撑要稳。（2）鞭拳时，以腰带臂，前臂鞭打甩拳。

易犯错误及纠正方法：（1）转体停顿，站立不稳。纠正时，可专做转体练习。（2）前臂没外甩，形成直臂抡打，力点不准。纠正时，原地练习鞭拳，体会甩前臂要领。

用法：鞭拳是横向型进攻动作之一，并能借助于转体的惯性，动作幅度大，运动路线长，力度较大。用于退守反击时，动作隐蔽、突然。

例（1）双方对峙时，左拳虚晃佯攻，继而，右脚插步，身体右后转，右鞭拳横击其上盘。

例（2）对手左或右冲拳攻击上盘时；左脚经右脚前向后迈步，身体右转 180º，躲闪其进攻的同时，以右鞭拳击其头部。

例（3）对手连续追击，反攻其侧面。

（二）腿法技术

1. 蹬腿

左蹬腿：实战姿势站立（以下均同），右腿直立或稍屈，左腿提膝抬起，勾脚，以脚跟领先向前蹬出，力达脚跟；亦可送髋，脚掌下压，力达脚前掌（图 3-4-11、图 3-4-12、图 3-4-13）。

右蹬腿：身体重心前移，左腿直立或稍屈，身体稍左转，右腿屈膝前抬，勾脚，以脚跟领先向前蹬出，力达脚跟；亦可送髋，脚掌下压，力达脚前掌（图 3-4-14、图 3-4-15、图 3-4-16）。

图 3-4-11　图 3-4-12　图 3-4-13

图 3-4-14　图 3-4-15　图 3-4-16

要点：屈膝高抬，爆发用力，快速连贯。

易犯错误及纠正方法：提膝不过腰，髓、踝关节放松，力不顺达。上体直立，多做提膝靠胸练习和左右转换的蹬腿。注意挺髋并稍前送；亦可多做蹬墙壁、树干、沙包等练习，体会发力和着力点。

用法：散手中的蹬腿，除与套路中的要求相同外，还吸取了前点腿的优点，除力达脚跟，当击中对方时，脚踝发力，前脚掌下压，这样，击后容易将对方蹬开或使其倒地。

例（1）主动蹬腿：在双方移动，当与对手正面相对时，蹬腿击其躯干。

例（2）迎面蹬腿：当对方上步，用拳法进攻时，迎面抢先用蹬腿击其躯干。

例（3）蹬腿破侧弹腿：当对方使用侧弹腿进攻时，用蹬腿迎击其大腿或腹部。

2. 踹腿

左瑞腿：右腿直立或稍屈支撑；左腿屈膝抬起，小腿外摆，脚尖勾起，脚掌正对攻击目标，展髋挺膝向前踹出，力达脚掌，上体可侧倾（图 3-4-17、图 3-4-18、图 3-4-19）。

右踹腿：左腿直立或稍屈支撑，身体向左转 180°，同时右腿屈膝前抬，小腿外摆，脚尖勾起，脚掌正对攻击目标，用力向前踹出，力达脚掌，上体可侧倾（图 3-4-20、图 3-4-21、图 3-4-22）。

图 3-4-17　图 3-4-18　图 3-4-19

图 3-4-20　图 3-4-21　图 3-4-22

要点：上体、大腿、小腿、脚掌成一条直线，踹出时一定要以大腿推动小腿直线向前发力。

易犯错误及纠正方法：收腹、屈髋、撅臀，上体与腿不能成一条直线，打击距离短、速度慢、力量小。手扶肋木或其他支撑物，一腿抬起，脚不落地，严格按动作要求，由慢到快反复练习踹腿，改正动作。

用法：踹腿，是比赛中使用率较高的腿法之一。容易调整步法，因此，踹腿的使用变化较多，它直线运动，速度快，力量大，不易防守，而且配合步法运用，变化多易于在不同距离上使用。

例（1）低踹腿击对方下肢。

例（2）中踹腿击对方躯干。

例（3）高踹腿击对方头部。

3. 横摆踢腿

左横摆踢腿：上体稍右转并侧倾，同时带动左腿收髋、扣膝，直腿向右上方横摆打腿，踝关节屈紧，力达脚背至小腿下端（图 3-4-23、图 3-4-24）。

右横摆踢腿：左膝外展，上体右转，收腹，带动右腿收髋、扣膝、直腿向左上方横摆打腿，踝关节屈紧，力达脚背至小腿下端（图 3-4-25、图 3-4-26、图 3-4-27）。

图 3-4-23　图 3-4-24

图 3-4-25　图 3-4-26　图 3-4-27

要点：以转体带动摆腿，动作连贯、快速。

易犯错误及纠正方法：俯身、坐髋、撅臀；膝没有扣，形成撩摆。应注意上体稍立起，支撑腿挺髋站稳；多做踢打沙包练习，体会动作。

用法：横摆踢，是在实战使用较多的一种腿法。它以身带腿，速度快，力量大，运用得好能起到重创对手的作用。但因其弧形横摆，路线长，幅度大，较易被对手察觉和防守，实战中应注意，动作快速，不带顶兆。

例（1）当对手抢步向前，中盘空虚时，左横摆踢腿击其腹部。

例（2）左冲拳击对方头部，被其防守后，左横摆踢击头。

例（3）对手身体重心在前腿时，突然以右横摆腿击其下肢。

4. 侧弹腿

左侧弹腿：右腿直立或稍屈支撑，上体稍向右侧倾；同时左腿屈膝向左侧摆起，扣膝，绷脚背，随即挺膝向前弹踢小腿，力达脚背至小腿下端（图 3-4-28、图 3-4-29）。

右侧弹腿：左腿直立或稍屈支撑，上体左转 180°，稍向左侧倾；同时右腿屈膝前摆，扣膝，绷脚背，随即挺膝向前弹踢小腿，力达脚背至小腿下端（图 3-4-30、图 3-4-31）。

图 3-4-28　图 3-4-29　图 3-4-30　图 3-4-31

要点：脚背紧张，膝盖内扣，以膝带腿，快速有力。

易犯错误及纠正方法：脚背故松，膝不内扣，力点不准，容易受损伤。按动作要领多做绷脚背，侧弹腿击沙包、脚靶等物，体会击打时脚背的肌肉感觉。

用法：侧弹腿的优点是动作快速，易于变化，可视不同情况分别击对手的上、中、下三盘。

例（1）冲拳接侧弹腿：先用左冲拳击（虚晃）对方头部或躯干，继而右脚跟步，左侧弹腿攻击对方头部。

例（2）防冲拳反击侧弹腿：对方以右冲拳进攻，我右手拍挡防守，继而右侧弹腿反击其背部。

例（3）防腿反击侧弹腿：对方用横扫腿进攻，两手抄抱防守，随即侧弹腿反攻其腹部。

5. 转身横扫腿

左转身横扫腿：右脚向左脚前上步，微屈独立支撑，左后转身 360°，随转体，上体稍侧倾，左腿经左后向前横扫，脚面绷平，力达脚掌，目视左脚（图 3-4-32、图 3-4-33、图 3-4-34）。

右转身横扫腿：身体右后转 360°，随转体右腿直腿由后向前横扫，脚背绷紧，力达脚掌、目视右脚（图 3-4-35、图 3-4-36、图 3-4-37）。

图 3-4-32　图 3-4-33　图 3-4-34

图 3-4-35　图 3-4-36　图 3-4-37

要点：转体时以头领先，并借其惯性，腰背发力，展髋，挺膝，绷脚背。

易犯错误及纠正方法：猫腰，低头，收腹屈髋，扫摆无力，击打不到位。多做横扫腿击沙包练习，体会动作要领，注意转体时以头领先。

用法：横扫腿是横向型的进攻动作。虽动作路线长，但在直线动作难于进攻时，突然改变路线，亦能使对手防不胜防。运用时往往以假动作做掩护，动作要果断、敏捷、快速。

6. 勾踢腿

左勾踢腿：右腿弯曲，膝稍外展，上体稍右转，收腹合胯，带动左腿直腿勾脚向前、向右弧线擦地勾踢，力达脚弓内侧（图 3-4-38、图 3-4-39）。

右勾踢腿：左腿弯曲，膝外展，身体左转 180°，收腹合胯，带动右腿直腿勾脚向前、向左弧线擦地勾踢，脚背屈紧并内扣，力达脚弓内侧（图 3-4-40、图 3-4-41）。

图 3-4-38　图 3-4-39　图 3-4-40　图 3-4-41

要点：不带预摆，勾踢加速，力点准确，保持平衡。

易犯错误及纠正方法：有预摆，幅度大，前上方用力，脚踝放松。做勾踢木桩或两人相互勾踢的配合练习，互相检查，体会动作运行路线、用力方向和力点。

用法：勾踢腿主要利用了“釜底抽薪”的原理，当对方身体重心在前腿时，勾踢腿击其脚后跟，破坏其支撑的稳定性。实际运用时，为了提高动作的实效性，经常以同侧手做切拨对手上盘的配合，效果较好。

例（1）直接勾踢腿：当对方身体重心移到前腿时，左腿在前，用右勾踢腿；右腿在前，用左勾踢腿，击其脚后跟。

例（2）抱腿勾踢腿：对方用腿法进攻，防守抱腿后，勾踢腿击其支撑腿后脚跟，亦可同时用同侧手配合向相反方向切拨其上盘。

7. 截腿

左腿弯曲支撑，右腿由屈至伸，勾脚并外翻，使脚弓内侧朝前，向前下方截出，力达脚掌（图 3-4-42）。

图 3-4-42

要点：脚踝紧张，发力短促，沉实。

易犯错误及纠正方法：勾脚不紧，脚没外翻，直腿前摆。多做由慢到快，由轻到重的左、右腿截击木桩的练习，体会动作要领。

用法：截腿，兼有进攻和防守的双重作用，用于进攻时主要是正面直线进攻对方小腿胫骨面；用于防守时，主要封堵对方各种腿法的进攻。截腿高度一般不超过膝，用力是由上向前下方。

例（1）直接截腿：当对方进步上前靠近时，快速以右腿截其小腿正面。

例（2）截腿封堵：当对方抬腿用腿法进攻时，抢先以截腿封堵对方。

例（3）截腿接踹腿：右截腿虚晃进攻对方下盘，当其提膝防守或后撤时，随右腿前落，右转身用左踹腿进攻对方中、上盘。

（三）摔法技术

摔法，也叫跌法，是构成散手技术的主要组成部分之一。熟练地掌握摔法技术，成功地运用摔法动作，是得分取胜的有效手段；同时还会给对手在精神上造成很大的压抑，极大地消耗对手的体力。这是因为对手在被摔倒后，为了避免身体受到强烈的震动或砸压而憋气，致使肌肉紧张，而且对手还要在短暂的时间内迅速站起来，投入下一回合的较量，以致从精神到体力都有极大的消耗，给身体又一次造成新的紧张，影响技术的发挥。

散手中的摔法，虽同中国式摔跤、国际式摔跤、柔道，以及各民族形式的摔跤有共同之处，但是，由于受散手规则的制约，散手摔法在各式摔跤技术基础上有了进一步的发展，逐渐形成了武术散手摔法速度快、没有固定抓“把”部位的特点。

《散手竞赛规则》规定：使用摔法，抱住2秒钟后摔倒对方，否则不得分。而其他任何形式的摔跤比赛均不受这一限制。显然，速度快成为散手摔法的特点之一。

散手比赛，运动员必须穿戴规定的护具和拳套。这样，使用摔法时，便不可能牢固地抓握对手身体的某一部位。而在双方相互攻击的情况下，单纯主动地使用摔法易造成被动局面。可见，摔跤比赛中的一些摔法，在散手比赛中可以借用，但不能照搬。例如：中国式摔跤中“踢”的动作，是抓握住对手上肢的“把”位后，左右拧拉，使对手身体倾斜，借其反抗的力量顺势踢其踝关节以下脚的外侧，使对手失重心而倒地。这一摔法有一定的顺序和节奏，难以在2秒钟内完成动作。

散手的摔法，是根据对手站立的姿势，距离远近，在规则限定时间内，运用灵活多变的技术动作，摔倒对手。既有主动进攻的摔法，也有被动反攻的摔法；既有在远距离踢打中接抱上、下肢的摔法，又有近距离搂抱躯干贴身的摔法。这在其他的摔跤比赛中是少见或根本不能使用的。如散手中较常见的接抱单腿甩、涮等摔法，勾踢脚跟摔法等。

下面就散手比赛中最为常用的摔法加以介绍，供教学及训练中选用。

1. 夹颈过背

双方由实战姿势开始（以下均同），甲以左直拳击乙头部；乙用前臂格挡甲左前臂，左臂由甲左肩上穿过后，屈臂夹甲颈部；同时右脚背步至与左脚平行，两腿屈膝，身体右转，以左侧髋部紧贴甲方前身；继而两腿举伸，向下弓腰、低头将甲背起后摔倒（图3-4-43、图3-4-44、图3-4-45）。

图3-4-43　　图3-4-44　　图3-4-45

要点：夹颈牢固，背步转身要快，低头、蹬腿协调有力。

运用：多用于防守冲、惯拳击头部时反击，或主动进攻。

易犯错误及纠正方法：（1）夹颈不牢固：应使身体贴靠对方，屈臂环绕夹紧。（2）背不起对方：应强调背步、转身、低头、弓腰、蹬腿协调连贯。

2. 插肩过背

甲用右掼拳击乙头部；乙立即向前上步，左闪身，左臂由甲右腋下穿过；背右步至与左脚平行，两膝屈膝；同时右手推拍甲右前臂，两腿蹬直，向下弓腰、低头，左上臂插抱甲右腋下将甲摔倒（图 3-4-46、图 3-4-47、图 3-4-48）。

图 3-4-46　　图 3-4-47　　图 3-4-48

要点：闪身快，背步、转身协调一致，低头、弯腰、蹬腿连贯有力。

易犯错误及纠正方法：（1）抱握肩不紧：应以背部靠近对手。（2）背不起对方：注意低头、弓腰、蹬腿动作连贯，用力充分。

运用：防守掼、冲拳对头部攻击时，闪躲反击。

3. 抱腰过背

甲用右掼（直）拳击乙头部；乙向前上半步，右闪身，左臂由甲右臂下穿过，左手抱甲腰部，右手拍挡甲左拳；背右步，屈膝后蹬直，向下弓腰、低头将甲摔倒（图 3-4-49、图 3-4-50、图 3-4-51）。

图 3-4-49　　图 3-4-50　　图 3-4-51

要求：闪身快，抱腰紧，屈膝、伸腿、低头、弓腰协调连贯。

运用：防守掼、冲拳击打头部时的反击。

易犯错误及纠正方法：（1）抱腰不紧：应注意上步转身要贴近对方身体。（2）摔不倒对方：应使上步、转身、屈膝、低头、弓腰、伸腿动作连贯一致，用力充分。

4. 穿臂过背

由甲用左冲拳击乙头部开始。乙左闪身，右前臂格挡甲左前臂，左手臂由甲左臂下穿过上抱其上臂至肩上；同时身体右转，背右步，两腿屈蹲；继而，两腿蹬直，弓腰、低头，将甲背起后，过背摔倒（图 3-4-52、图 3-4-53、图 3-4-54）。

图 3-4-52　　图 3-4-53　　图 3-4-54

要点：绕抱对手左臂要快，转身、低头、弓腰、蹬腿协调连贯，快速有力。

易犯错误及纠正方法：（1）绕抱不住对手左臂：背步转身要快。（2）两腿蹬伸不直：背步转身，屈膝，蹬腿动作要连贯一致。

运用：多用于防守反攻对手的冲（掼）拳。

5. 抱腰过胸

由甲用右冲拳击乙头部开始。乙立即上左步，右闪身，两臂由甲左、右腋下穿过，抱甲腰部；右腿屈膝上步后蹬腿，向后弓腰、仰头，将甲抱起，向后倒地的同时，弓腰、仰头，头离地约 20 厘米时向左转体，将甲摔于身下（图 3-4-55、图 3-4-56、图 3-4-57）。

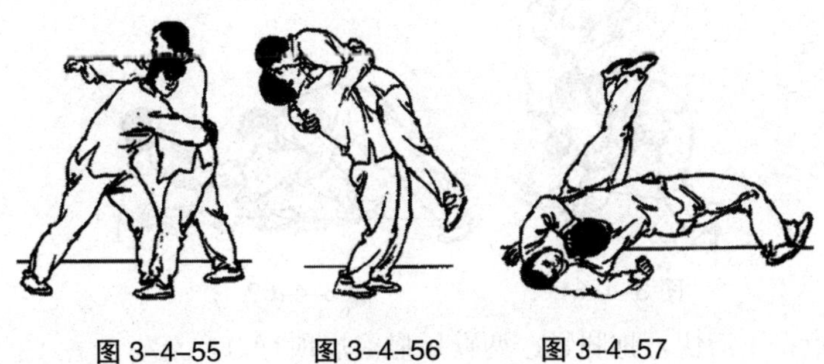

图 3-4-55　　图 3-4-56　　图 3-4-57

要点：抱腰要紧，仰头、挺腹、蹬腿协调有力，转身翻腰及时。

易犯错误及纠正方法：（1）抱腰不紧：主动接近对手。（2）自己先倒地：蹬腿及时有力，翻腰后倒大胆迅速，掌握好时机。

运用：适用于主动进攻或防守反击。

6. 抱腿过胸

甲用右冲拳击乙头部，乙立即上右步，屈膝、弓腰，两手抱甲双腿；随向前上右步，蹬腿、挺身将甲抱起后，向后弓腰、仰头、后倒（图 3-4-58、图 3-4-59、图 3-4-60）。

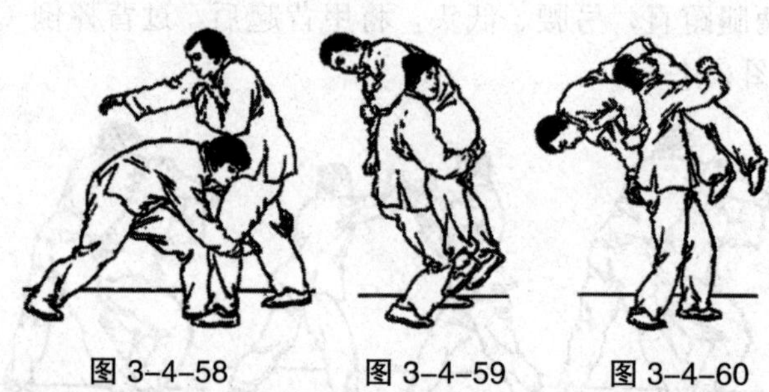

图 3-4-58　　图 3-4-59　　图 3-4-60

要点：上步下潜快，抱腿紧，仰头后倒大胆，空中翻身及时。

易犯错误及纠正方法：（1）抱不住对方双腿：接近对手，下潜及时。（2）抱不起对方：屈膝下潜和伸腿、仰头之间不能有间歇时间。（3）自己身体先着地：主动后倒后，翻身要快。

运用：制造下台战术，主动进攻对方，反攻亦可。

7. 抱腿前顶

甲出拳击乙头部时；乙上左步，下潜躲闪，两手抱甲双腿，屈肘，两手用力回拉；同时用左肩前顶甲大腿或腹部，将甲摔倒（图 3-4-61、图 3-4-62）。

图 3-4-61　　图 3-4-62

要点：下潜快，抱腿紧，两臂后撤，肩顶有力。

易犯错误及纠正方法：（1）抱不住双腿；注意下潜接近对手。（2）摔不倒对手：两臂后拉，肩顶配合协调。

用法：可用于主动进攻或防守反击。

8. 抱腿别腿

甲站立或起左侧弹踢腿时；乙将甲左腿抱住，并向甲的支撑腿后上左步；上体左转，长腰成右弓步，用左腿别甲左腿，同时用胸下压甲腿（图 3-4-63、图 3-4-64、图 3-4-65）。

图 3-4-63　　图 3-4-64　　图 3-4-65

要点：抱腿准、有力，弓步转体协调，长腰压腿顺势。

易犯错误及纠正方法：（1）抱不住腿：掌握好接抱腿时机。（2）摔不倒对方：别腿、压腿衔接要快。

用法：可用于主动进攻或防守反击。

9. 抱腿打腿

甲打拳；乙下躲闪身，同时上左步，两手抱甲左腿；抱起后，左腿向前摆至甲右腿膝窝处；随上体右转，左小腿后打甲右腿（图 3-4-66、图 3-4-67、图 3-4-68）。

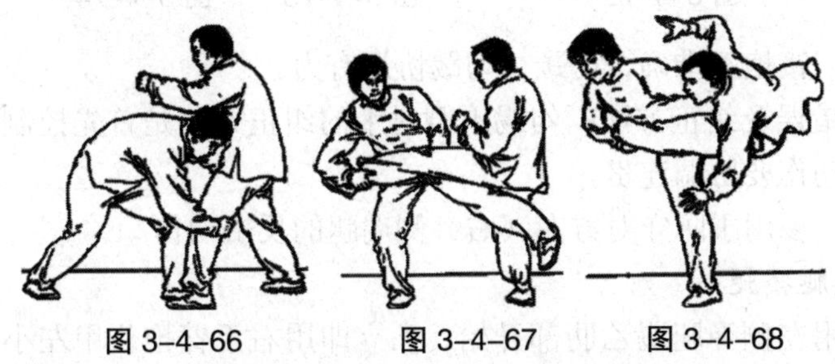

图 3-4-66　　图 3-4-67　　图 3-4-68

要点：下潜快，抱腿准，前摆、后打腿协调一致。

易犯错误及纠正方法：（1）抱不住腿：下潜抱腿动作连贯、迅速。（2）摔不倒对方：前摆后打腿动作不能有间歇。

用法：多用于主动抱单腿或接抱对方蹬腿的防守反击。

10. 抱单腿涮

由甲用左蹬腿踢乙胸部开始。乙立即用两手抓握甲左脚；两腿屈膝，两手向右侧拉其右脚；随即向下、向左上方成弧形摆荡（图 3-4-69、图 3-4-70、图 3-4-71）。

图 3-4-69　　图 3-4-70　　图 3-4-71

要点：抓握要准确、牢固，右拉和弧形摆荡动作要连贯有力。

易犯错误及纠正方法：摔不倒对方，弧形摆动要协调一致，注意借用对方反抗力量。

用法：多用于接抱对方蹬腿、横打腿等。

11. 接腿勾踢

由甲用右侧弹踢，踢乙肋部开始。乙立即顺势用左手抱住甲右小腿，右手由甲右肩上穿过下压其颈部；同时，右脚向前勾踢甲支撑腿踝关节处（图3-4-72、图3-4-73、图3-4-74）。

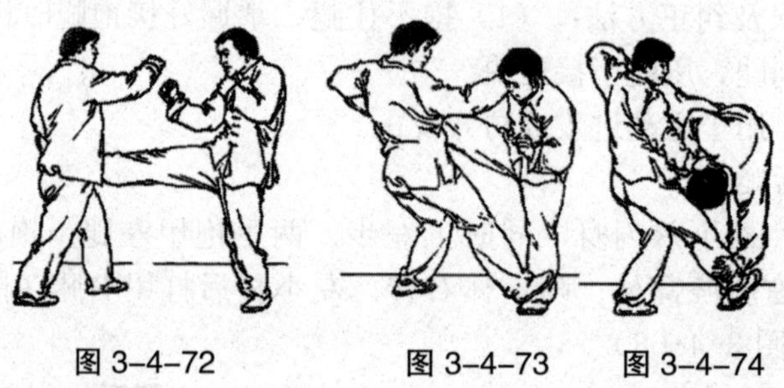

图 3–4–72　图 3–4–73　图 3–4–74

要点：接抱腿准确，压颈、勾踢协调有力。

易犯错误及纠正方法：勾踢不倒对手的纠正方法是首先控制住腿，压颈、勾踢动作要协调连贯。

用法：多用于防守对方左（右）侧瑞腿的反击动作。

12. 接腿搂腿

由甲用左侧弹腿踢乙肋部开始。乙立即用右手臂抱住甲左小腿；右脚向前上步，左腿抬起前伸，由前向后搂踢甲支撑腿；同时左手用力向前推乙左肩（图3-4-75、图3-4-76、图3-4-77）。

图 3–4–75　图 3–4–76　图 3–4–77

要点：抱腿紧，搂腿、推肩协调有力。

易犯错误及纠正方法：（1）抱腿不紧：接抱腿时要使对方腿贴近自己腹部，使其不能逃脱。（2）摔不倒对方：搂腿和推肩动作协调一致。

用法：适用于防守踹腿的反击。

13. 夹颈打腿

甲用左冲拳击乙头部；乙右前臂外格甲左臂，左手由甲左肩上穿过，屈肘夹甲颈部；同时右腿背步与左腿平行，随即右转体用右小腿向后横打甲右小腿，将甲打起（图 3-4-78、图 3-4-79、图 3-4-80、图 3-4-81）。

图 3-4-78　图 3-4-79　图 3-4-80　图 3-4-81

要点：格挡迅速，夹颈有力，打腿、转身协调一致。

易犯错误及纠正方法：（1）夹颈不紧：注意夹颈时步要向前跟上，身体贴紧对方。（2）摔不倒对方：打腿和转身要协调一致

用法：在对手用冲（掼）拳击打时，防守反击。

14. 撞胸前切

甲用左冲拳或掼拳击乙头部；乙用右前臂向外格挡后搭抓其手臂；同时，右脚向前上半步，随即，左脚向甲左腿后插步别甲左腿，左臂由甲右肩上穿过，屈肘夹抱甲的颈部，上体前俯下压甲胸部，使甲摔倒（图 3-4-82、图 3-4-83、图 3-4-84、图 3-4-85）。

图 3-4-82　图 3-4-83　图 3-4-84　图 3-4-85

要点：格挡上步快，撞胸有力。

易犯错误及纠正方法：摔不倒对手，要注意上步要接近对方，同时使上体前俯撞胸。

用法：对手实战姿势站立较高，身体直立时主动进攻或其运用冲（掼）拳时防守反击。

15. 顿手前推

乙右脚蹬地，向前上左步成弓步，同时两臂前伸，两手成立掌推甲

胸部；上体微前倾（图 3-4-86、图 3-4-87）。

图 3-4-86　　图 3-4-87

要点：上步快，双手用力一致。

易犯错误及纠正方法：推不倒对方，要坐髋、沉腕双手用力一致，发力短促。

用法：多用于对手临近台边时抢攻将其推下台去。

16. 拨颈勾踢

甲用右冲拳击乙头部；乙用左掌外格甲左前臂，伸右臂穿过甲的肩部，用手拨甲颈部右侧；同时右脚勾踢甲左脚的踝关节处将甲勾倒（图 3-4-88、图 3-4-89、图 3-4-90）。

图 3-4-88　　图 3-4-89　　图 3-4-90

要点：拨颈、勾踢协调有力。

易犯错误及纠正方法：摔不倒对方，要注意右手拨颈、右脚勾踢动作配合一致。

用法：用于对手冲（掼）拳击打时的防守反攻。

17. 穿腿靠摔

乙迅速向甲右腿外侧上左步别其腿；同时沉身，以左臂向甲两腿间插入；随即上体左倾并向后仰，屈膝前顶；将甲靠倒（图 3-4-91、图 3-4-92、图 3-4-93、图 3-4-94）。

图 3-4-91　　图 3-4-92　　图 3-4-93　　图 3-4-94

要点：上步快，主动侧倒，靠腹有力。

易犯错误及纠正方法：靠不住对方时，上左步控制对方右腿后撤，左臂控制其左腿后撤，及时向侧倒靠其腹部。

用法：对方站立姿势较高，身体直立时，主动进倒对方，将其摔倒。

18. 压颈推膝

由甲抱乙双膝开始。乙立即屈髋坐腰，微下蹲，左手压甲后颈部，右手向上推托甲左膝关节，随沉身下坐，右手压，左手上托使甲向前滚翻倒地（图 3-4-95、图 3-4-96、图 3-4-97）。

图 3-4-95　　图 3-4-96　　图 3-4-97

要点：下蹲快，压、推（托）动作协调一致。

易犯错误及纠正方法：对手不能倒地时，下蹲及时，压颈、推膝动作用力一致，不能有间歇。

用法：多用于被抱双腿或单腿时的反击。

五、防守技术

（一）接触防守

1. 拍挡

正架预备势开始（以下均同）。左手（右手）以拳心或掌心为力点向里横向拍挡（图 3-5-1）。

图 3-5-1　　图 3-5-2　　图 3-5-3

要点：前臂尽量垂直，拍挡幅度小，用力短促。

易犯错误及纠正方法：防守时向前方迎拨，幅度过大。注意只动前臂，不能伸肘、伸臂。

用法：防守对方直线型拳法或横向型腿法对上盘的攻击（图 3-5-2、图 3-5-3）。

2. 挂挡

左手（右手）屈臂向同侧头部或肩部挂挡（图 3-5-4）。

图 3-5-4　　图 3-5-5　　图 3-5-6

要点：上臂和前臂迭紧并贴于头侧，要含胸侧身，暴露面小。

易犯错误及纠正方法：抬肘向外格挡。可面对镜子检查动作规格，也可作攻防练习，检查防守的效果。

用法：防守对方横向型的手法或腿法攻击上盘，如左右掼拳或左右横踢腿等（图 3-5-5、图 3-5-6）。

3. 拍压

左拳（右拳）变掌以掌心或掌根为力点由上向前下拍压（图 3-5-7）。

图 3-5-7　　图 3-5-8　　图 3-5-9

要点：拍压时臂要弯曲，手腕和掌指要紧张用力，臂内旋，虎口、指尖均朝右（左）。

易犯错误及纠正方法：臂伸直，虎口、指尖朝前或朝下，手腕放松。纠正时多做徒手的强化练习。

用法：防守对方正面的手法或腿法攻击中盘，如下冲拳、勾拳、撩拳及蹬踹腿等（图 3-5-8、图 3-5-9）。

4. 外抄

左(右)手臂外旋弯曲，上臂紧贴肋部，前臂水平，手心朝上，同时右(左)手屈臂紧贴腹部，立掌，手心朝外，手指朝上（图 3-5-10）。

要点：上臂紧护躯干，两手成钳子状。抱腿时，两手相合锁扣。

易犯错误及纠正方法：两肘离开躯干，两手防守不同时。纠正时，两人一组，一人横踢腿，用力要小，另一人体会外抄接抱腿的方法。

用法：接抱对方横踢腿对上、中盘的进攻，如左右横踢腿等（图 3-5-11）。

5. 里抄

左（右）手臂微屈并外旋，紧贴腹前，手心朝上，同时右（左）手屈臂紧贴胸前，立掌，虎口朝上，掌心朝外（图 3-5-12）。

要点：两臂紧贴体前，保护裆部和胸、腹部，抱腿时右（左）手掌心朝下与左（右）手相合锁扣。

易犯错误及纠正方法：两臂离开躯干向前迎抱，防守不严密。应多做抱腿的模仿练习或两人一攻一防的练习。

用法：抄抱对方直线腿法和横线腿法由后向左攻击上、中盘。如正面的蹬、踹腿和左横踢腿等（图 3-5-13）。

图 3-5-10　图 3-5-11　图 3-5-12　图 3-5-13

6. 外挂

以左手外挂为例：右拳由上向下、向左后斜挂，拳心朝里，肘尖朝后，臂微屈（图 3-5-14）。

要点：左臂肘关节微屈，肘尖内收朝后，左臂朝左后斜下挂防。

易犯错误及纠正方法：左臂向外横拦，肘尖朝外，直臂。可让同伴帮助以左右横踢腿进攻，反复外挂防守。

用法：结合左右闪步，挂防对方蹬、踹腿或横踢腿攻击中盘部位（图3-5-15）

7. 里挂

左臂内旋，左拳由上向下、向右斜下挂防，拳眼朝内，拳心朝左（图3-5-16）。

图 3-5-14　图 3-5-15　图 3-5-16　图 3-5-17

要点：臂尽量内旋，略屈肘以桡骨侧为力点挂防，幅度要小，同时上体应略向右转。

易犯错误及纠正方法：左臂向外弧形绕圈，动作幅度过大。面对镜子改进动作路线。

用法：结合左闪步防守对方从正面或偏右，以腿法攻击中盘部位（图3-5-17）。

8. 掩肘

以左掩向为例，左臂弯曲。前臂外旋，在腰微向右转的同时向内、向腹下滚掩，拳心朝里，以前臂尺骨下端（小指侧）为防守力点，含胸、收腹、低头（图 3-5-18）。

图 3-5-18

图 3-5-19

要点：上体含缩，两手紧护胸腹，以腰带臂，滚掩如关门闭户。

易犯错误及纠正方法：上体含缩不够，两臂防守不严密。纠正时两人配合做攻防练习，体会正确姿势。

用法：防守对方由下而上的手法或腿法攻击中、下盘（图 3-5-19）。

9. 阻挡

两脚蹬地，身体微前移，以肩部和手心阻挡对方直线拳法的进攻；以臂部阻挡对方直线腿法的进攻（图 3-5-20、图 3-5-21）。

要点：身体紧张、含缩，闭气，阻挡拳法要提左肩并收下颏；阻挡腿法要含胸、收腹、沉气，两手紧护体前，尽量缩小被击面。

易犯错误及纠正方法：身体直立，仰头，两手保护不严密。可以静止体会动作为主，适当配合攻防练习。

用法：破坏、阻挡对方的进攻，为反击作准备。

10. 阻截

左腿屈膝略抬，脚趾翘起，以脚掌为力点前伸阻截，脚掌朝前下方（图 3-5-22）。

要点：提膝迅速，阻截要抢在对方进攻之前，支撑要稳。

易犯错误及纠正方法：支撑不稳，准确性差，迎截不主动。可两人一组做攻防练习。

用法：以先发制人的方法，抢在对方进攻之前阻截其腿，破坏对方的进攻。

图 3-5-20 图 3-5-21 图 3-5-22

（二）闪躲防守

1. 撤步

前脚由前向后收步，接近后脚时脚前掌着地，重心落于后腿（图 3-5-23）

要点：前脚回收迅速，虚点地面，上体正直，支撑要稳。

易犯错误及纠正方法：上体前倾，突臀，虚实不明。可多练习收步和进步的组合步法，强调上体保持正直。

用法：防守对方以腿法攻击下盘部位，如低蹬腿、低踹、弹腿、低横踢或勾踢腿等（图 3-5-24）。

2. 后闪

重心后移，上体略后仰闪躲（图 3-5-25）。

要点：后闪时下颏收紧，闭嘴合齿，后闪幅度不宜过大，重心落于后腿。

易犯错误及纠正方法：头部后仰，挺肚。可面对镜子多作模仿练习。

用法：防守对方拳法攻击上盘部位，为腿法反击做准备，因此常常配合前蹬腿做防守反击练习（图 3-5-26）。

图 3-5-23　图 3-5-24　图 3-5-25　图 3-5-26

3. 侧闪

两膝微屈，俯身，上体向左侧或右侧闪躲（图 3-5-27）。

要点：上体要含缩，侧身不转头，目视对方。

易犯错误及纠正方法：身体向侧横移过多，歪头。纠正时两人配合练习，一人以冲拳从正面攻击头部，一个练习侧闪防守，互相检查动作姿势。

用法：向侧闪躲对方用手法正面攻击上盘部位，如左右冲拳等（图 3-5-28）。

4. 下躲闪

屈膝，沉胯，重心下降，缩颈，弧形向下躲闪，两手紧护胸部（图 3-5-29）。

要点：下躲闪时，膝关节、髋关节和颈部要同时弯曲、收缩，目视对手。

易犯错误及纠正方法：只低头不屈膝，或只屈膝不含胸、沉胯，不缩颈。可面对镜子或同伴帮助以掼拳进攻，反复体会正确姿势。

用法：防守对方手或腿法横向攻击头部，如左右掼拳、高横踢腿等（图 3-5-30）。

图 3-5-27　图 3-5-28　图 3-5-29　图 3-5-30

5. 跳闪

两脚蹬地使身体向后、向左或向右跳闪（图 3-5-31、图 3-5-32）。

要点：跳闪时，整体移动不能松懈；向左跳闪上体微右转，向右跳闪上体微左转，眼睛始终盯着对手。

易犯错误及纠正方法：跳闪前先松胯，动作不整，迟缓。可多做跳绳闪躲，开始跳闪幅度小一些，强调腹背肌保持适度的紧张。

用法：在未清楚对方的进攻意图或应急防守时，为反击寻找适宜的位置和时机。

6. 提膝

后膝微屈独立支撑，前腿屈膝提起（图 3-5-33）。

要点：重心后移，提腿迅速，根据对方腿法进攻的路线、方位，膝盖分别有里合、外摆或垂直向外的变化。

易犯错误及纠正方法：身体前倾，支撑不稳。可多做快速提膝平衡后静止的练习。

用法：防守对方正面或横向腿法攻击下盘部位。如低踹腿、弹腿、低横打和勾踢腿等，若对方的腿法攻击的是大腿或腰腹部，则可用小腿阻挡，做成接触防守（图 3-5-34）。

图 3-5-31　图 3-5-32　图 3-5-33　图 3-5-34

第四章 散打进攻与防守技术训练

一、散打基本动作组合

（一）组合的要求

散手进攻方法的组合，千变万化，既有两三个方法的组合，也有五六个方法的组合，但组合不是盲目的，而是根据其动作转换的合理性和在实战中的可行性组织编排的。

（1）上下结合：动作应有上有下，手脚并用，或用摔法接踢、打，或用踢打接摔法。同一方法亦应上下运用，尽量扩大攻击面，分散对手的注意力，使其顾此失彼。

(2)左右结合：动作忽左忽右，左右连击。如左掼拳进攻对手头部右侧，紧接右横踢腿击其左侧肋部。

（3）横直结合：进攻路线纵横交错，逼迫对手无所适从。如垫步左瑞腿直线攻击对手腹部，继而右手掼拳击其头部。

（4）真假结合：动作真真假假，假中有真，以假乱真，在战术上是指上打下，声东击西；在招法则是虚实的运用，虚者为假，实者为真；在力度上虚则轻而灵活，实则重而猛狠，使对手防不胜防。

（二）拳法组合（正架实践姿势开始，以下均同）

例（1）左右冲拳。要点：快速连贯，冲右拳的同时，左拳回撤，护于右肩前。

例(2)左右掼惯拳。要点：左拳幅度不宜太大，并迅速回撤，护于右肩前。

例（3）左右抄拳。要点：发力短促，左抄拳转腰勿大，并迅速回撤，护于下额前。

例(4)左冲拳—右掼拳。要点：左冲拳后，随其回撤，肌肉稍放松蓄劲，继而蹬地，转腰，扣肩，掼打右拳。

例（5）左掼拳—右冲拳。要点：掼拳幅度不要太大，掼拳后右腿跟步，左转腰，顺肩，爆发右拳。

例（6）左弹拳—转身右鞭拳。要点：弹后快收，右脚蹬地，转身迅速，鞭打横扫，身体直立，注意平衡。

例（7）左掼拳—右抄拳。要点：以转腰、扣肩带动左拳惯打，完后迅速回收护于下颊前，同时左转腰，右拳向前上方抄打，后脚跟步助力。

例（8）右掼拳—左抄拳。要点：借掼拳时身体的左转与前俯，沉身蓄劲，继而伸膝，挺髋，稍右转腰，向右前上方抄打。

例（9）左冲拳—右抄拳。要点：冲拳后快速回收于下颌前，并跟步，微左转腰向前上方抄打。

例（10）左抄拳—右掼拳。要点：右拳不要有预摆，突然向前上方抄打，继而微左转腰，扣肩带动右拳弧形横掼。

（三）拳法与腿法的组合

例（1）左冲拳—右蹬腿。要点：冲拳结束的同时，右腿快速跟步向前，左腿抬起，由屈到伸用力向前蹬出。

例（2）右冲拳—左横踢腿。要点：冲拳快速，跟步及时，腰微右转，收腹合髋，大腿带动小腿，弧形向斜上方横踢。

例（3）右冲拳—右踹腿。要点：转腰，顺肩，爆发冲拳，借右脚蹬地上体微转并向侧倾，右腿由屈到伸向前踹出。

例（4）右冲拳—右横踢腿。要点：右拳直线冲出，随其回收，右脚蹬地，收腹，合髋，扣膝，微屈膝，弧形向前上方横打。

例（5）左横踢腿—左冲拳—右惯拳。要点：横踢腿要收腹，合膝，扣膝，以大腿带动小腿，弧形横打；随左脚落地，左冲拳，右掼拳，动作衔接紧密，协调连贯。

例（6）右掼拳—右勾踢腿。要点：掼拳时，转腰，扣肩，弧形横掼；继而收腹，收髋，勾脚向右弧形擦地勾踢；同时右手配合向右切拨。上下配合，动作协调。

例（7）转身右鞭拳—左横踢腿。要点：转身时以头领先，立身快转，借其惯性，横向鞭甩；随其转身，左脚蹬地，收腹，合胯，扣膝向前上方横踢。动作连贯，注意保持平衡。

例（8）左冲拳—转身横扫腿。要点：冲拳后，左腿微屈支撑，快速转体，带动右腿横扫。

（四）腿法组合

例（1）左蹬腿—右踹腿。要点：快蹬快收，随蹬腿落地，身体左转，带动右腿快速向前踹出。

例(2)左蹬腿—右横摆踢腿。要点：蹬腿落地后，上体右转，收腹合胯，带动右腿由后向前直腿弧形横摆。上、下肢协调配合，保持身体平衡。

例（3）左蹬腿—左后蹬腿。要点：快蹬快收，落地的同时，上体右转，背对对手，缩身蓄劲，迅即展髋挺膝，用力后蹬。

例（4）左蹬腿—转身右横扫腿。要点：蹬腿后迅速回落，脚尖内扣；右后转以身带腿，快速直腿横扫，保持身体平衡。

例(5)左侧弹腿—左踹腿。要点：大腿带动小腿，鞭打快弹；回收蓄劲后，展髓，挺膝，用力猛踹。

例（6）左踹腿—左后蹬腿。要点：踹腿快速有力，回收时脚尖内扣，上体右转，沉身蓄劲后，展髓挺膝，爆发后蹬。

例（7）右勾踢腿—右踹腿。要点：收腹合胯；直腿勾扫，幅度勿大，不带预兆；屈腿回收要快，扣膝勾脚，随上体侧倾挺膝，展髋，用力猛踹。

例（8）右截腿—左蹬腿。要点：截腿时，起腿隐蔽，不带预兆，横脚截击对方小腿；随右脚落地，快速提收左腿，继而用力向前蹬出。

例（9）右踹腿—右踹腿。要点：要借左转身和上体向后侧倾，快速收腿踹出，加大第一次踹腿的力量；继而迅速回收落地，垫步向前第二次踹击。两次踹腿要求动作快速连贯，踹击距离要远。

例(10)左蹬腿—右勾踢腿。要点：左蹬腿不宜太高，蹬后迅速回收落地，脚尖外摆；随上体稍左转，带动右腿直腿勾脚弧形勾扫；右手配合向右切拨。

二、步法的训练

步法是散手技术中的重要内容，实战时，双方都保持着一定的距离，只有通过步法的移动才能抢占有利的位置，发动进攻或转换防守，距离不合适，有效的进攻和防守就是一句空话。武术谚语说：“步慢则拳（脚）慢，手到步到方之为妙。”又说：“练拳容易走步难。”说明了步法在散手训练中的作用。步法的总体要求是“疾、准、活”。“疾”是指步法移动要迅速；“准”是指移动的步幅要准确；“活”是指步法的移动要灵活多变，不僵不滞，富有弹性。步法训练的方法很多，主要有以下几种。

（一）单兵练习

每学完一种步法以后，个人必须通过自己的反复练习，反复揣摩，体会要领，巩固技术。熟悉技术并由单一练习逐渐过渡到连续练习。开始可专门练习一种，待技术熟练以后，可把几种步法组合练习，如进步和退步、垫步接单跳步、跳闪步中突进转突退或突退转突进等，以适应实践中的各种变化。

（二）结合信号练习

教师或同伴可以运用掌心、掌背的朝向或手指的数量，或规定的某一个动作等为信号，要求练习者根据信号做出相应的步法，既巩固了步法，又提高了反应能力。

（三）两人配合练习

两人一组，面对面保持一定的距离，分主动与被动进行练习。主动一方随意做各种步法；被动一方要根据对方的变化而变化，如一方进步，另一方则退步；一方左闪；另一方也左闪；一方垫步，另一方则收步等，双方的距离应尽量保持不变。这种练习方法除提高练习者的反应能力外，更主要的是提高步法移动的准确性，即距离感。

（四）结合攻防动作练习

步法移动的目的是更加有效地进攻或防守反击。因此，结合攻防动作进行步法练习，是提高步法移动实效性的主要方法，也是提高上下配合、整体协调的重要手段。同一个左冲拳，可以结合进步、退步或左右闪步等进行练习，以便适应比赛的各种战况。配对练习，规定一方单招或组合连招进攻，另一方移动摆脱，并寻机予以反击，提高步法的实效性；如对方出直拳进击，你则后退防守或左右跨闪防守，先练前者，再练后者，最后伺机变化使用步法。

（五）实战中练习

实战是运用和提高各种技术的有效方法。步法移动的时间、速度、幅度可以通过实战检验效果，也从中发现不足，为改进技术提供依据。带有一定进击防守方法的步法练习。通过上述几个步骤的练习，进而可在实战中应用了。在散手搏斗中，步法快才能抢占有利的攻防位置，快才能击得中对方，避得掉攻击。同时，脚步支撑稳定，上体运转攻防时才能有个稳固的基础。要做到步法既快速又稳沉的关键有二点：（1）多用碎步，忌用大步。在搏斗时采用小步幅的快速移动，因为小步移动时重心变化比大步移动小，易于迅速建立新的支撑面。因此，当欲上（退）一步时，最好分成两步来快速完成。（2）多用滑步，忌用跳步。在搏斗时，脚掌贴近地面滑行移动，因为滑步脚底离地近，可以迅速踏实地面，变移动为静定，而且由于脚底和身体重心基本保持平移，要较跳步的抛物线移动距离短，所以移动速度快。

三、进攻技术的训练

进攻技术是散手技术的主体，其他步法和防守技术的运用，目的是为了更好地进攻。学习进攻技术必须一丝不苟地掌握动作的起、止路线，着力点和攻击的部位。而动作的起止路线和着力点直接关系着动作成功与否。它是技术的关键。学习要循序渐进，从易到难，从单招到组合，扎扎实实地学。在教学训练中常采用的方法如下。

（一）慢速度原地练习

通过教练员的讲解、示范或经过自学后，采用慢速度的模仿练习。有些复杂动作还应分解练习，不应过分追求动作的用力，重点体会、揣摩动作的路线和力点。动作有预兆，这是初学散手时最容易出现的错误。开始应高度重视，严格要求，有条件的应在教练或同伴的指导下，或面对镜子，边练习边检查，不断强化、巩固正确的动作。

（二）结合步法练习

经过原地练习基本掌握了动作规格后，根据实战的需要结合相应的步法练习，使技术与实战紧密联系。如一个左冲拳，在实战时有进步冲拳、退步冲拳、左闪或右闪冲拳等，可作主动进攻，也可作防守反击。配合步法练习的重点，应解决身体的协调配合，做到步到拳（脚）到，发力完整。

（三）假设性练习

假设想象对手运用某种进攻方法或所处状态，从实战需要出发，选编一组或几组进攻和防守反击的打法，做假设性徒手练习。它不仅能有效地提高和巩固掌握技术的熟练程度，还能使神经传导通路，即感觉器官—传人神经—运动中枢—传出神经—肢体运动这一复杂的信息传递过程得到改善和加强，提高反应和动作速度。

（四）不接触的攻防练习

两人一组，一方主动进攻；另一方防守反击。开始可规定只做单招进攻，逐渐过渡到连招进攻，动作由易到难。为了消除初学者的害怕心理和预防运动损伤，宜采用此法。不接触的攻防练习应保证在适当的距离（不宜太远）和运动中做出的动作。动作的力度和速度应达到一定术平。采用“点到为止”的方法练习，虽效果较好，但不宜安排太多，以免形成习惯，影响实战时的正常运用。

（五）“喂”靶练习

喂靶，即通常所讲的打活靶。它是由教练或同伴使用手靶、脚靶或其他辅助器材，给练习者喂递动作，帮助其练习的一种方法。它能有效地提高练习者的进攻和防守反击的动作质量，提高反应速度，建立稳定的条件反射，直至达到自动化，是教学训练中经常采用的一种练习形式。

（六）打固定靶

这是一种利用沙包、吊球、沙袋、千层纸、木桩等练习器材作为击打目标的练习。练习目的不同，方法亦不相同。如提高动作速度和打击力量，可规定在一定时间内反复用某一动作或组合动作击打目标。要求动作快速，用力充分，不做练习密度的规定。如提高耐力，则应规定完成几组、每组练习多长时间，并保证一定的练习密度和强度。

打固定靶是在相对固定的距离和位置下进行的一种练习，对提高动作的力度和耐力具有事半功倍的效果。喂靶，是在活动中进行的一种练习，除能提高动作力度和耐力外，还对训练步法灵活性，提高反应速度、距离感，以及动作的准确性等有很好的效果。因此，在训练中应交替安排打活动靶和打固定靶的练习，不能失之偏颇。

（七）条件实战

它是一种有条件限制的实战练习方法。如规定：只许用冲拳和直线型腿法；只许用拳法或腿法，不得使用摔法；一方主动攻，另一方防守反击等等。此法的优点是针对性强，能有效地训练和提高运动员的某些能力和运用某方法的能力，是实战的初级阶段和进行战术训练时较为常用的一种手段。

（八）实战练习

实战是检验和提高技术、战术的重要方法，是总结、积累实战经验的有效措施。尤其是完全按照比赛的规定和方法，有裁判裁决的形式，竞争激烈，对抗性强，在高层次或参赛前的训练都频频采用。

四、防守技术的训练方法

防守技术是散手技术体系中不可缺少的内容。防守技术运用得好，一则能保护自己，二则能减少输分，为反攻提供有效的保证。而科学的练习步骤与方法又是掌握防守技术的重要条件。

(一)个人模仿练习

在教师讲解示范或个人自学教材之后，首先个人应模仿体会动作。有条件的可面对镜子或与同伴配合，边做边检查，使开始就建立正确的动作。

(二)假设性练习

自己想象对手的进攻。练习相应的防守动作，经过反复强化，建立正确的条件反射，形成巩固的动力定型。

(三)不接触的攻防练习

在教师或同伴的帮助下，以规定进攻动作为信号，间隔一定距离，不接触身体，自己根据信号做出相应的防守动作。这种方法的优点能消除练习者的害怕心理，降低紧张情绪，既保证动作质量，又能提高反应能力。

(四)接触的攻防练习

两人一组，一方进攻，另一方防守，互相接触，进一步提高防守的实效性。进攻一方用力的大小，速度的快慢以及运用方法的简繁等都要根据练习者的实际能力来控制。两人练习可以采用原地和移动的两种，原地练可以节省体力，增加练习密度；而移动性的练习可以兼练步法，判断距离，更加符合实战。

(五)进攻与防守反击练习

专门性的练习防守，在训练的初级阶段是非常重要的。但到了基本掌握动作之后，应尽量把防守与反击结合起来，避免形成单纯的消极防守而被动打法。防守是途径，反击是目的。

(六)实战练习

实战是双方在紧张、激烈和瞬息万变的情况下运用方法、提高技术，不仅要求练习者要有娴熟的技术，更需有灵活多变的战略技术，所以实战是检验和提高防守能力的重要方法。

第五章　散打体能训练

散打运动员的体能，是指运动员机体的运动能力。这种运动能力是支撑运动员在比赛中发挥技能作用的物质系统。没有物质作基础，没有体能来支撑，运动员的技能就无法形成。体能这个物质系统是由运动员的身体形态、身体机能、运动素质三个部分组成，每一个部分都有各自相对独立的作用，相互之间又有着密切的联系，彼此制约，相互促进，每一部分都影响体能的整体水平。

在运动实践中，身体形态、身体机能的好坏，最终通过运动素质表现出来。运动素质是指人体活动时所表现出来的各种基本运动能力，通常包括力量、耐力、速度、柔韧和灵敏等。因此，散打运动员的体能训练以发展各种运动素质为基本内容。

既然体能支撑着技能的发展，直接为专项技能服务，最终通过专项技能表现出来；那么，散打运动员的体能训练，就必须了解运动员体能需求的专项特点。因为，不同的运动项目，不同的技能表现形式，对体能需求有较大的差异。只有了解专项的体能需求特点，才能克服训练的盲目性，才能有的放矢地安排训练内容，采用符合专项实际的训练方法与手段。

竞赛规则是技能发展的向导。散打竞赛规则规定，运动员在实战对抗的过程中，可以使用拳法、腿法、摔法、腾空和地躺打法；头部、躯干、下肢都是可以攻击的得分部位；比赛以击中、摔倒对方得分的多少为主要胜负标志。运动员在比赛过程中，拳打脚踢加摔法，站立腾空加倒地，进攻防守加反击，头部、躯干、下肢都可击。散打在保证安全的前提下，为表现和发挥人体的格斗技能提供了极限空间。因此，散打运动员的体能要求特别高，其主要特点表现在全面性方面。

所谓全面性，就是体能训练能够涉及的多种运动素质，散打专项对这些因素都有较高的要求。一般来讲，一个运动项目的体能训练都是以运动员身体的某一个部位的某一个运动素质为主线进行延伸。例如，人体直接对抗的运动项目，拳击以上肢的动作速度和力量为主，摔跤以躯干的力量和力量耐力为主，跆拳道以下肢动作的速度和力量为主。因此，拳击、摔跤、跆拳道这三个运动项目运动员的体能要求，散打运动员都要具备，而且同时在竞技场上综合地反映出来。

除此之外，不同的运动项目，不同训练水平的运动员，都会客观地反映出不同的机能指标。其指标既可以反映本项目的运动特点，又可指导本项目体能训练的提高和深入。散打运动员是拳击、摔跤、跆拳道等同类运动项目的综合体，运动员机能的生理生化指标兼有他们的共同特征。在使用单个动作或者快速的组合动作时，运动员要表现出爆发力，就需要有较好的 ATP-CP 代谢能；每局在净打 2 分钟持续激烈地对抗时，运动员需要具有最大的乳酸代谢能力；在有限的时间内要保证发出动作的数量和质量，运动员需要较好的乳酸耐受能力；运动员在寻找战机伺机进攻，动作与动作之间短暂的间歇期，为给下一次进攻积蓄能量需要较好的有氧代谢能力。因此，散打运动员体能训练涉及因素的全面性是显而易见的。速度、力量、耐力、柔韧、灵敏素质在训练过程中不能偏向某一个因素而忽视另一个因素，应该充分认识和考虑各种因素进行综合平衡，此长促彼长，彼此互相促进，采用适合的训练手段使它们同步增长，这是散打科学训练必须把握的一个重要环节。

一、力量训练

散打运动员的力量是指人体神经肌肉系统在工作时克服或对抗阻力的能力。散打是以击中、摔倒对方得分的多少来判定胜负，击中、摔倒对方均需要力量，具体表现在上肢拳法的打击力量、下肢腿法的打击力量、肢体做功于摔法的力量、承受击打的抗击力量四个方面。使用抱、扛、摔动作较劲时需要最大力量；使用拳法、腿法时需要快速力量；互相激烈持久的对攻过程中，力量不能减弱，动作不能变形，需要有较好的力量耐力；被对方击中时，需要有承受打击的抗击力量。

散打训练和比赛，需要各种力量素质成分有较高水平的综合表现，而不要过分单一地发展其中某个力量素质成分。否则会影响和制约其他力量素质成分的发展。散打不同的专项动作对力量有不同的需求，散打运动员的力量训练要避免单一的力量训练方法。

（一）最大力的训练

1. 通过改善神经调节机制，提高中枢神经系统支配肌肉工作的能力，动员更多的运动单位参加工作，改善肌肉协调能力来发展最大力量

这种训练途径能够有效地提高最大力量却不增加肌肉体积。散打比赛

按运动员的体重分级进行，增大力量而不增加体重尤为重要，训练时可以采用以下几种方法：

（1）肌肉做功张弛适度的训练。俗话说："一张一弛，文武之道。"运动员在发出动作之后回收的过程中，或者动作与动作之间的间歇期，使肌肉尽量保持合理的放松，克服紧张僵硬状况，有利于肌肉迅速补充能量物质，有利于神经调节机制得到缓冲，为下个动作出击积蓄力量，有利于减缓对抗肌对主动肌、协同肌的负面影响，从而使动作能够发出最大力量。

（2）肌肉做功刺激强度的训练。在训练过程中，除了学习动作、改进技术、模拟战术之外，不管是空击还是打靶、打沙包等，都要求运动员用最快的速度和最大的力量完成每一个动作，保证神经系统的兴奋性，保证参与工作肌肉的刺激强度，从而提高训练质量，保证运动员最大力量的增长。

（3）肌肉做功方式的训练。完成每个动作要克服局部肌肉参与工作的弊端，充分调动大肌肉群做功。例如蹿腿，大腿要尽量屈膝回收并推动小腿向前，而不是小腿带动大腿向前，不然不利于充分调动全身能够调动的主动肌、协同肌参与做功。例如冲拳，如果单纯地使用上肢肌群做功，力量再大也是有限的。拳谚云："起于根，顺于腰，达于梢。"就是要下肢、躯干、上肢的主动肌、协同肌全部参与做功。散打运动员要善于学习和掌握武术套路动作"内劲"的发力方式和技巧，以促使动作能够发出最大力量。

（4）肌肉做功增长距离的训练。散打动作产生力量的大小与肌肉做功的距离有关。同样的肌肉质量，做功距离短则力量小，做功距离长则力量大。拳法、腿法动作在不产生预兆的前提下，为了发挥动作力量，应该随时调整好击打距离。调整距离主要依靠步法的调节或动作本身姿势状态调节，以保证动作发出最大力量所需肌肉做功的距离。

（5）动作击打力点准确的训练。散打动作可以分为起点、运行、止点三个部分。动作在不同的运行过程中，击打的作用力有较大的差异，动作起点力量小，随着动作向前运行，力量迅速增大；接近止点达到最高值；动作回收的瞬间力量为"零"。因此，平时训练中要力争做到动作所要击打的部位与动作力量最高值的力点要恰到好处，以此来保证发挥动作的击打力量。

（6）以气催力增大力量的训练。运动员在对峙寻找机会的过程中，气要下沉，尽量采用腹式呼吸方法。在使用拳法、腿法击打时不能憋气，而要采用呼气，使呼气和出击动作协调一致，以气催力能够起到增加动作速度、增加动作力量的作用，而且对保持体力也有较好的作用。

2. 通过增加肌肉的生理横断面来提高最大力量

（1）最大力量训练必备的几个要素

①肌肉工作的方式：散打运动员发展最大力量，应以克制性和退让性的动力性工作方式为主，辅之等长收缩的静力性工作方式。静力性练习是发展最大力量的有效手段之一，特别对抱摔有一定的使用价值，但在高水平运动员的训练时，静力性练习的量宜控制在最大力量练习总量的10%以下。

②阻力的大小：克服阻力的大小是最大力量训练的重要因素之一，阻力的大小取决于练习的任务。在改善肌肉协调和肌间协调，不要求增大肌肉体积的最大力量训练时，负重量的变动范围很大，克制性力量练习可在最大力量能力的50%～60%至90%～100%范围内变化，退让性力量练习可在70%～80%至120%～130%范围内变动。改善肌肉协调应采用极限负荷和次极限负荷，肌间协调的改善应选择极限重量的50%～60%。极限重量或次极限重量对改善肌间协调作用不大。

选择增大肌肉体积来发展最大力量时，采用的练习强度约为极限重量的75%～90%，这种负荷重量可以使每组力量练习的肌肉工作强度与每组重复次数达到最佳组合。

对于高水平运动员，静力性力量练习的重量只有达到极限重量的70%以上才会产生较好的训练效果，达到极限重量的90%～100%才可能获得最佳训练效果。

③练习动作的速度：无论采用哪种方法发展最大力量，都必须保持较慢的动作速度。动作速度过快会使练习效果向发展速度力量的方向转移。另外，在进行向心力量练习时，如果动作速率太快，力量的最大发挥或接近最大的发挥只能出现在动作的开始阶段，而肌肉工作的其他阶段因器械的惯性作用却不能获得应有的负荷。采用改善神经调节机制途径发展最大力量，中等动作速度的练习效果最佳，每个动作的速度为1.5～2.5秒钟。为了防止因慢速的最大力量练习而引起肌肉协调的劣变，导致快肌快速收缩能力的降低，要把慢速的最大力量练习与速度练习结合起来。

④完成每组练习的时间：改善肌肉协调的最大力量练习，通常每组练习的重复次数为2～6次，完成一组练习的时间约需3～15秒钟；改善肌间协调的最大力量练习，每组重复次数可达15～20次，每组所需时间约为23～50秒钟；若以增大肌肉体积提高最大力量时，则每组练习的重复次数为6～12次的效果最好，一组练习需81～60秒钟。

⑤组间休息的时间：无论任何情况，都必须保证运动员无氧非乳酸能源和机体工作能力的基本恢复。发展最大力量的组间间歇的时间较长，一

般为 2 ～ 6 分钟。

⑥练习的组数：发展最大力量的练习组数往往是根据发展最大力量的方法和练习的性质而定，它具有变动范围较大的特点。一般而言，改进肌内协调和肌间协调的最大力量练习，其重复的练习组数为 2 ～ 6 组；增大肌肉体积的最大力量练习，其练习的组数为 3 ～ 10 组。

（2）发展最大力量的常用方法

①重复法：特点是负荷重量的大小随肌肉力量的增大而逐渐增加。

负荷特征：负荷强度为 77% ～ 90%，每组重复次数为 3 ～ 6 次，组数为 6 ～ 8 组，每组间歇时间为 3 分钟。此法适用于训练的各个时期和阶段，有利于改进用力的协调性，能迅速而有效地提高肌肉力量。

②强度法：特点是采用最大负荷安排。练习时逐渐达到用力极限，然后继续用中上强度的负荷量，直到机体对刺激产生劣性反应为止。

负荷特征：负荷强度为 85% ～ 100%，每组重复次数为 1 ～ 3 次，组数为 6 ～ 10 组，每组间歇时间为 3 分钟。此法特别适合高水平散打运动员运用，它有利于最大力量和相对力量的提高，却不增大肌肉的体积，不增加体重。但采用这种方法需要较好的体力和心理准备，还须有丰富的营养和良好的恢复手段作保证。

③阶梯式训练法：特点是突出极限强度，几乎每周、每天和每个练习都要求接近、达到甚至超过本人当天最高水平。经过一段时间训练，当运动员能够在原最大力量能力的重量上成功完成两次时，就可以增加新的重量。以此类推，使力量水平逐级提高。每级阶梯的训练时间为 2 周。如果运动员不能承受新的负荷，则退回到原来的阶梯训练 2 ～ 3 天后，再继续增量。

负荷特征：以 90% 强度练习 3 组，每组重复 2 次，每组间歇 3 分钟；以 975% 强度练习 2 组，每组重复 2 次，间歇 3 分钟；以 100% 强度练习 2 组，每组重复 1 次，间歇 3 分钟；以 100% 以上强度练习 1 ～ 2 组，每组次数 1 次，间歇 3 分钟。

④极限法：特点是进行极限数量的动作重复，直到实在练习不动为止。

负荷特征：负荷强度为 50% ～ 75%，每组重复 10 ～ 12 次，组数为 3 ～ 5 组，每组间歇 3 ～ 5 分钟。此方法对机体施加了全面、深刻的结构性（肌纤维增粗）和机能性（心血管系统）的影响，是一种能得到肌肉内协调和肌纤维体积双重训练效应的方法。

⑤静力法：特点是用较大重量的负荷并以递增重量的方式进行练习。

负荷特征：负荷强度为 90% 以上，每组持续 3 ～ 6 秒钟，组数为 4 组，每组间歇 3 ～ 4 分钟。

（二）速度力量的训练

1. 速度力量训练的方法原理

速度力量是力量和速度有机结合的一种特殊力量素质，它具有速度和力量的综合特征。

决定速度力量发展水平的主要因素是肌内协调、肌间协调和运动单位的快速收缩能力。肌肉的体积在速度力量中的作用要根据运动的特点而定。散打比赛中运动员使用摔法，要求在克服较大阻力的情况下表现出高度发展的速度力量。此时，肌肉的体积具有较大的作用。运动员在比赛中使用拳法和腿法，需要多次发挥出速度力量。此时，起主要作用的不是肌肉体积而是肌内和肌间协调以及肌纤维的快速收缩能力。肌内和肌间协调能力提高，技术动作也就更加符合力学特征和时空特征，肌肉也表现出良好的速度力量能力。

2. 速度力量训练必备的要素

（1）肌肉工作的方式：发展速度力量主要采用动力性的工作方式，包括克制性的、退让性的等动和超长的工作方式。

（2）阻力的大小：阻力可以在较大的范围内波动，视练习的性质和目的而定。对于提高摔法运用的速度力量，则可用最大力量能力的 30% 一 50%。总之，重点发展爆发力时，阻力的量要大一些，而提高起动力量时，阻力则要小些。

（3）练习动作的速度：如果训练的主要目的提高爆发力，可采用次极限速度；如果训练目的是提高出拳、出腿的速度力量，可采用极限速度。若采用等动练习法，则力求在 15° / 秒以上的角速度条件下完成动作。

（4）完成单个练习的时间：每个练习的持续时间应该保证在不降低动作速度和不比现疲劳状态的情况下完成动作，通常每组练习的重复次数可在一次到五六次之间波动：每组练习中工作的持续时间大约在 3 ～ 4 秒钟至 10 ～ 15 秒钟之间。具体持续时间的长短取决于练习的性质、阻力的大小、训练的水平和练习的结构等。

（5）组间间歇：组间休息必须保证机体工作能力的恢复和非乳酸能氧债的清除：局部肌群投入工作的短时性（3 ～ 4 秒钟）练习之间的间歇时间可以在 30 ～ 40 秒钟内；全身性肌肉工作或单个练习的时间较长，间歇时间可在 3 分钟以内，个别情况可达 3 ～ 5 分钟。

如果间歇时间较短，通常采用消极性休息，也可辅以自我按摩。如果组间休息时间较长，则应安排静力性牵拉的低强度活动，保证在下一个练习之前使肌肉的工作状态调节至最佳恢复状态，为下一个练习的进行创造合适的条件。

（6）一次课练习的组数：练习的组数应根据练习的性质和阻力的大小来确定。普托拉诺夫总结当今优秀运动员发展速度力量的训练实践后认为，一次课的练习组数在 2 ～ 6 组内波动。原联邦德国比勒和他的小组则认为，当负荷强度为 30% ～ 50% 的等张练习时，练习的组数为 5 组。

3. 发展以速度为主的速度力量训练方法

（1）采用极限重量的的 60% ～ 80%，以基本动作的三分之一的幅度举起重物，然后迅速放下，再立即以极限速度举起。每组次数 3 ～ 5 次，完成 3 ～ 4 组，组间间歇 4 ～ 5 分钟。

（2）采用极限重量的 30% ～ 50%，以极限速度重复 7 次，完成 5 组，组间间歇 3 ～ 5 分钟。

（3）采用等同比赛的阻力负荷，进行持续时间为 6 秒钟的等长练习，间歇 2 分钟，重复 2 ～ 3 次。再以极限重量的 40% 一 50% 的负荷，并以极限速度练习 4 ～ 6 次，重复 2 组，组间间歇 3 ～ 4 秒钟。全套动作重复 2 次，中间间歇 4 ～ 6 分钟。

（4）各种快速跳跃，每组 10 ～ 15 次，完成 3 ～ 5 组，组间休息 5 ～ 8 分钟。

以上各套练习，可根据散打的技术动作设计出多种组合，以发展运动员的速度力量和爆发力。

（三）力量耐力的训练

1. 力量耐力训练的方法原理

散打运动员的力量耐力，反映的是一种在规定时间内反复完成比赛动作所要求的高水平的肌肉收缩能力。散打运动员力量耐力的发展，取决于比赛条件下的运动强度和持续时间，决定散打运动员力量耐力水平的主要因素是最大力量水平和能量供应系统的强度、容量、灵活性、节省化以及肌肉抗疲劳的能力。

选择发展力量耐力的练习时，必须创造与散打比赛活动特点相适应的条件，采用的练习在内外结构上应与比赛活动近似，并力求体现出明显的力量特征。例如，多次重复的拳、腿法练习，应力求表现高水平的起动力量和爆发力；多次重复的摔布人或摔法练习，应尽可能发挥最大力量和爆发力，提高运动员对反复完成比赛活动的相应力量性工作的适应能力。根据散打项目的特点，发展力量耐力的方法应优先采用向、离心和等长练习方法。

2. 力量耐力训练的方法学要素

（1）负荷强度：散打运动员在比赛中多次重复拳法、腿法、摔法技术动作和防摔动作，所需的力量耐力较全面，既有最大力量耐力，又有速度力量耐力，还有静力性力量耐力。因此，负荷的重量可以在较大的范围内变动。在专项力量耐力练习中，提高拳法和腿法动作的力量耐力练习，阻力略超出比赛活动阻力的 5% ～ 10%；提高摔法动作的力量耐力的阻力，则可等于比赛性活动的阻力或超过此阻力的 10% ～ 30%。在一般性力量耐力训练中，发展最大力量耐力，可采用 60% ～ 80% 的负荷重量；发展速度力量耐力，可采用 40% ～ 60% 的负荷重量；发展与对手抗衡防摔的静力性力量耐力，可采用 70% ～ 100% 的重量或阻力。

（2）练习的持续时间：根据练习的供能性质、动作的速度和负重量的大小，每个动力性练习的时间有较大的波动。提高出拳、出腿力量耐力的练习时间可为 30 ～ 60 的秒钟；抱揉、抱摔、摔布人等发展最大力量耐力的练习时间，可在 30 秒钟～ 2 分钟的范围内波动。总之，一组练习的次数和完成练习的时间，均应使运动员的机体出现较大的疲劳。

（3）练习的间歇时间：练习与练习之间间歇时间的长短，取决于练习的性质、负重的大小、练习时间的长短和投入工作的肌肉的数量。若练习的时间较短，需通过数组练习才能达到极限疲劳，练习的间歇应在身体未完全恢复的状况下进行。例如，发展出拳、出腿动作的肌肉耐力的力量训练，练习持续时间常为 30 ～ 60 秒钟，间歇时间短于练习时间 5 ～ 10 秒钟。练习的持续时间较长，并希望每次练习都达到较满意的训练效果，间歇的时间应长到足以使机体恢复至训练的初始水平或接近初始水平。例如，发展最大力量耐力的抱抛练习，组间休息可为 3 ～ 4 分钟。

（4）练习的速率：在提高一般性肌肉耐力能力的负重练习时，完成动作的速率要适中，过分追求动作速率会导致动作功率的降低。在发展专项肌肉耐力能力的练习时，动作的速率应尽可能与比赛活动的速率一致。

（5）练习重复数量和组数：发展最大力量耐力的重复总次数可达 60 ～ 100 次，练习 3 ～ 5 组；发展速度力量耐力的重复总次数可达 100 ～ 200 次，练习 3 ～ 6 组。

3. 发展力量耐力的训练方法

（1）循环力量训练练习法：运用各种力量训练方法学的参数，选择若干练习手段，组成各练习“站”，并以循环方式进行练习。循环练习可设计为发展最大力量、速度力量、力量耐力或综合力量的各种训练方案，整个循环应使身体的各部位和各肌群都得到锻炼。散打力量耐力的循环练习通常采用 4 ～ 8 个练习，每组循环重复 3 ～ 4 次，总持续时间 20 ～ 30

分钟。

（2）采用 40% ～ 60% 负荷强度，每组完成 10 ～ 20 次，进行 3 ～ 5 组，组间间歇 30 ～ 90 秒钟。

（3）采用 25% ～ 40% 的负荷强度，以快速的动作节奏完成练习，每组重复 30 次以上，完成 4 ～ 6 组，组间间歇 30 ～ 60 秒钟。

（4）重复训练法：采用低强度负荷的专项手段，如持哑铃的拳法练习、轻负荷的腿法练习、步法练习和单腿支撑连续高抬腿等，每组重复 20 ～ 40 次，间歇 60 ～ 90 秒钟，完成 3 ～ 5 组。

二、速度训练

散打运动员的速度是指运动员快速完成动作的能力。“快打慢”，是散打运动的一个客观规律，因此，运动员的速度能力在散打比赛实战中起着至关最重要的作用。不管是散打专项运动员所需要的智能、技能甚至于体能，在某种意义上来讲，都是以速度为中心，以不同的速度形式表现出来。速度能力决定着散打技、战术运用和发挥的成效。

（一）速度的表现形式和特点

散打比赛对抗激烈，攻防转换迅速，动作变化快而准确，且攻中有防，防中蕴攻，因此，速度的表现具有多变性和复杂性。速度在散打中的表现形式可分为反应速度、动作速度、动作频率和位移速度。

1. 反应速度

散打运动员的反应速度包括简单反应速度和复杂反应速度。简单反应速度是运动员对特定动作或信号做出反应的快慢，复杂反应速度是对对手动作的变化做出相应动作的反应快慢能力。散打运动员在场上比赛的反应速度主要是复杂反应速度，且是瞬间选择性反应，要么对来自对手的动作做出闪避、退让或进攻，要么中止已经开始了的进攻或防守转入其他的动作方式。此反应过程包括对移动目标的预料性反应和快速选择最适宜的相应动作的反应。

2. 动作速度

动作速度是指运动员身体完成单个动作的时间长短，即散打运动员出拳或出腿的动作速度。散打比赛对运动员的动作速度能力要求很高，“迅雷不及掩耳”的先发制人和后发制人的防守反击，都需要很好的单个动作速度能力。

3. 动作频率

动作频率是指单位时间内完成动作数量的能力。散打运动员的动作频率不同于周期性项目的单一动作重复，它的表现往往是多个不同动作的组合，如各种拳法的组合，腿法组合，拳法与腿法的组合，拳法、腿法与摔法的组合等，要求以最短时间完成一套动作组合，发挥最大动作频率。

4. 位移速度

位移速度指单位时间内身体移动距离长短的能力或身体通过一定距离所需时间长短的能力。散打运动员在场上每次位移的距离不长，仅 1 ～ 2 米，但要求快捷，保证在远距离时能够“进得去”，占据有利的攻击位置，或在相持状态能够迅速地“撤出来”，摆脱对手的攻击或追击，身体是多方位的移动。

（二）速度训练的方法学要素

1. 练习强度

练习强度的选择和安排必须使运动员机体产生适应性的变化，这种变化就是提高速度能力。练习强度合理，有助于速度能力的适应性变化。博姆帕认为，为了有效地提高速度能力，练习强度应在次最大强度和最大强度之间。普拉托诺夫进一步认为，运动员以最大速度能力的 90% ～ 100% 完成较短时间的运动，有利于提高速度能力。低于这种速度，会大幅度降低训练效果。

必须注意，进行大强度直至极限强度的速度性练习时，应选择运动员已经熟练掌握的动作，且具备良好的技术，使他们的注意力集中在完成动作的速度上。否则，他们的注意力会首先集中到技术动作上，对速度性练习产生破坏性的干扰。

2. 练习的持续时间和练习量

反应速度练习和配对反应练习的持续时间不必作出硬性的规定，只要运动员处于适宜的兴奋状态，练习就可继续进行。对于动作速度和动作频率的训练，练习持续时间在 5 ～ 20 秒钟内，是理论上保持最大速度能力的最佳练习持续时间。训练实践中，做 30 ～ 60 秒钟的拳、腿法速度性组合练习，运动员也能保持极限强度和次极限强度工作的状态。

练习量的控制以保持最大速度能力为准则。当疲劳出现，不能继续保持最大速度时，应停止练习或转向其他内容的练习。

3. 组间休息

通常，高强度多次重复的拳法、腿法练习和其他练习，以组成组合练习的方式进行，在每组练习之间安排充分的休息，确保运动员得到最佳的恢复。根据练习的强度和练习的目的，散打速度性成组练习之间的休息时间一般为 2 ～ 3 分钟，休息时间过长会导致中枢神经系统兴奋性的降低。

（三）速度训练方法

1. 重复反应法

运动员通过视觉或听觉，完成规定的单一性应答动作。例如：报号击靶位，运动员根据教练员报号的位置，分别击打不同的靶位。又如“亮靶击打”，教练员事先规定好出靶的位置和靶面以及运动员相应击打的动作，反复亮靶引起运动员对刺激的反应。重复反应法主要用于提高运动员的简单反应时。

2. 视动反应法

在散打比赛中，运动员主要靠视觉判断对手的进攻方向和攻击动作的运行路线，随之果断确定适宜的攻防动作，快速运用各种技法防护自身或反击对手。视动反应法主要用于提高这一反应过程的观察对手动作变化的反应能力和选择反应能力。视动反应法可以分步骤进行。

步骤 1：通过配对练习，观察队友出拳、出腿的方法；判断对方发出动作的方向、路线、高度和击打位置，提高对“潜伏信息”的判断能力，即“预料能力”。

步骤 2：在步骤 1 的基础上，对队友发出的某一技术动作做出一至两个常规的反应动作或简单的反击动作。

步骤 3：随着运动员对某一技术动作的常规反应动作的掌握和熟练，不断增加新的反应动作练习，使运动员掌握对某一攻击动作进行正确防守和反击的各种攻防技能，提高运动员在复杂、瞬息变化的比赛中选择反应的能力，准确地选择有效的行动对策。

3. 重复训练法

重复训练法是提高散打运动员动作速度和动作频率的基本方法，它通常固定一定的练习时间和难度，多次重复一定的技术动作。重复法不只是用于提高速度能力，也用于改善运动技能和技术动作，技术动作经过多次的重复练习，才能形成动力定型。

速度性练习的效果，很大程度上取决于运动员完成动作的强度和最大限度动员机体机能的能力。因此，运用重复法进行速度训练时，应充分动员和调动运动员的练习积极性，将练习的注意力集中到以最快速度完成技术动作方面，并力求超过自身的最大速度能力。

4. 变速训练法

变速训练法是一种有节奏地变换速度练习强度的训练方法。过多采用极限强度的重复练习，有可能导致“速度障碍”的出现。此时，如果仍采用相同的训练方法和训练强度，很难使速度能力进一步提高。有节奏地变换速度训练的强度，如不同速度条件下的拳法、腿法练习，会给运动员一种新的速度感觉，引起生理和心理上的新变化，中枢神经系统和神经肌肉协调将重新适应新的要求。变速训练法既可打破极限强度训练单一化，又利于运动员更轻松省力地完成技术动作，是有计划地提高速度能力和预防“速度障碍”的有效训练方法。

5. 预先激发运动能力

这种方法是在速度练习之前或速度训练之间，采用特定的练习激发运动员的机体机能能力，在后效应作用下提高速度训练的效果。

（1）预先爆发性用力刺激：在散打专项速度训练之前，先完成 1 ～ 2 组上肢或下肢爆发性用力的练习，通过充分调动机体进入良好工作状态提高速度性练习的工作效率。

（2）递减阻力训练：速度练习前，运动员进行由重到轻的负重训练。由于阻力的降低，对于提高动作的速度有着良好的训练实效。例如，首先采用加重负荷（重拳套、护腿、沙袋等）进行空击，然后使用标准负荷进行空击，最后没有负荷进行空击。

（3）声响节奏导引训练：教练员通过掌声或节奏器鸣响发出速率指令，运动员以尽可能快的速度跟上信号的节奏，完成拳法、腿法或拳、腿法组合动作，努力适应和建立更快的速度节奏。

三、耐力训练

散打运动员的耐力，是指人体在长时间负荷下抵抗神经、肌肉疲劳以及疲劳后迅速恢复的能力。耐力素质对散打运动的影响十分显著。散打比赛要求运动员具备一场三局、坚持到比赛终结的充沛体力，保证技、战术的运用和发挥。耐力素质的训练，除对肌肉耐力和心血管机能的提高具有高度影响外，还决定着肌肉疲劳后恢复的快慢。耐力素质越好，疲劳后迅速恢复的能力越强，这是散打比赛对运动员保持高强度运动能力不变的特殊要求。

（一）耐力素质的训练成分

散打运动员耐力素质的训练包含有氧耐力和无氧耐力以及体力训练。

有氧耐力是机体在有氧供能状态下持续工作的能力。高水平的有氧耐力有助于散打运动员承受大运动量负荷的训练，在训练中有效地抵抗疲劳，尤其是有益于训练和比赛中间及结束后的快速恢复。恢复得快，运动员再运动或比赛的能力就强，这对散打运动员具有重要的训练意义。

无氧耐力是机体在无氧供能状态下持续工作的能力，它取决于肌肉保持机能活动水平不变的持续运动能力。无氧耐力训练能有效地提高非乳酸能和乳酸代谢系统的供能能力，提高机体对酸性物质的耐受能力。前者保证了散打技术动作重复高强度运动的工作强度，后者则保证了技术动作不变形。

体力有别于无氧耐力和有氧耐力。无氧耐力和有氧耐力都是以一定的强度持续工作的能力，体力则是在断续、反复的高变强度运动中，保持工作强度不变的运动能力。体力主要取决于心脏的最高机能水平和心脏对高变强度运动的适应能力。散打运动员在进行短时、高强度运动时的运动强度，主要取决于肌肉的机能水平，肌肉在高强度的拳、腿、摔法工作后必须尽快恢复，且恢复至相当水平，才能保持再次高强度运动时的强度不变。而肌肉的恢复主要取决于心脏在最高机能活动水平，且心脏对高变强度运动的适应能力越强，越能使心脏在重复高变强度的运动中，保持最高机能活动水平不变，保证高强度的拳法、腿法、摔法重复更多的次数。

（二）耐力素质训练的方法学要素

1. 训练强度

发展有氧耐力的训练强度一般不超过最大速度能力的 70%，运动心率可以控制在 140 ～ 165 次 / 分钟之间，运动心率低于 130 次 / 分钟的负荷刺激，不能有效地发展有氧耐力。发展无氧耐力的强度，通常以运动员以最大能力的 90% ～ 95% 的强度为主，也可采用以次最大强度至最大强度的各种负荷强度，发展体力的训练强度同发展无氧耐力。

2. 持续时间

有氧耐力训练的持续时间变化范围较大，视训练阶段、训练水平和专项需要程度来安排，原则上不少于 20 ～ 25 分钟。高强度、高密度和短间歇的无氧耐力训练，练习的持续时间约为 10 ～ 30 秒钟，次最大强度的持续性无氧练习的持续时间为 1 ～ 3 分钟。发展体力的周期性练习的持续时间约为 8 ～ 12 分钟，而发展体力的专项练习的持续时间则为 3 ～ 5 分钟。

3 间歇时间

有氧耐力训练的休息间歇时间不宜过长，过长会引起后续训练机能能力的降低。可用心率控制间歇时间，当心率下降到 120 次 / 分钟时，开始下次练习。大强度的无氧练习，在每组练习之间应安排较长的休息时间（3 ～ 5 分钟），以保证经训练堆积的乳酸得以氧化，使运动员在基本恢复时开始下一次练习。体力训练则应缩短间歇时间，使机体建立起具有散打运动特征的适应机制。

（三）耐力素质训练方法

1. 提高有氧能力的训练方法

（1）长时持续训练方法：持续练习的时间较长，散打训练一般安排为 20 ～ 30 分钟，负荷强度的运动心率指标约为每分钟 150 次。用于提高心脏保持机能活动水平不变的持续活动能力，发展运动员有氧代谢系统的供能能力，是发展一般耐力的最有效的运动形式。

（2）短时持续训练方法：持续时间约为 5 ～ 10 分钟，负荷强度的运动心率指标控制在每分钟 160 次左右，完成 2 ～ 3 组，组间间歇时间充分，用于发展有氧强度状态下的供能能力。例如以原地跳跃配合全身各部位运用动作的有氧健身操和跳绳，不仅能有效地提高有氧运动的强度，而且能提高运动员的节奏感、协调性和步法的灵活性。

（3）有氧间歇训练方法：主要用于发展运动员有氧代谢系统的工作能力。练习的负荷时间约为 6 ～ 10 分钟，负荷强度的运动心率指标为 170 次 / 分左右，组数较少，间歇充分，例如间歇跑 1 000 ～ 1 500 米。

2. 提高无氧能力的方法

（1）极强性间歇跑：例如 60 ～ 100 米的间歇跑、100 ～ 400 米的间歇跑，负荷时间通常在 10 ～ 60 秒钟内，负荷强度的心率指标可达到 180 次 / 分。这种方法主要用于提高非乳酸能和乳酸能系统混合供能能力和提高速度耐力。

（2）强化性间歇训练方法：负荷时间通常在 60 ～ 120 秒钟，负荷强度控制在心率指标 170 ～ 180 次 / 分钟，练习数组，间歇时间不充分，待心率降至每分钟 130 次左右，即可进行下一组（次）的练习，例如拳法、腿法和拳、腿法组合击打沙包的练习。这种方法主要用于发展乳酸能系统的供能能力和提高在无氧供能状态下技术动作的稳定性和实效性。

3. 提高体力的方法

（1）1 分钟跑：是提高心脏最高机能水平的有效练习，要求在 1 分钟内达到 2 800 ～ 3 000 米距离，随着训练水平的提高，逐步增加距离。

（2）变换强度跑：主要用于提高心脏对高变强度运动的适应能力。应用中可采用快跑20～40米，接着进入40～60米的慢跑，如此重复6～10次，完成2～3组，组间充分休息或不充分恢复。

（3）比赛特征的模拟练习：模拟散打每局比赛的时间特征、运动强度变化特征和运动形式特征，设计空击或击打、摔的组合练习，以提高机体对散打比赛供能机制和运动强度等特定条件的适应。一般练习3～5分钟，重复3～4组，间歇1～3分钟。

（4）高强度、高密度、多重复、短间歇的专项对抗练习：散打比赛中，技、战术动作的运用和发挥的速度很快，每次攻击持续时间短，但爆发力强，攻防转换很快。“没有对抗性的训练，是不成功的训练”。只有在训练强度、训练时限接近或等同，甚至超过专项的练习和对抗性练习中，才能最大限度地动员机体的生理和心理能量。越是激烈的对抗练习，越能发展散打比赛所需的体力，达到提高运动员体力储备的训练目的。但这种练习的频率不宜太快（以保证机体的充分恢复），并注意采取必要的防护措施。

散打运动员的耐力训练是一项复杂的任务，散打比赛既要求运动员有很高的有氧能力，也要求高水平的无氧能力，因此，必须采用多种训练方法，全面提高机体的耐力水平。在全年的训练安排上，要分阶段、系统和有侧重地进行各种耐力训练，以保证获得最佳的训练效果。

四、柔韧训练

散打运动员的柔韧，是指身体各关节的活动幅度和肌肉、韧带的伸展能力。散打对运动员柔韧素质有很高的要求，肩、肘、腕、腰、髋、腿、踝关节的柔韧性的训练不足，会造成肌肉、韧带僵硬，动作幅度小，这不仅直接影响散打技能的提高，而且阻碍着力量、速度、协调能力的发展，还易使运动员在训练中发生损伤。显然，柔韧素质在散打训练中具有重要意义。

（一）柔韧训练的方法学要素

1. 强度

柔韧训练的强度，表现在运动员拉伸肌肉、韧带时用力的程度和负重量的大小。对于前者，散打训练实践中常以运动员的自我感觉为练习强度控制的量度，当肌肉感到胀痛时可稍加用力的力度或保持用力的程度，当肌肉感到酸时可减少用力的程度，当肌肉感觉麻时则停止练习。采用负重方式进行柔韧训练时，完成强制性慢动作拉伸的负重量可相对大些，但不能超过拉长肌肉力量所能达到的 50% 的负重量，在完成快速摆动动作时，其负重量约为 1 ～ 3 千克。

2. 练习量

练习的重复次数、组数及持续时间，取决于关节的特点、运动员的年龄和性别以及动作的性质和动作的速度。

在一堂训练课中，每组练习一般重复 10 ～ 12 次，摆动动作每组练习的持续时间一般不超过 20 秒钟，被动训练的静力性拉伸可持续 2 ～ 3 分钟，少年运动员的练习量应比成年运动员少 50% ～ 75%。

3. 动作的速度

柔韧训练的拉伸练习，可用缓慢的速度，也可用急骤的速度。慢速的拉伸能有意识地放松对抗肌，很少引起牵张反射，训练效果好；急速的拉伸则体现了散打专项的特点和竞赛特点。散打柔韧训练中，两者应有机地结合，以提高柔韧素质的质量，满足散打比赛对柔韧性的要求。

4. 间歇时间

间歇时间的确定，以保证运动员在完全恢复的条件下进行下一组次的练习为基本原则。散打运动员的体能训练，确实是一项全面、复杂、精细的系统工程。在实践中要做到有序地进行训练，使各种身体素质互相促进，形成合力，共同为散打专项技能服务，并不是一件容易的事情。因此，散打运动员各种素质训练的目的要明确，关系要清楚，思路要清晰，方法要得当。其指导思想可定为：以速度素质为中心，以力量、柔韧素质为基础，以耐力素质为保证，发展力量、柔韧素质要为提高速度素质服务，体能训练的一切方法手段要以速度素质为龙头，带动促进其他素质同步增长。

（二）柔韧训练基本方法

有动力性拉伸法和静力性拉伸法。动力性拉伸法是有节奏地多次重复同一动作的拉伸练习，使软组织逐渐被拉长；静力拉伸法是通过有节奏的、缓慢的动作将肌肉等软组织拉长，当拉长至一定程度时保持静止不动。

动力拉伸法和静力拉伸法又有主动训练和被动训练两种方式。主动训练是运动员依靠自己的力量完成拉伸练习，如各种负重或不负重的摆动练习、维持最大幅度拉伸的静力练习等。被动训练是运动员在外力（同伴、器械、体重等）帮助下完成拉伸练习，如由同伴的帮助加大压腿的幅度等。柔韧训练中常将动力拉伸与静力拉伸、主动训练与被动训练结合起来进行，使拉伸练习有动有静，动、静结合；有主动有被动，主动、被动结合，提高柔韧训练的质量。

五、抗击力训练

所谓抗击力，是指人体对外界击打的承受能力。散打是一项对抗性很强的体育运动，是身体与身体的直接对抗。它不仅要求运动员有良好的力量、速度、耐力、柔韧、灵敏等素质，而且对运动员抵抗击打的能力同样有很高的要求。较强的抗击打力也是一名优秀散打运动员所必备的基本素质之一。

在激烈的散打对抗中，遭受到对方的击打是在所难免的。如果抗击力较弱，一旦被对手的重拳、重腿击中，或是遭受对方的重摔，就会影响技术动作的运用和发挥，进而从心理上动摇取胜的信心，导致技术失调。更为严重的是，如果没有足够的抗击力，在遭受到对方重击后，就很可能被对方击倒，并由此而失去整个比赛。而较强的身体抵抗击打的能力则能使自己在遭受击打后仍然保持较清醒的头脑，并很快进行自我调整，从而化解对方的攻势，改变不利局面，为最终取得比赛的胜利提供有力的保证。

抗击力训练就是为了提高运动员的抗击打能力而进行的专门训练，是散打运动的一种独特练习形式。通过抗击力训练，不仅能使骨骼变得粗壮、坚硬，有效提高运动员身体的灵活性，为散打技、战术的发挥打下良好的基础，而且对增强自我保护能力，避免和减少运动损伤等都具有重要作用。

抗击力训练的手段有很多，常用的方法有以下几种。

（一）拍打训练

1. 自我拍打

自我拍打可徒手对自己的要害部位和易受击打部位进行，如拍打手臂、腹部、胸部和头部等。自我拍打亦可利用特制的器械对身体部位进行拍打或撞击，如带手套击打面部、用特制木棒敲打胫骨、手臂磕碰树干、撞击沙袋和木人桩等。

2. 相互拍打

拍打练习也可与同伴一起进行，相互拍打或撞击身体相关部位，如靠臂练习，肩、髋、背的靠撞练习，相互拍击、撞击胸腹部，用拳法或腿法相互踢打身体相关部位等。也可在同伴的帮助下利用特殊器械对身体各部位进行相互拍打，如让同伴戴手套击打面部和胸腹部，用实心球抛击胸腹部，用脚靶拍击腹部、背部和下肢等。

（二）跌法（倒地）训练

在散打训练和比赛中经常会出现倒地的现象，尤其是在摔法的运用中，倒地是在所难免的。为此，运动员必须掌握合理的倒地技术，加强摔跌训练，以增强抗震能力，进而避免伤害事故的发生。

（三）模拟实战训练

为提高运动员的抗击打能力，可在一定条件下进行模拟实战练习。如限定一方防守，另一方用拳法、腿法或摔法等进行针对性或随意性进攻，以提高运动员的抗击力和被击中后的应变能力。

抗击力训练应注意的问题如下。

1. 循序渐进

抗击力训练要合理安排运动量，切实掌握好击打的力度，要由轻到重，不可急于求成，并注意不可轻易进行抗击打力的对抗比赛。

2. 全面击打

进行抗击力训练，要注意身体的全面性，其中包括头部、颈部、四肢、躯干等，尤其注意加强易受伤部位的抗击力练习。

3. 持之以恒

人体机能的改变不是在短时期内可以奏效的，它对训练的适应必须通过有机体自身各个系统、器官、肌肉，乃至每个细胞的变化逐步实现的。另外，机体在负荷作用下所获得的功力，在停止训练后也会较快地消退。因此，提高人体的抗击力必须系统地、不间断地进行。

4. 有针对性

进行抗击力训练要针对个人的不同情况及不同训练阶段的任务采取相应的手段，同时还要注意训练与实战相结合，一切从实战出发，根据技、战术的需要进行有针对性的练习。

5. 注意恢复

进行抗击力训练后可用按摩、沐浴、热敷、心理暗示等手段进行恢复练习，也可以结合合理的营养与药物，以促使有机体尽快得到恢复。